Le marketing
des arts et de la culture

François Colbert
avec la collaboration de
Jacques Nantel et Suzanne Bilodeau

Le marketing
des arts et de la culture

**gaëtan morin
éditeur**

Données de catalogage avant publication (Canada)
Colbert, François
   Le marketing des arts et de la culture
   Comprend des réf. bibliogr. et un index.
   ISBN 2-89105-500-4

   1. Arts – Marketing. 2. Arts – Commercialisation. 3. Industries culturelles – Gestion. 4. Marketing. I. Titre.

NX760.C64 1993   380.1'457   C93-096864-6

gaëtan morin éditeur
C.P. 180, BOUCHERVILLE, QUÉBEC, CANADA
J4B 5E6   TÉL. : (514) 449-2369   TÉLÉC. : (514) 449-1096

Dépôt légal 3e trimestre 1993
Bibliothèque nationale du Québec
Bibliothèque nationale du Canada

© gaëtan morin éditeur ltée, 1993
Tous droits réservés

1 2 3 4 5 6 7 8 9 0   G M E 9 3   2 1 0 9 8 7 6 5 4 3

Révision linguistique : Ghislaine Archambault

Il est illégal de reproduire une partie quelconque de ce livre sans autorisation de la maison d'édition. Toute reproduction de cette publication, par n'importe quel procédé, sera considérée comme une violation des droits d'auteur.

*Ce livre est dédié à André Viens,
directeur artistique du Théâtre sans fil (TSF),
et à la regrettée Jacqueline Lemieux,
directrice du Groupe de danse Entre-six
et de Québec été danse.*

Remerciements

L'auteur remercie ses deux collaborateurs pour leur précieux travail : Jacques Nantel a pris en charge le contenu des chapitres 4 et 5, et Suzanne Bilodeau a mis son expérience pratique et son sens critique au service de cet ouvrage et a participé activement à l'élaboration de certains des concepts qui y sont présentés.

M. Colbert remercie également Benoit Légaré, muséologue, qui a collaboré activement, en tant qu'assistant de recherche, à la première phase de rédaction de cet ouvrage.

Enfin, il désire souligner l'apport de ses étudiants du cours Marketing des organismes culturels du Diplôme d'études supérieures spécialisé en gestion d'organismes culturels, qui, à l'automne 1992, ont accepté le manuscrit comme ouvrage de référence et ont apporté leurs commentaires pendant les sessions consacrées à chacun des chapitres. Ces 30 gestionnaires expérimentés provenaient de tous les secteurs de l'activité culturelle, et leurs points de vue ont été fort utiles.

Préface

De nombreux écrits sur le marketing ont été publiés au cours des dernières décennies. Des documents généraux jusqu'aux textes extrêmement spécialisés, des guides pratiques jusqu'aux ouvrages théoriques, en passant par des traités épistémologiques, beaucoup de textes ont ponctué l'histoire de cette discipline. Peu nombreux, toutefois, sont ceux ayant traité du marketing appliqué aux arts et à la culture. Si, au cours des années 1980, quelques ouvrages en langue anglaise ont été publiés sur le sujet, on ne trouve encore que très peu de littérature en français.

Il importe de signaler que c'est seulement au cours des années 1970 que des écrits portant sur l'application du marketing à des secteurs particuliers ont commencé à paraître; des auteurs se sont alors penchés sur le marketing en milieu hospitalier et en milieu bancaire, et ont traité du marketing des entreprises à but non lucratif dans leur ensemble. L'apparition de livres portant sur le marketing appliqué à un secteur en particulier présuppose l'existence de différences suffisamment importantes pour que des chercheurs s'y intéressent. Ces conditions existent maintenant dans le domaine des arts et de la culture. En font foi le nombre de chercheurs, de publications, de programmes de formation en gestion des arts dans le monde, et la tenue de conférences scientifiques sur l'économie de la culture ou sur la gestion des arts (la Ire Conférence internationale sur la gestion des arts s'est tenue à l'École des Hautes Études Commerciales de Montréal en août 1991). Le marketing occupe une place importante dans ce courant de spécialisation.

Souvent associé à tort aux seules notions de profit et de commerce, le marketing a longtemps été exclu des sphères culturelles. La raison d'être des entreprises culturelles reposant sur une vision artistique, on craignait que le marketing n'entache le contenu artistique des produits. Or, comme on le perçoit de plus en plus comme un processus de rapprochement entre une entreprise et un marché, le marketing représente maintenant, pour les entreprises culturelles, un ensemble d'outils au service de la mission artistique.

C'est sur cette idée, qui constitue une prise de position particulière de la part de l'auteur, que repose ce livre. Le marketing des arts et de la culture est ainsi destiné à tous les gestionnaires d'entreprises culturelles, que l'entreprise soit grande ou petite, qu'elle soit une industrie culturelle ou une entreprise de création, qu'elle soit à but lucratif ou sans but lucratif, qu'elle vise un marché local ou qu'elle soit présente sur les marchés internationaux. Cet ouvrage sera également utile aux gestionnaires des entreprises qui commanditent les arts et la culture, et qui veulent comprendre les mécanismes particuliers régissant la mise en marché dans ce secteur non traditionnel. L'auteur y présente les principaux concepts de marketing, allant de la vision traditionnelle à l'application propre au contexte des arts et de la culture.

Table des matières

Remerciements VII
Préface IX

1 — L'entreprise culturelle et le marketing

Plan 2
Objectifs 3
Introduction 3
1.1 Les arts et la culture 4
    1.1.1 La place des entreprises culturelles dans la société 4
    1.1.2 Le rôle de l'artiste dans l'entreprise culturelle 4
    1.1.3 Le mandat des entreprises culturelles
           par rapport au produit 5
    1.1.4 Distinction entre les entreprises culturelles 6
1.2 L'évolution du marketing 9
    1.2.1 Définition du marketing 9
    1.2.2 La naissance et le développement du marketing 9
    1.2.3 L'apparition du marketing moderne 12
    Encadré 1.1   L'enseignement du marketing
                     dans les programmes de gestion des arts 13
1.3 Le marketing des arts et de la culture : définitions 14
1.4 Le modèle marketing 17
    1.4.1 Le modèle marketing traditionnel 17
    1.4.2 Le modèle marketing des arts et de la culture 18
    1.4.3 Le marketing et les entreprises culturelles 19
1.5 Les composantes du modèle 20
    1.5.1 Le marché 20
    1.5.2 L'environnement 21
    1.5.3 Le système d'information marketing 22
    1.5.4 La composition commerciale (*marketing mix*) 23
    1.5.5 Deux éléments d'influence 25
    1.5.6 L'entreprise et son processus de gestion marketing 26
    1.5.7 L'interdépendance des éléments 27
Résumé 27
Questions 28
Notes et références 29
Autres références 30

2 Le produit

Plan	32
Objectifs	33
Introduction	33
2.1 Le produit	34
2.1.1 La notion de produit	34
2.1.2 Le produit culturel : un produit complexe	37
2.1.3 Une définition du produit	38
2.1.4 Les lignes et les gammes de produits	38
2.2 Le cycle de vie du produit	40
2.2.1 Le concept de cycle de vie	40
2.2.2 Le processus d'adoption d'un produit	43
2.2.3 Les quatre phases du cycle de vie	45
2.2.4 Les limites de la notion de cycle de vie	49
2.3 L'élaboration de nouveaux produits	50
2.3.1 La recherche et le développement	50
2.3.2 Le risque	53
Résumé	54
Questions	55
Notes et références	56

3 Le marché

Plan	58
Objectifs	59
Introduction	59
3.1 Le marché	60
3.1.1 Le marché de la consommation	60
3.1.2 Le marché des intermédiaires de distribution	65
3.1.3 Le marché de l'État	66
3.1.4 Le marché des commanditaires	67
3.2 La demande du marché	69
3.2.1 Définition de la demande	69
3.2.2 La part de marché	70
3.2.3 L'état de la demande	71
3.2.4 L'évolution de la demande sur le marché des loisirs	73
3.3 Le marché et la concurrence	75
3.3.1 Une vision large de la concurrence	75
3.3.2 L'effet de la mondialisation de la concurrence	76
3.3.3 La fragmentation de l'industrie	78
3.3.4 Le principe de l'avantage concurrentiel	81
3.4 Le marché et les variables du macro-environnement	81

3.4.1	L'environnement démographique	81
3.4.2	L'environnement culturel	82
3.4.3	L'environnement économique	82
3.4.4	L'environnement politico-légal	82
3.4.5	L'environnement technologique	82
Résumé		84
Questions		85
Notes et références		86
Autres références		88

4
Les comportements des consommateurs
par Jacques Nantel

Plan		90
Objectifs		91
Introduction		91
4.1	Individu – produit – situation : la triade de base	93
4.2	La motivation	95
4.3	Les variables individuelles	96
	4.3.1 L'implication	96
	4.3.2 L'expérience	99
	4.3.3 Les variables sociodémographiques	101
	4.3.4 La personnalité	101
	4.3.5 Les bénéfices recherchés	102
4.4	Les principaux processus décisionnels	103
	4.4.1 L'attitude	103
	4.4.2 Les processus cognitifs	105
	4.4.3 Les processus subordonnés	108
	4.4.4 Les processus affectifs	109
	4.4.5 L'habitude	110
	4.4.6 L'achat fortuit	110
4.5	Les variables de situation	111
	4.5.1 La période	111
	4.5.2 Le temps	111
	4.5.3 Les groupes de référence	111
	4.5.4 L'économie	111
	4.5.5 Le lieu	112
4.6	Le traitement de l'information	112
4.7	Conclusion	112
Résumé		115
Questions		115
Notes et références		116

5 La segmentation et le positionnement
par Jacques Nantel

Plan 120
Objectifs 121
Introduction 121
5.1 Les fonctions de la segmentation 123
5.2 Les études de marché et la segmentation 124
5.3 La définition des segments 125
      5.3.1 La variation de la réponse à la pression marketing
            d'un segment à l'autre 125
      5.3.2 La description des segments 129
      5.3.3 La quantification des segments 138
      5.3.4 La rentabilité des segments 139
      5.3.5 La stabilité des segments dans le temps 139
5.4 Les techniques de segmentation 140
      5.4.1 La segmentation *a priori* 140
      5.4.2 La segmentation *a posteriori* 141
5.5 Les profils opérationnels des segments 141
5.6 Le positionnement marketing 142
      5.6.1 Le positionnement par rapport aux segments 142
      5.6.2 Le positionnement par rapport aux concurrents 145
Résumé 147
Questions 147
Notes et références 148

6 La variable prix

Plan 150
Objectifs 151
Introduction 151
6.1 Définition 152
6.2 La fixation des prix 153
      6.2.1 Les acteurs de l'entreprise 154
      6.2.2 Les objectifs poursuivis 155
      6.2.3 Les méthodes adoptées 157
6.3 Le calcul des coûts et de la rentabilité 159
6.4 La contribution de l'État et des commanditaires 161
6.5 La notion d'élasticité 161
      Encadré 6.1 Différents seuils de rentabilité selon
                         certaines hypothèses de prix 162
6.6 Le prix et la segmentation des marchés 166
6.7 Les stratégies de prix 168

6.7.1	L'écrémage et la pénétration	168
6.7.2	Les réductions de prix	169
6.7.3	Le prix de prestige	170

6.8 La Loi de Baumol 171
Résumé 174
Questions 175
Notes et références 175
Autres références 176

7 — La variable distribution

Plan 178
Objectifs 179
Introduction 179
7.1 Définition 180
    7.1.1 Les trois éléments de la variable distribution 180
    7.1.2 La distribution des produits culturels 180
7.2 Les circuits de distribution 182
    7.2.1 Les fonctions des intermédiaires 183
    7.2.2 Les types de circuits 186
    7.2.3 La gestion du circuit de distribution 188
    7.2.4 Les comportements des membres du circuit de distribution .. 190
7.3 Les stratégies de distribution 191
    7.3.1 Les stratégies de distribution intensive, sélective et exclusive .. 191
    7.3.2 Les stratégies de pression et d'attraction 192
    7.3.3 L'interrelation des stratégies 193
7.4 La distribution physique 193
7.5 La localisation commerciale 195
    7.5.1 Le principe de la zone commerciale 196
    7.5.2 Définition des trois zones 196
    7.5.3 L'utilité de la notion de zone commerciale 197
    7.5.4 Les facteurs qui déterminent l'étendue et la configuration de la zone commerciale 198
Résumé 200
Questions 201
Notes et références 202
Autres références 202

8 — La variable promotion

Plan 204
Objectifs 205
Introduction 205

8.1	Définition	206
8.2	Les outils de la variable promotion	207
	8.2.1 La publicité	207
	8.2.2 La vente personnelle	208
	8.2.3 Les relations publiques	209
	8.2.4 La promotion des ventes	210
	8.2.5 La composition promotionnelle	210
8.3	Les fonctions de la promotion	211
	8.3.1 Communiquer un message	211
	8.3.2 Produire un changement chez le client	213
8.4	Le choix des outils promotionnels	216
	8.4.1 Les paramètres d'influence	216
	8.4.2 Un modèle explicatif et pragmatique	218
8.5	Les destinataires du message	219
8.6	Le plan de communication	220
	8.6.1 Les questions de base du plan de communication	220
	8.6.2 Le contenu du plan de communication	222
8.7	Les commandites	224
	8.7.1 Définition	224
	8.7.2 L'importance du marché de la commandite	225
	8.7.3 Les instances décisionnelles	225
	8.7.4 Les objectifs des commanditaires	225
	8.7.5 Les critères de sélection	227
	8.7.6 Les éléments d'une démarche générale	227
Résumé		231
Questions		231
Notes et références		232
Autres références		233

9 — Le système d'information marketing

Plan		236
Objectifs		237
Introduction		237
9.1	Les données internes	238
9.2	Les données externes secondaires	239
	9.2.1 Considérations générales	239
	9.2.2 Les données des secteurs public et privé	240
	9.2.3 Les données publiques	243
	9.2.4 Les données privées	245
9.3	Les données externes primaires	247
	9.3.1 La recherche exploratoire	248

9.3.2 La recherche descriptive	248
9.3.3 La recherche causale	252
9.4 Les étapes d'une recherche descriptive	252
Résumé	260
Questions	261
Notes et références	262

10 — La planification et le contrôle marketing

Plan	264
Objectifs	265
Introduction	265
10.1 La contribution du marketing à la mission de l'entreprise	266
10.2 La planification marketing	268
10.2.1 Le processus de planification marketing	268
10.2.2 Le plan marketing	268
10.2.3 La structure d'organisation	273
10.3 Les stratégies	273
10.3.1 Considérations générales	273
10.3.2 Les stratégies d'entreprise	275
10.3.3 Les stratégies marketing	280
10.4 Le contrôle	282
10.4.1 Le contrôle : un cycle	283
10.4.2 Les outils et les objets de contrôle	283
10.4.3 L'audit marketing	284
Résumé	287
Questions	288
Notes et références	288
Conclusion	291
Bibliographie sélective	295

Avertissement

Dans cet ouvrage, le masculin est utilisé comme représentant des deux sexes, sans discrimination à l'égard des hommes et des femmes et dans le seul but d'alléger le texte.

Plan

Objectifs 3

Introduction 3

1.1 Les arts et la culture 4
    1.1.1 La place des entreprises culturelles dans la société 4
    1.1.2 Le rôle de l'artiste dans l'entreprise culturelle 4
    1.1.3 Le mandat des entreprises culturelles par rapport
          au produit 5
    1.1.4 Distinction entre les entreprises culturelles 6

1.2 L'évolution du marketing 9
    1.2.1 Définition du marketing 9
    1.2.2 La naissance et le développement du marketing 9
    1.2.3 L'apparition du marketing moderne 12
    Encadré 1.1 L'enseignement du marketing
                    dans les programmes de gestion des arts 13

1.3 Le marketing des arts et de la culture : définitions 14

1.4 Le modèle marketing 17
    1.4.1 Le modèle marketing traditionnel 17
    1.4.2 Le modèle marketing des arts et de la culture 18
    1.4.3 Le marketing et les entreprises culturelles 19

1.5 Les composantes du modèle 20
    1.5.1 Le marché 20
    1.5.2 L'environnement 21
    1.5.3 Le système d'information marketing 22
    1.5.4 La composition commerciale (*marketing mix*) 23
            Le produit 23
            Le prix 24
            La distribution 24
            La promotion 24
    1.5.5 Deux éléments d'influence 25
            Le temps 25
            La spécificité de l'entreprise 26
    1.5.6 L'entreprise et son processus de gestion marketing 26
    1.5.7 L'interdépendance des éléments 27

Résumé 27

Questions 28

Notes et références 29

Autres références 30

L'entreprise culturelle et le marketing

> ## Objectifs
>
> - Comprendre la spécificité des entreprises culturelles.
> - Situer la place de l'artiste dans l'entreprise culturelle.
> - Distinguer secteur des arts et industries culturelles.
> - Connaître l'évolution du marketing.
> - Distinguer marketing traditionnel et marketing des arts et de la culture.

Introduction

Ce chapitre vise à établir les bases distinctives du marketing des arts et de la culture.

Dans la première section, nous considérerons d'abord les entreprises culturelles dans leur ensemble en voyant la place qu'elles occupent dans notre société, le rôle qu'y joue l'artiste et leur mandat par rapport au produit. Ensuite nous établirons ce qui distingue les entreprises culturelles entre elles et, en particulier, ce qui différencie les industries culturelles des entreprises que nous rattachons par définition au secteur des arts.

Dans la deuxième section, nous effectuerons un bref survol de l'évolution du marketing, depuis son apparition au début du siècle jusqu'à l'élaboration d'approches spécialisées, notamment celle du marketing des arts et de la culture. Nous définirons cette approche par la suite en comparant le modèle marketing traditionnel au modèle adapté à la réalité des produits artistiques.

Finalement, afin de donner au lecteur une vue d'ensemble, nous décrirons chacune des composantes du modèle marketing, sur lesquelles nous reviendrons dans les chapitres suivants.

1.1 Les arts et la culture

1.1.1 La place des entreprises culturelles dans la société

Les entreprises culturelles occupent une place importante dans notre société. Elles reflètent notre identité culturelle tant par le contenu des œuvres qu'elles proposent (valeur, propos, sujet, tabous) que par les formes qu'elles utilisent (technologie), l'intensité de leur présence (nombre de théâtres dans une ville) ou encore les modes de consommation qu'elles impliquent (ex.: la danse peut être un événement auquel tous participent ou un événement-spectacle à regarder).

La notion d'entreprise culturelle peut être considérée de façon étroite ou large. Dans le premier cas, elle représente essentiellement les établissements et les entreprises de production et de diffusion consacrés aux arts d'interprétation (théâtre, musique, danse, opéra, etc.), aux arts visuels (galeries d'art et musées, etc.), aux bibliothèques et au patrimoine. Dans une vision élargie, elle peut inclure les industries culturelles (film, disque, spectacles de variétés, édition, métiers d'art, etc.) et les médias (radio, télévision, journaux, périodiques, etc.).

1.1.2 Le rôle de l'artiste dans l'entreprise culturelle

Dans toute entreprise culturelle, l'artiste joue un rôle central. En effet, tout produit culturel repose sur cette main-d'œuvre extrêmement spécialisée. Au-delà des disciplines, les artistes peuvent être regroupés en plusieurs catégories par rapport à l'œuvre produite ; il y a : les créateurs, soit les auteurs dramatiques, les chorégraphes, les compositeurs, les écrivains, les paroliers, les peintres, les sculpteurs, etc. ; les interprètes, soit les acteurs, les danseurs, les musiciens, les chanteurs, etc. ; les concepteurs, qui créent les maquettes de décors, de costumes, d'éclairage, les jaquettes de livres, etc. ; les artisans qui fabriquent les accessoires, les décorateurs, les costumiers, les régisseurs, les éclairagistes, les caméramans ou les artisans qui fabriquent le livre, etc. ; ceux qui dirigent, qui coordonnent le travail de l'ensemble de l'équipe de production pour donner à l'œuvre sa forme définitive, soit les réalisateurs, les metteurs en scène, les chefs d'orchestre, etc. ; enfin, les directeurs artistiques, qui rassemblent, mobilisent et appuient les autres artistes dans la production de l'œuvre.

Sans l'artiste, il ne pourrait donc pas y avoir d'entreprise culturelle. De plus, mises à part les entreprises culturelles proprement dites, l'artiste est également indispensable à d'autres industries ; c'est le cas, notamment, de l'industrie de la publicité puisque l'artiste constitue un matériau de base pour la fabrication du produit publicitaire. En effet, pour tourner un film publicitaire, il faut un réalisateur, des musiciens, des acteurs, des décorateurs, etc., et l'acteur que l'on y voit est celui-là même qui joue au théâtre, dans un film ou dans une dramatique télévisée.

1.1.3 Le mandat des entreprises culturelles par rapport au produit

Outre qu'elles donnent une place centrale à l'artiste, les entreprises culturelles ont en commun que le produit autour duquel elles s'articulent émane d'un acte de création artistique. Ce dernier est souvent indépendant des entreprises, et ce, particulièrement dans certaines disciplines telles que les arts visuels ou la littérature, qui se pratiquent plutôt dans la solitude. De plus, si les produits sont considérablement différents d'une discipline à l'autre, les entreprises culturelles jouent aussi des rôles très différents par rapport au produit : elles peuvent le concevoir, le produire, le reproduire, le diffuser ou le conserver (*voir figure 1.1*). Selon la mission particulière qu'elle s'est donnée, l'entreprise se chargera d'une seule ou de plusieurs de ces fonctions. Toutes les combinaisons sont possibles, mais c'est la mission de l'entreprise qui conditionnera le nombre de fonctions prises en charge.

Dans les arts d'interprétation, certaines compagnies de théâtre, par exemple, conçoivent, produisent et diffusent elles-mêmes les œuvres à l'affiche, alors que d'autres comptent plutôt sur les diffuseurs spécialisés pour distribuer le produit qu'elles conçoivent et produisent (compagnies de tournée). Conséquemment, une entreprise peut avoir comme mandat de s'occuper exclusivement de la diffusion d'une pièce, sans voir à sa conception et à sa production. Il en va de même dans les arts visuels, où les centres d'exposition se limitent à diffuser des œuvres, alors que les musées ont aussi le mandat d'en conserver.

Figure 1.1
Les fonctions des entreprises culturelles

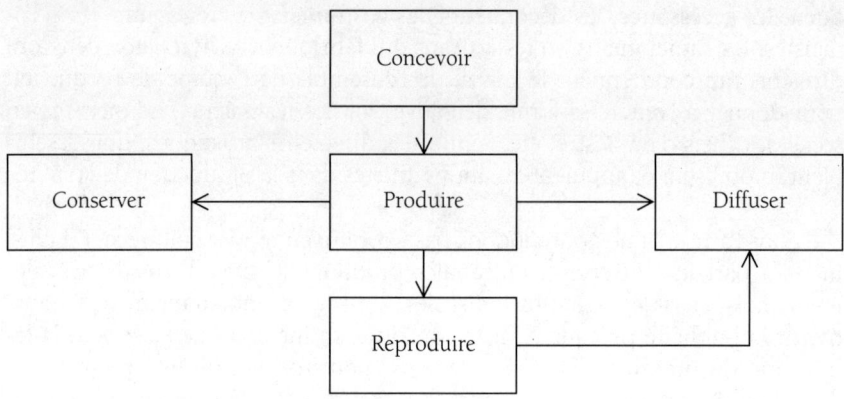

1.1.4 Distinction entre les entreprises culturelles

Les entreprises culturelles varient considérablement suivant la taille et la structure, la discipline en cause et les fonctions exercées. Par exemple, on peut difficilement parler de la même façon d'un musée national, d'une petite compagnie de danse contemporaine ou d'une entreprise de disque qui exporte sur les marchés étrangers, bien que ce soient toutes des entreprises culturelles. Nous avons donc choisi de les différencier pour ensuite les regrouper en fonction de certaines caractéristiques.

Notre premier critère de distinction concerne l'orientation de la mission de l'entreprise, que nous placerons ici sur un continuum dont les deux extrémités sont constituées par l'optique du produit et l'optique du marché. Une entreprise orientée vers le produit – on dit aussi « centrée sur le produit » place au cœur de ses préoccupations le produit pour lequel elle existe. On parlera, par exemple, d'un ensemble de musique de chambre, d'un festival de théâtre pour enfants, d'un musée d'art contemporain, etc. À l'autre extrémité du continuum, on situera l'entreprise orientée vers le marché – on dit aussi « centrée sur le marché » –, puisqu'elle place au cœur de ses préoccupations le marché qui la fait vivre. Les deux pôles constituent évidemment des extrêmes, et l'intervalle entre les deux permet une vaste gamme de nuances.

Notre deuxième critère de distinction concerne la façon de produire les œuvres. La production d'une œuvre artistique présente une analogie avec celle d'un prototype, aucune recette ou aucun mode d'emploi ne venant garantir les résultats. Il y a une importante part d'inconnu dans l'élaboration de chaque produit. Qu'on pense ici à un spectacle, à un tableau, à une sculpture, etc.

Par contre, dans certaines disciplines et pour certains types de produits, le prototype est spécifiquement destiné à être reproduit en série de manière à pouvoir se retrouver en plusieurs exemplaires à la fois. Qu'on pense ici au disque, au film, au livre, etc.

Évidemment, pour tout produit reproductible, il y a d'abord une pièce originale, un manuscrit, un *master*, un prototype ou un modèle. Les mandats de produire et de reproduire peuvent être confiés à deux entreprises différentes, ou à la même.

Ce critère nous permet de distinguer, d'une part, les produits uniques, qui ne sont pas destinés à la reproduction (industrie du prototype), et, d'autre part, les produits qui sont fabriqués en série à partir d'un prototype et qui existent en plusieurs exemplaires simultanément (films, disques, livres, etc.).

En combinant ces deux critères de distinction, comme dans la figure 1.2, il devient plus simple de différencier les industries culturelles des entreprises du secteur des arts.

Dans le quadrant 1 de cette figure sont regroupées les entreprises centrées sur le produit et dont la raison d'être concerne des produits uniques (prototypes). L'ensemble de ces entreprises constitue ce que l'on appelle le « secteur des arts ». Ces entreprises sont généralement sans but lucratif et sont ordinairement de petite taille, bien qu'il puisse y avoir des variations importantes.

À l'opposé, dans le quadrant 3, se trouvent les entreprises qui sont centrées sur le marché et ont pour objet un produit qui existe en plusieurs

Figure 1.2
Les critères de distinction entre les entreprises du secteur des arts et les entreprises culturelles

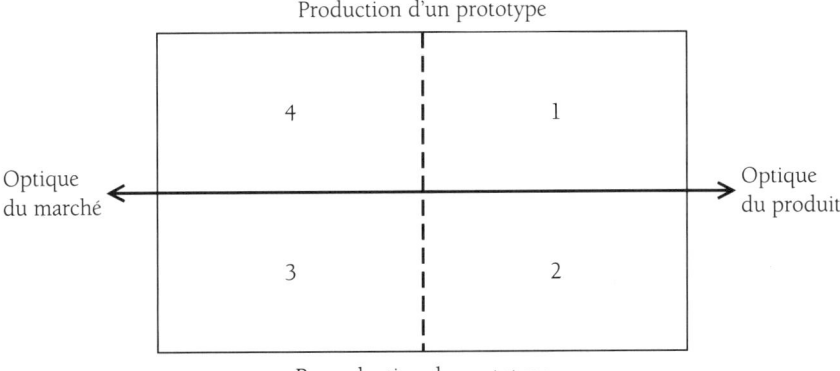

exemplaires. Ces entreprises sont clairement à but lucratif, et c'est d'ailleurs là qu'on trouve la plupart des industries culturelles.

Les quadrants 2 et 4 regroupent les cas mixtes. Dans le quadrant 4, par exemple, on trouve les productions de type Broadway telles que *Les misérables* ou *Le fantôme de l'opéra*. Ces entreprises, tout en produisant des œuvres uniques à la manière d'un prototype, sont d'abord et avant tout centrées sur le marché; on les désignera d'ailleurs comme des « industries culturelles ». À l'opposé, dans le quadrant 2, on trouve l'entreprise qui est centrée sur le produit mais qui produit une œuvre en plusieurs exemplaires. Pensons, par exemple, à une maison d'édition sans but lucratif qui publie un recueil de poésie. Une telle entreprise, tout en étant considérée comme une industrie culturelle, se trouve souvent davantage apparentée au secteur des arts.

On remarquera que nous avons utilisé deux autres critères qui, sans être discriminants, ajoutent des nuances descriptives d'intérêt : le statut juridique et la taille de l'entreprise.

Le statut juridique de l'entreprise confirme bien souvent que celle-ci est centrée sur le produit ou sur le marché. Évidemment, il s'agit d'énoncer une règle générale pour que surgissent les exceptions. Pensons seulement au centre culturel qui aurait pour mission de satisfaire les désirs d'une minorité linguistique en matière de programmation de spectacle; il pourrait très bien être à la fois sans but lucratif et centré sur le marché. Le critère n'est donc pas discriminant, mais il ajoute une nuance pertinente à la description de l'entreprise.

Quant à la taille de l'entreprise, on remarquera que les firmes multinationales sont le propre des industries culturelles; le statut juridique et, surtout, la mission d'une entreprise du secteur des arts sont peu compatibles avec l'expansion considérable des activités qu'implique le concept d'entreprise multinationale. La taille moyenne des firmes du secteur des arts est donc beaucoup plus petite que celle des entreprises comptant parmi les industries culturelles.

Cette classification nous sera utile tout au long de cet ouvrage, puisque l'approche spécifique du marketing des arts et de la culture, comme on le verra plus loin, ne s'applique qu'à certains types d'entreprises, les autres utilisant davantage l'approche traditionnelle. Avant d'entrer dans le détail de ce qui distingue le marketing des arts et de la culture du marketing traditionnel, nous allons mettre ces notions en perspective en décrivant succinctement l'évolution du marketing depuis le début du vingtième siècle.

1.2 L'évolution du marketing

1.2.1 Définition du marketing

Le marketing a pour but l'optimisation de la relation d'échange entre l'entreprise et le client, et la maximisation de leur satisfaction mutuelle.

Le dictionnaire spécialisé[1] publié par l'American Marketing Association[2] définit cette discipline comme suit: « Le processus par lequel on planifie et on effectue la conception, la fixation du prix, la promotion et la distribution d'idées, de biens et de services pour engendrer des échanges qui satisfont des buts individuels et organisationnels. »

La définition donnée dans *The Fundamentals and Practice of Marketing*[3], publié à Londres, se lit comme suit: « [...] le processus de gestion ayant pour but de reconnaître, de prévoir et de satisfaire les besoins du consommateur d'une manière lucrative. » (Traduction libre.)

La notion de marketing implique donc essentiellement quatre éléments: un besoin du consommateur, sa satisfaction, un lien entre l'entreprise et le consommateur, et la recherche de l'optimisation du profit de l'entreprise. Il importe de bien distinguer maximisation et optimisation du profit. La maximisation vise à générer le plus de profits possible. L'optimisation vise à obtenir les meilleurs profits tout en tenant compte d'éléments organisationnels ou environnementaux, tels le bien-être des employés, la création d'une bonne image d'entreprise, la satisfaction du consommateur, l'engagement de l'entreprise dans son milieu, etc.

1.2.2 La naissance et le développement du marketing

La science du marketing s'est développée en même temps que l'accroissement du bien-être matériel des pays industrialisés et conséquemment au développement du commerce.

Au dix-neuvième siècle, on pouvait affirmer sans ambages que l'offre créait la demande. À cette époque, le consommateur ne disposait pas d'un revenu important et les fabricants avaient encore peine à satisfaire les besoins primaires de la population. Le système de distribution des biens était constitué d'un ensemble de petits fabricants à une extrémité, et d'un ensemble de petits détaillants à l'autre extrémité. Les grossistes et autres agents constituaient les maillons de la chaîne et assuraient le lien physique entre les deux bouts. C'est donc un marché d'offreurs, plutôt que d'acheteurs, qui primait à ce moment.

L'industrialisation changea fondamentalement ces conditions. Au début du vingtième siècle, avec la réduction des coûts de fabrication due à la production en série, la taille des entreprises manufacturières et des magasins s'accrut et on connut une concentration des entreprises dans certaines industries. La concurrence s'intensifia ainsi autant sur le plan local que sur le plan international. Parallèlement, l'habitude de considérer le coût de fabrication d'un produit comme le principal déterminant de son prix se transforma. En effet, les producteurs comprirent vite que le consommateur, ayant une meilleure capacité de payer, désirait des produits susceptibles de satisfaire non seulement ses besoins, mais aussi ses goûts et ses désirs, et qu'il n'était plus nécessairement prêt, de ce fait, à acheter le bien ayant le plus bas prix sur le marché.

Ce furent les économistes qui, les premiers, réfléchirent aux problèmes reliés au marché et à la demande. À ses débuts, le marketing a d'ailleurs beaucoup emprunté à la science économique. Dans son volume intitulé *The History of Marketing Thought*, Bartels[4] situe l'enseignement des premiers cours de marketing à l'Université du Michigan en 1902, l'Ohio State University suivant de près. Ces cours portaient essentiellement sur les divers moyens de distribution des biens aux États-Unis. Les premières études commerciales s'orientaient vers la description pure et simple des activités de marketing.

Tableau 1.1
Les dates d'implantation de quelques pratiques marketing

1670	La compagnie de la Baie d'Hudson est le premier détaillant au Canada
1704	La publicité journalistique apparaît aux États-Unis
1744	Benjamin Franklin publie le premier système postal de vente par catalogue
1841	Volnez B. Palmer ouvre la première agence de publicité à Philadelphie
1850	Singer propose le mode de paiement par versements
1865	John Wanamaker lance la garantie « Satisfaction garantie ou argent remis »
1880	Macy's implante la fixation de prix non arrondis
1890	Le grand magasin Shuster invente les timbres-prime
1898	C.W. Post lance les bons de réduction
1911	La Curtis Publishing Co. se lance dans la recherche commerciale
1927	Proctor and Gamble implante le système de chef de produit
1930	King Kullen ouvre le premier supermarché de la région de New York
1950	Allied Stores construit le premier centre commercial régional à Seattle
1976	Carrefour (France) lance des produits sans marque

Source : AMERICAN MARKETING ASSOCIATION, *Marketing News*, 1982.

C'est vers 1910 que l'utilisation du terme « marketing » se généralisa pour signifier autre chose que « distribution » ou « commerce ». À cette époque, on utilisait trois approches particulières pour étudier la réalité du commerce et de l'industrie : l'approche institutionnelle, qui décrivait les institutions et leur fonctionnement, et qui s'intéressait aux intervenants qu'étaient les grossistes, les détaillants, les courtiers, etc. ; l'approche « produit », qui étudiait le processus de la commercialisation d'un produit (par exemple, on analysait en profondeur la mise en marché de l'automobile) ; l'approche fonctionnelle, qui considérait chacune des fonctions de marketing telles que la vente, le crédit et la publicité.

C'est vers les années 1920 que s'effectuèrent les premières études de marché et que furent écrits les premiers manuels sur les principes de marketing. À cette époque, on vit aussi apparaître des publications sur les techniques de publicité, de vente et de commerce de détail.

La croissance continue de la taille des partenaires du circuit de distribution provoqua ensuite l'apparition des premiers conflits, chacun voulant s'approprier le contrôle de la distribution. Ainsi, les fabricants utilisèrent la publicité pour tenter de fidéliser la clientèle à leurs marques et, de fait, pour tenter d'imposer celles-ci aux grossistes et aux détaillants ; en contrepartie, les chaînes de commerce de détail firent produire leurs propres marques maison qu'ils vendaient à des prix inférieurs à ceux des marques nationales. Ce faisant, ils affaiblissaient le pouvoir des fabricants. Tel qu'en témoigne le tableau 1.1, plusieurs pratiques de mise en marché encore populaires aujourd'hui virent le jour bien avant le mot « marketing » même.

Le boom des naissances et des revenus que l'on connut après la Seconde Guerre mondiale, la popularité du réfrigérateur, qui devint présent dans la majorité des foyers – ce qui permettait de stocker la nourriture et donc de l'acheter en grande quantité –, et l'accroissement du nombre de propriétaires d'automobiles – ce qui permettait de transporter plus facilement les denrées – provoquèrent deux changements majeurs : la prolifération des épiceries à grande surface (supermarchés) et celle des centres commerciaux. Les supermarchés sonnèrent le glas des petits épiciers indépendants tandis que les centres commerciaux portèrent un dur coup aux centres-villes, l'activité commerciale subissant ainsi un déplacement vers la banlieue. Le réfrigérateur et l'automobile furent donc deux innovations déterminantes. Ces dernières furent suivies d'une série d'autres qui nous conduisit à la mosaïque du commerce que nous connaissons aujourd'hui. Mentionnons, entre autres, la superpharmacie, la livraison à domicile, le magasin de rabais (minimarge), la distributrice automatique, la restauration rapide, la carte de crédit, le magasin-entrepôt, le libre-service, le guichet automatique, la carte de débit, les ventes télévisuelles, etc.

1.2.3 L'apparition du marketing moderne

Vers les années 1950, on perçut un déplacement de l'optique « produit et vente », c'est-à-dire la vision voulant qu'un produit se vende si la promotion en est bien faite, vers l'optique « marketing », où la démarche de mise en marché a son point de départ chez le consommateur. Ce fut l'apparition du marketing moderne. Plutôt que de constituer l'application d'un ensemble de principes et de règles, le marketing portait désormais sur la gestion de la fonction, la gestion marketing étant considérée comme un processus d'analyse, de planification et d'action. En 1948, pour la première fois, James Culliton[5] utilisait l'expression *marketing mix*, que l'on traduira plus tard par « composition commerciale », pour décrire l'idée de combinaison des principaux éléments intervenant dans une décision de marketing. Il divisait ces éléments en deux groupes :

1) Les forces de l'environnement :
   – le comportement du consommateur,
   – l'industrie (les grossistes et les détaillants),
   – la concurrence,
   – l'État.

2) Les éléments du marketing :
   – la planification du produit (y compris l'emballage et le choix de la marque),
   – la fixation du prix,
   – la distribution (la gestion des circuits et la distribution physique),
   – la promotion (la publicité, la promotion des ventes, la représentation et les relations publiques),
   – le service à la clientèle,
   – la recherche commerciale.

En 1960, McCarthy[6] ramenait ces éléments du *marketing mix* aux quatre que nous connaissons aujourd'hui : le produit, le prix, la distribution et la promotion. Dans son optique, la notion de service est incluse dans la gestion du produit, la recherche commerciale fait partie de la planification et les forces de l'environnement sont considérées au moment où l'on élabore la stratégie marketing.

Le boom des naissances de l'après-guerre et la constitution d'une immense classe moyenne entre 1945 et 1960 incitèrent les spécialistes en marketing à sonder les besoins et les désirs des éventuels consommateurs, dont le pouvoir d'achat devenait énorme. Pour mieux apprendre à connaître leur clientèle, les spécialistes en marketing puisèrent à même les sciences humaines, dont la psychologie et la sociologie, puisqu'on s'intéressait notamment aux comportements des acheteurs tant au niveau individuel que collectif. Le sujet d'étude étant complexe, il entraîna le traitement d'importantes masses

Encadré 1.1

L'enseignement du marketing dans les programmes de gestion des arts

En milieu universitaire, l'évolution du marketing s'est aussi traduite par un accroissement du nombre de cours spécialisés. Parmi les choix offerts aux étudiants, on trouve aujourd'hui plusieurs cours portant sur les aspects particuliers de cette discipline : publicité, gestion de la force de vente, commerce de détail, marketing international, comportements du consommateur, etc.

L'enseignement du marketing en fonction du contexte des entreprises culturelles est apparu dans les universités grâce à la création de programmes spécialisés en gestion des arts. Nous pouvons distinguer deux phases dans le développement de ces programmes : une première période de développement lent qui se déroule de 1966 à 1978, suivie d'une période de développement rapide à partir de 1978.

Déjà, au début des années 1960, il se tient en France et en Angleterre des séminaires de management culturel à l'intention des administrateurs de théâtre. Le premier programme de niveau maîtrise en gestion des arts voit le jour en 1966 à la Yale University, aux États-Unis, qui offre dans le cadre de son « Master Degree in Fine Arts » une concentration en gestion des arts. Cette initiative est suivie en 1967 par la Polytechnic of Central London School of Management Studies, en Angleterre, qui offre un diplôme court en management culturel, et par la York University, au Canada, qui ouvre en 1969 une option « Arts Management » à l'intérieur de son programme de MBA. En 1973, le Banff Centre inaugure une série de séminaires intensifs à l'intention des gestionnaires du monde culturel. Aux États-Unis, on voit régulièrement apparaître de nouveaux programmes au niveau des études supérieures.

L'année 1978, autant en Amérique du Nord qu'en Europe, marque le début d'une prolifération d'initiatives qui mènent à l'apparition d'une quantité importante de programmes de toutes sortes. L'Australie n'échappe pas au mouvement en offrant aussi une option en gestion des arts dans le cadre d'un programme de MBA. En 1989, on compte dans le monde au moins 116 établissements qui offrent une formation spécialisée en gestion des arts. Les États-Unis remportent la palme avec 84 programmes, suivis par le Canada (15), la France (9), l'Angleterre (4), la Hollande (3) et l'Australie (1). Au début des années 1990, le Japon et l'Espagne se joignent au groupe.

Cette tendance à l'élaboration de nouveaux programmes constitue un indice révélateur de l'importance grandissante accordée aux arts et à la culture. Loin de s'essouffler, cette tendance semble même se renforcer avec le temps ; partout, lorsqu'on parle de gestion des arts, le marketing des arts et de la culture occupe une place prépondérante.

de données pour lesquelles on dut avoir recours, toujours à partir des années 1960, aux derniers développements des méthodes quantitatives et de l'informatique. Donc, si le marketing s'était développé à l'origine à partir des applications de la théorie économique, il s'enrichit ensuite des connaissances d'autres sciences en se les appropriant pour constituer son propre champ d'études.

Au cours des années 1970, on passa d'un marketing relativement général et standardisé à un marketing spécialisé. Ce fut également la période de socialisation du marketing, où une nouvelle dimension de cette discipline vit le jour : le marketing sociétal. Voici comment Kotler[7] décrit celui-ci :

> « L'optique du marketing sociétal est une orientation de gestion qui reconnaît que la tâche prioritaire de l'organisation est d'étudier les besoins et désirs des marchés visés et de faire en sorte de les satisfaire de manière plus efficace que la concurrence, mais aussi d'une façon qui préserve ou améliore le bien-être des consommateurs et de la collectivité. »

Le marketing était ainsi arrivé à l'étape où des spécialistes en étudiaient l'application à des secteurs particuliers de l'économie. Des ouvrages traitaient du marketing dans la petite et la moyenne entreprise, en milieu hospitalier, dans le milieu des services, chez les organismes sans but lucratif, de même que dans les secteurs industriels. Le concept de marketing s'élargit de plus en plus et trouva de nouvelles applications dans la mise en marché de personnes, d'entités politiques, de causes sociales et d'institutions. En 1977, Gaedeke[8] écrivait :

> « Il est fait mention d'un "élargissement", d'un "approfondissement" ou d'une "expansion" du rôle du marketing. On recourt ainsi à des exemples pour illustrer l'application des techniques de marketing dans la mise en marché de personnes (politiciens, athlètes, acteurs et autres), d'entités politiques (municipalités, provinces, pays et autres), de causes sociales (planisme familial, égalité des droits, élimination de l'usage du tabac et autres) de même que d'institutions (hôpitaux, universités, Société de la Croix-Rouge et autres). » (Traduction libre.)

La seconde moitié des années 1970 et les années 1980 virent l'expansion du marketing atteindre le domaine des services et des idées. Ce furent aussi le début du marketing philanthropique et les premières tentatives d'intégration de ces concepts au secteur des arts.

1.3 Le marketing des arts et de la culture : définitions

En 1967, pour la première fois, la question du marketing des entreprises culturelles est soulevée par un scientifique, Kotler[9], dans un livre d'introduction au marketing. L'auteur affirme à ce propos :

« Les organismes culturels produisent des biens culturels ; il s'agit des musées, des salles de concert, des bibliothèques et des universités. Tous ces organismes commencent à s'apercevoir qu'ils sont concurrencés par une foule d'autres organisations luttant pour accaparer l'attention des consommateurs et une part des ressources nationales, et qu'ils se heurtent donc à un problème de marketing. »

Par la suite, les premières publications spécialisées en marketing de la culture voient le jour. Les livres de Mokwa[10] *et al.*, de Melillo[11], de Diggles[12] et de Reiss[13] en constituent quelques exemples. Dans ces écrits spécialisés en gestion des arts et de la culture, on trouve quelques définitions du marketing, différentes de celles proposées traditionnellement. Diggles[14] définit le but du marketing des arts et de la culture de la façon suivante : « Le but premier du marketing est d'amener un nombre approprié de gens à établir une forme de contact adéquate avec l'artiste tout en générant le meilleur résultat financier compatible avec la réalisation de cet objectif. » (Traduction libre.)

La définition de Diggles place sans équivoque l'artiste, et par là le produit artistique, à l'avant-plan de toute stratégie de marketing. L'accent y est mis sur le contact entre l'œuvre de l'artiste et le consommateur. On cherche à amener le plus de personnes possible à établir ce contact d'échange. On ne vise pas d'abord à satisfaire le besoin du consommateur, mais plutôt à amener celui-ci à connaître et à apprécier une œuvre, et cet objectif ne se double pas d'une intention de profit financier. Selon Diggles, le marketing des arts et de la culture vise essentiellement l'atteinte de l'objectif de diffusion de l'œuvre et cherche à générer le meilleur résultat financier possible. L'objectif ultime est donc d'ordre artistique plutôt que financier. Contrairement au secteur commercial, qui crée un produit à partir des besoins des consommateurs, le secteur des entreprises artistiques crée d'abord un produit et tente ensuite de trouver des consommateurs pour ce produit.

La définition proposée par Mokwa[15] souligne ceci : « Les spécialistes du marketing n'indiquent pas à l'artiste de quelle manière créer une œuvre, leur rôle étant plutôt de trouver pour les créations et les interprétations de l'artiste un public approprié. » (Traduction libre.)

Au sujet des arts d'interprétation, Melillo[16] mentionne :

« De par leur nature essentiellement artistique, les arts du spectacle font en sorte que les principes de marketing (ainsi que les procédés et les techniques qui en résultent) doivent subir une transformation avant d'être intégrés au processus de création. Ce n'est qu'alors que ces éléments permettent de trouver un public pour un spectacle en art d'interprétation. Vous remarquerez que les principes de marketing présentent une constance alors que le processus constitue toujours un élément organique de la situation. » (Traduction libre.)

Mokwa et Melillo s'accordent donc avec Diggles pour dire que le marketing doit s'adapter aux entreprises artistiques et que, dans ce contexte bien précis, c'est à partir du produit que l'on trouve un public, et non le contraire.

Hirschman[17] déclare elle aussi que le concept traditionnel du marketing, qui voit dans la satisfaction d'un besoin du marché la raison d'être d'un produit, ne peut s'appliquer dans le cas des produits artistiques, et ce, en raison de la nature même de l'art. En fait, elle considère que les produits artistiques portent en eux-mêmes leur raison d'être puisqu'ils ne répondent pas nécessairement à d'autres besoins que le besoin d'expression de l'artiste créateur.

À partir de la notion de satisfaction dans l'échange entre le producteur et le marché, Hirschman définit trois segments de marché, illustrés à la figure 1.3. Elle distingue ces trois segments en fonction de l'orientation de la créativité de l'artiste et de l'objectif visé par celui-ci. Le premier segment de marché est l'artiste créateur lui-même; la créativité y est dite « orientée vers soi », et l'objectif visé par le créateur est simplement la satisfaction de son propre besoin d'expression. Le deuxième segment est constitué par les pairs, tant les autres artistes que les critiques ou autres professionnels de la discipline; la créativité est ici dite « orientée vers les pairs », et l'artiste cherche principalement à obtenir une reconnaissance de son milieu. Le troisième segment, le grand public, pourrait lui-même être subdivisé en plusieurs sous-segments; la créativité de l'artiste est alors dite « orientée vers le marché », et le principal objectif visé est bien souvent le gain financier. Un artiste peut créer en souhaitant atteindre l'un ou l'autre de ces segments de marché ou même les trois à la fois, mais généralement, dans le dernier cas, il doit tout de même trouver sa propre satisfaction dans son œuvre. Un même artiste peut aussi choisir de créer des produits différents pour chaque segment.

Figure 1.3
Les trois segments de marché selon Hirschman

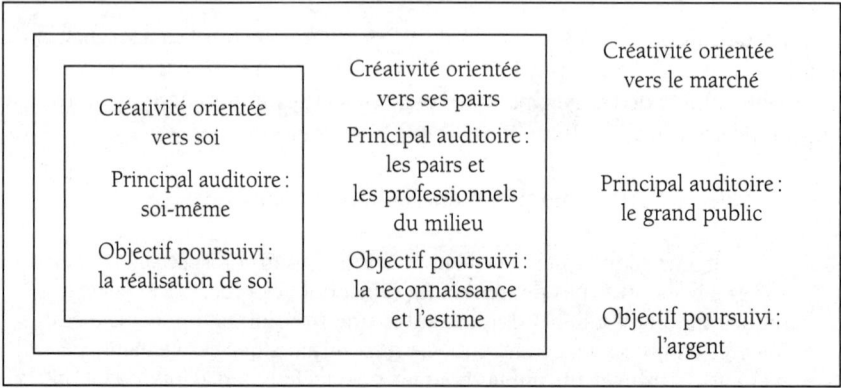

Source : Adaptation de E.C. HIRSCHMANN, «Aesthetics, Ideologies and the Limits of the Marketing Concept», *Journal of Marketing*, vol. 47, été 1983, p. 49. Autorisé par l'American Marketing Association.

Lorsque l'œuvre produite est issue d'une créativité « orientée vers soi », le processus de marketing est « centré sur le produit » et se distingue ainsi du processus de marketing traditionnel, qui est plutôt « centré sur le marché ». Il s'agit pour l'entreprise artistique de trouver les consommateurs susceptibles d'apprécier le produit ; Evrard[18] décrit cette réalité par l'expression « marketing de l'offre ».

On pourrait combiner l'ensemble des définitions qui précèdent en définissant le marketing des entreprises culturelles de la façon suivante :

> L'art d'atteindre les segments de marché susceptibles de s'intéresser au produit, en ajustant à celui-ci les variables de la composition commerciale – le prix, la distribution et la promotion – afin de mettre le produit en contact avec un nombre suffisant de consommateurs et d'atteindre ainsi les objectifs conséquents à la mission de l'entreprise.

1.4 Le modèle marketing

Les théoriciens du marketing utilisent un modèle pour décrire, de façon simplifiée, la réalité du processus de mise en marché d'un produit par une entreprise. La réalité du milieu des entreprises culturelles étant différente de celle des entreprises commerciales et industrielles, le modèle marketing doit subir des modifications pour tenir compte de cette différence.

1.4.1 Le modèle marketing traditionnel

Dans le modèle traditionnel, qui décrit la réalité des entreprises commerciales et industrielles, les composantes doivent être considérées comme une séquence ayant son point de départ dans la case « Marché » (*voir figure 1.4*). En

Figure 1.4
Le modèle marketing traditionnel

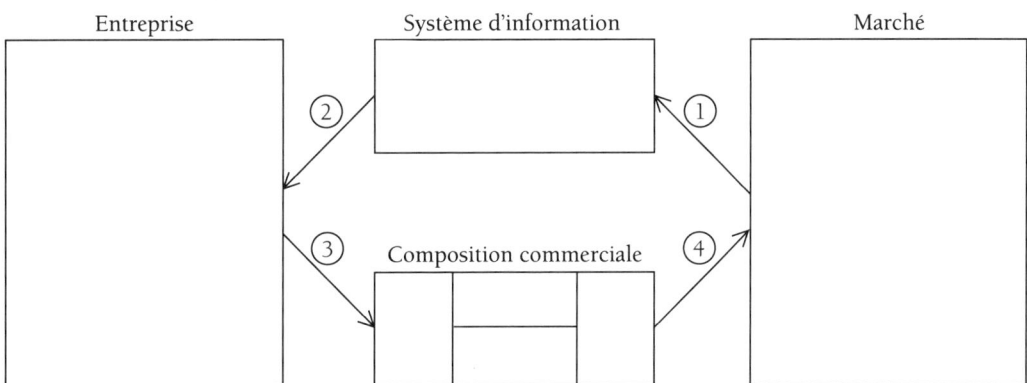

effet, la théorie veut que l'entreprise cherche à satisfaire un besoin existant chez les consommateurs ; à partir des renseignements que lui fournit son système d'information marketing, l'entreprise évalue ce besoin et sa capacité d'y répondre, compte tenu des ressources dont elle dispose et de la mission qu'elle poursuit. Puis elle choisit les quatre éléments de la composition commerciale et les ajuste les uns aux autres de manière à produire l'effet désiré chez le consommateur potentiel. La séquence que nous trouvons ici est donc : marché – système d'information – entreprise – composition commerciale – marché. Le marché est ainsi à la fois le point de départ et le point d'arrivée du processus.

1.4.2 Le modèle marketing des arts et de la culture

Tout en étant constitué des mêmes composantes que le processus de mise en marché traditionnel, le processus de mise en marché des entreprises culturelles centrées sur le produit est différent ; par conséquent, le modèle marketing traditionnel ne peut traduire adéquatement sa réalité. En effet, comme le montre la figure 1.5, le point de départ de la démarche se trouve alors à l'intérieur même de l'entreprise, dans son produit, et ce, conformément à la définition adoptée plus haut. L'entreprise cherchera donc à cerner la partie du marché susceptible de s'intéresser à son produit. Une fois les clients potentiels repérés, la firme déterminera les trois autres éléments de la composition commerciale (prix, distribution, promotion) de manière à atteindre ces clients potentiels. Pour ce type d'entreprise, la séquence du processus sera donc : entreprise (produit) – système d'information – marché – système d'information – entreprise – composition commerciale – marché. Le point de départ du processus est le produit de l'entreprise et le point d'arrivée est le marché. Cette approche « du produit vers le client », tout en étant applicable à certains autres types d'entreprises, est vraiment caractéristique des entreprises du secteur des arts.

Figure 1.5
Le modèle marketing des entreprises culturelles

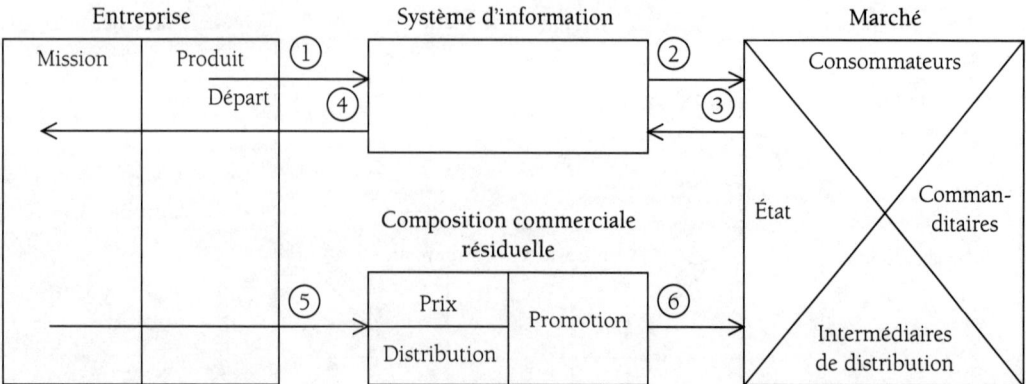

Ce modèle pourrait aussi décrire une réalité correspondant à d'autres types d'entreprises. Par exemple, dans les domaines industriel et commercial, il arrive que, à la suite de la découverte d'un nouveau produit ou de nouvelles applications pour un produit, on doive chercher un marché pour introduire ce nouveau produit. Le point de départ du marketing est donc situé, dans ce cas particulier, dans l'entreprise et son produit, tout comme pour une entreprise culturelle. Il subsiste cependant une différence considérable entre ces situations, différence qui réside essentiellement dans les objectifs poursuivis. L'entreprise commerciale cherche un marché en ayant comme objectif ultime l'optimisation du profit ; elle sera prête à abandonner la production d'un bien s'il n'intéresse pas le consommateur. Or, pour l'entreprise culturelle centrée sur le produit, l'objectif ultime n'est pas d'ordre financier, mais plutôt d'ordre artistique, et c'est à l'atteinte de ce dernier objectif que l'on mesurera le succès de l'entreprise, celle-ci réalisant un projet artistique plutôt qu'un projet financier[19].

Nous avons vu par ailleurs que certaines entreprises culturelles sont essentiellement centrées sur le marché et qu'elles ont pour raison d'être un objectif financier plutôt qu'artistique ; nous dirons donc, dans leur cas, que le modèle marketing traditionnel décrit mieux leur processus de mise en marché.

1.4.3 Le marketing et les entreprises culturelles

En réutilisant le schéma présenté plus haut à la section 1.1.4, nous pouvons cette fois non seulement distinguer les entreprises du secteur des arts de celles définies comme des industries culturelles, mais aussi voir nettement dans quels cas il convient de parler de marketing traditionnel ou de marketing des arts et de la culture (*voir figure 1.6*).

Figure 1.6
Le marketing et les entreprises culturelles

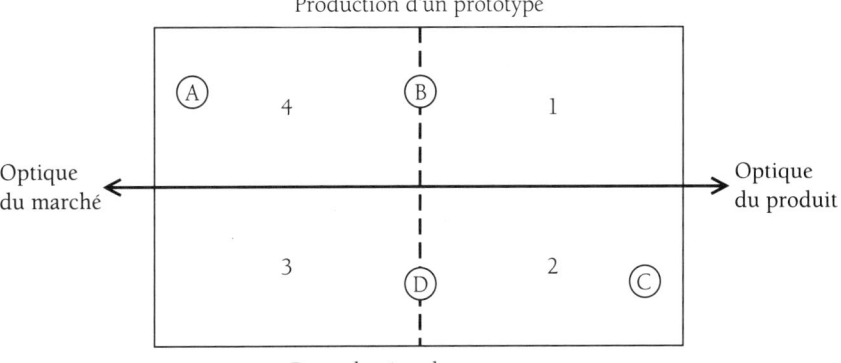

Au quadrant 3, où l'on trouve les entreprises centrées sur le marché, l'approche marketing sera essentiellement traditionnelle. Par contre, au quadrant 1, où les entreprises sont essentiellement centrées sur le produit, l'approche marketing correspondra au modèle marketing des arts et de la culture.

En dehors des deux situations pures, les entreprises pourront tendre, à des degrés divers, vers l'une ou l'autre approche. Ainsi, la firme A aura une orientation de marché claire même si son produit est unique (ex.: une production du type « Broadway »), alors que la firme B tiendra compte des besoins du marché, mais de façon moins absolue que la firme A, ce qui la distingue à la fois de cette dernière et des entreprises situées dans le quadrant 1. De la même façon, pour deux entreprises qui reproduisent les œuvres en série, la firme C aura une orientation de produit claire, alors que la firme D aura une orientation de produit moins absolue que la firme C, ce qui la distingue à la fois de cette dernière et des entreprises du quadrant 3.

À partir de ces exemples, nous pouvons discerner trois situations de mise en marché différentes: des entreprises utilisant une approche de marketing traditionnel « pur » (quadrants 3 et 4), des entreprises dont l'approche correspond au marketing culturel « pur » (quadrants 1 et 2) et une troisième catégorie d'entreprises dont l'approche mixte permettra certains compromis sur le produit ou encore un ajustement du produit en fonction des préférences des consommateurs (situations B et D).

1.5 Les composantes du modèle

1.5.1 Le marché

Un marché est un ensemble de consommateurs qui expriment des désirs et des besoins concernant des produits, des services ou des idées. Ces notions de besoin et de désir sont fondamentales en marketing et constituent le pivot de toute stratégie.

Nous pourrions ainsi dire que le consommateur exprime des besoins que l'entreprise cherche à combler par un ensemble de produits et de services; l'entreprise commerciale s'interrogera sur ces besoins avant de créer un produit, alors que l'entreprise culturelle cherchera à repérer les consommateurs ayant des besoins susceptibles d'être comblés par les œuvres produites. On notera que les consommateurs peuvent être des individus tout aussi bien que d'autres entreprises. Le terme « consommateur » est ici employé dans son sens le plus large pour désigner l'ensemble des agents économiques. On notera aussi que les besoins et les désirs du consommateur, vu leur nature plutôt subjective, ne sont pas toujours faciles à déterminer ; par exemple, au-delà des grandes catégories de films qu'un spectateur peut être capable d'établir (comédie, épouvante, action, etc.), il existe une infinité de nuances susceptibles de lui procurer les bénéfices qu'il pourrait rechercher et qu'il ne soupçonne même pas.

Les consommateurs, qui achètent des produits ou des services, créent ce que les économistes appellent « la demande », soit la quantité d'un bien ou d'un service que les agents économiques acquièrent sur un marché donné.

Le marché se subdivise en sous-groupes, ou segments, en fonction des goûts et des besoins des consommateurs. En segmentant le marché, l'entreprise commerciale cible une clientèle pour laquelle elle imaginera un produit, taillé à la mesure des besoins de ces consommateurs potentiels ; ce faisant, elle se démarque des concurrents dont l'offre n'est pas ciblée de la même manière. La firme qui possède ainsi un avantage distinctif par rapport à ses concurrents consolide sa position sur le marché. En segmentant un marché, l'entreprise culturelle distingue une clientèle composée d'individus susceptibles d'apprécier les attributs de son produit.

1.5.2 L'environnement

En marketing, le stratège ne travaille pas en vase clos ; il doit composer avec les diverses contraintes qui lui viennent de l'extérieur et qui agissent sur le marché et sur son entreprise. L'environnement global, dans lequel s'intègrent l'entreprise et le marché, comporte deux éléments qui influent continuellement sur toute organisation : la concurrence, élément sur lequel l'entreprise a un certain degré de contrôle, et les variables du macro-environnement, dites « incontrôlables ».

On définit souvent la concurrence comme une variable « semi-contrôlable » pour la firme. En effet, même si on ne peut pas agir directement sur la stratégie d'un concurrent, on peut toujours y réagir par divers moyens : on peut contrer la baisse de prix effectuée par une autre entreprise en réduisant soi-même ses prix, ou combattre une campagne promotionnelle vigoureuse par un effort publicitaire aussi vigoureux ; en définitive, face à cette réalité, la firme n'est pas aussi impuissante qu'elle ne l'est quant aux variables du macro-environnement.

Les variables du macro-environnement, aussi appelées « variables incontrôlables », influent de façon continue sur la vie des organisations. Celles-ci doivent parfois s'adapter à des changements radicaux sans pouvoir agir sur les causes de ces changements.

On distingue habituellement cinq variables principales dans le macro-environnement : l'environnement démographique, l'environnement culturel, l'environnement économique, l'environnement politico-légal et l'environnement technologique. Nous les décrirons en détail au chapitre 3.

1.5.3 Le système d'information marketing

Le système d'information marketing repose sur trois éléments principaux : un ensemble de données internes, un ensemble de données externes publiées par des firmes privées ou des agences gouvernementales, et un ensemble de données externes que l'entreprise collecte elle-même.

On entend par « données internes » toutes les informations disponibles au sein de l'entreprise. Par exemple, le système d'information comptable d'une entreprise ne sert pas uniquement à l'analyse financière : c'est une importante source de données internes où le spécialiste en marketing peut puiser des renseignements très utiles.

Si le gestionnaire veut comparer les résultats de son entreprise avec ceux de ses concurrents ou avec le marché en général, il doit recueillir des données à l'extérieur de son entreprise. Celles-ci sont de deux ordres : les données publiées par des organismes des secteurs public et privé, et les données recueillies directement par l'entreprise.

On utilise l'appellation « données externes secondaires » pour décrire les données publiées par des organismes du secteur public tels que Statistique Canada, le Conseil des Arts du Canada ou le ministère de la Culture du Québec, ou, du côté de l'entreprise privée, par des firmes spécialisées produisant des rapports de recherche ; on trouve généralement ces documents dans les bibliothèques d'affaires. Avant de commencer une étude de marché, il est indispensable de consulter les principales sources de données externes secondaires, ne serait-ce que pour s'assurer que l'étude en question n'a pas déjà été réalisée.

Quand les données internes et les données externes secondaires n'apportent pas toutes les informations nécessaires à la prise de décision marketing, il devient pertinent de recourir à la collecte de données externes de type primaire. On doit alors interroger directement le consommateur, et c'est ce que l'on appelle communément une « étude de marché ». On peut tout aussi bien vouloir déterminer les habitudes d'achat de ce dernier, ses goûts, ses préférences, que tester plusieurs scénarios pour la finale d'un film, ou évaluer l'efficacité d'une affiche publicitaire, etc.

1.5.4 La composition commerciale (*marketing mix*)

Toute stratégie de marketing se fait par l'intermédiaire de quatre éléments : le produit, le prix, la distribution et la promotion. On désigne ces quatre éléments par l'expression « composition commerciale », et le succès de la mise en marché dépend d'un dosage judicieux (proportions optimales) de ces quatre éléments. Un produit bénéficiant d'un bon réseau de distribution et d'une bonne promotion, mais dont le consommateur ne voudrait pas, même à bon prix, ne connaîtra pas le succès espéré. Il en est de même pour un bon produit au mauvais prix, ou dont le système de distribution est inadéquat ou défavorable en raison d'une erreur dans la stratégie de promotion. Il s'agit là des éléments fondamentaux de la mise en marché, et toute entreprise cherche à produire un effet de synergie par la force combinée de ces quatre éléments. On parle de synergie lorsque l'effet total de plusieurs éléments pris ensemble est plus grand que la somme des effets de ces éléments pris individuellement.

Bien que les quatre éléments de la composition commerciale forment un tout, il existe une séquence logique dans leur détermination. Même pour un produit du domaine commercial, le gestionnaire doit d'abord savoir quel produit il vend avant d'être en mesure de déterminer son prix ou de décider de sa distribution ; de même, il ne peut concevoir une campagne promotionnelle sans savoir ce que l'entreprise offre, à quel prix et où le produit sera en vente. Dans un premier temps, les décisions sont donc prises en respectant une séquence préétablie. Par la suite, pour atteindre le bon dosage de chaque élément, on parlera plutôt d'un processus itératif, où l'on ajustera les éléments les uns aux autres, jusqu'à la combinaison finale.

Les éléments de la composition commerciale sont appelés « variables contrôlables », par opposition à la concurrence, qui est une variable semi-contrôlable, et au macro-environnement, sur lequel l'organisation n'exerce aucun contrôle.

Le produit

Le produit est l'élément central sur lequel repose toute entreprise. Cet énoncé prend un sens particulier dans le domaine culturel, où le produit constitue le point de départ de toute la démarche marketing.

Dans cet ouvrage, nous utilisons le terme « produit » dans son sens large pour signifier tout autant un objet tangible qu'un service, une idée ou une cause ; nous associons donc aussi le terme « produit » à tout résultat du processus de création qui fait l'objet d'une mise en marché ; par exemple, un spectacle, une exposition, un disque, un livre ou une émission de télévision seront définis comme des produits.

Le prix

Tout produit a un prix. Celui-ci se traduit habituellement par la valeur en argent qu'on attribue au produit ; mais il comprend aussi l'effort que le consommateur doit fournir dans son acte d'achat. Nous devons donc toujours considérer qu'il y a un prix à payer pour un produit, même dans le cas où celui-ci est gratuit.

Par ailleurs, le prix payé pour un produit n'est pas nécessairement proportionnel à son coût de fabrication, et il en va de même pour la valeur qu'on lui attache. Le coût d'une entrée au cinéma n'a rien à voir avec le coût de production du film, et, à l'opposé, la rareté, la notoriété et la valeur symbolique d'un objet sont des facteurs susceptibles de faire augmenter le prix que le consommateur sera prêt à payer ; ainsi, une œuvre d'art pourra être vendue à un prix très élevé qui n'aura, là encore, rien à voir avec son coût de fabrication.

Le prix le plus juste est donc celui que le consommateur est prêt à payer et c'est en fonction de celui-ci que l'entreprise devra élaborer ses stratégies.

La distribution

L'élément « distribution »[20] comporte en soi plusieurs composantes dont les principales sont : la distribution physique, les réseaux de distribution et la localisation commerciale. Dans le premier cas, on s'intéresse à la logistique de distribution du produit (organisation de la tournée d'un spectacle ou transmission d'un livre de l'éditeur jusqu'au consommateur final). Dans le deuxième cas, on entend plutôt la relation entre les différents intermédiaires d'un réseau, et plus spécifiquement ici, entre artistes, producteurs et diffuseurs. Troisièmement, la localisation commerciale est un facteur important pour le succès des entreprises qui vendent directement aux consommateurs ; l'emplacement pour établir une librairie, un cinéma, une salle de spectacles, un musée, ou encore pour ouvrir un commerce traditionnel, doit être sélectionné avec soin.

La promotion

La promotion arrive en dernier lieu dans la première séquence de définition de la composition commerciale puisqu'il est indispensable, avant d'élaborer une campagne promotionnelle, de savoir quel produit est offert, à quel prix, et où il pourrait être vendu au consommateur. De même, l'entreprise doit connaître au préalable les caractéristiques importantes du consommateur qu'elle vise et, en particulier, les arguments auxquels il sera sensible.

Comme le consommateur est atteint par la publicité, on aura souvent tendance à confondre les notions de publicité, de promotion et de marketing. Ces notions sont incluses l'une dans l'autre puisque l'élément « promotion » est constitué de quatre composantes distinctes : la publicité, la vente personnelle, la promotion des ventes et les relations publiques.

1.5.5 Deux éléments d'influence

Deux autres éléments doivent être pris en considération dans toute analyse marketing : le temps et la spécificité de l'entreprise (*voir figure 1.7*).

Le temps

Toute firme travaille dans un environnement changeant. Les conditions du marché évoluent avec le temps ; les besoins et les goûts du consommateur changent ; les variables du macro-environnement se modifient et la concurrence ajuste ses stratégies. Une excellente stratégie de marketing peut donc se révéler désuète après quelques années, ou même après quelques mois. Le responsable doit continuellement revoir sa stratégie. Cette notion de temps s'applique aussi à l'évolution de l'entreprise elle-même, puisque les objectifs de celle-ci peuvent être modifiés, ce qui peut entraîner, par le fait même, une remise en question des politiques de marketing. Le marketing doit donc être envisagé comme un processus en évolution, et toute stratégie doit être revue périodiquement pour s'ajuster à l'environnement et aux priorités de l'entreprise.

Figure 1.7
Le modèle complet

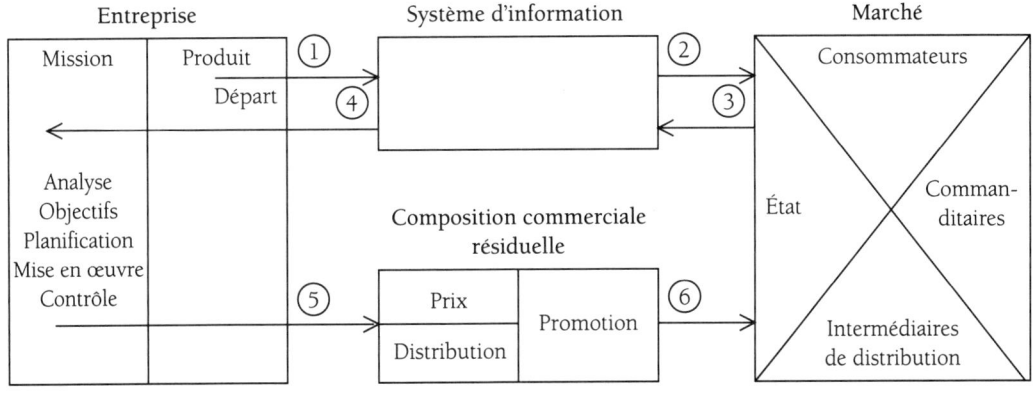

La spécificité de l'entreprise

Chaque organisation possède sa personnalité propre et constitue une entité particulière. Une excellente stratégie de marketing pour l'entreprise A peut se révéler inadéquate pour l'entreprise B. Les produits ne sont pas nécessairement les mêmes, les parts de marché non plus, et les images des deux entreprises peuvent aussi différer. Il est ainsi hasardeux de vouloir transférer intégralement une stratégie d'une firme à une autre. Dans certains cas, cependant, on peut avantageusement s'inspirer de ce que font les concurrents. Beaucoup de petites entreprises utilisent avec succès la stratégie d'imitation qui consiste à imiter les produits ou les politiques de marketing des concurrents, économisant ainsi des sommes énormes en études de marché. Il est rare, toutefois, que tous les éléments d'une stratégie puissent être empruntés aux concurrents.

1.5.6 L'entreprise et son processus de gestion marketing

Les décisions de stratégies marketing que le gestionnaire doit prendre doivent toujours être conformes aux objectifs de l'entreprise ainsi qu'à la mission de celle-ci. Elles doivent aussi tenir compte des ressources tant humaines et techniques que financières dont dispose l'organisation.

On peut décomposer le processus de gestion marketing en cinq éléments principaux : analyse, fixation d'objectifs, planification, mise en œuvre et contrôle. Le spécialiste en marketing fait une analyse de la situation, de son marché d'abord, et ensuite des objectifs et des ressources de l'entreprise. Cette analyse lui permet de fixer des objectifs marketing compatibles avec la situation existante. À l'étape de la planification, il s'intéresse tout autant aux aspects stratégiques (positionnement de son produit, réactions prévues des concurrents, choix du réseau de distribution le plus approprié...) qu'aux aspects plus opérationnels (réunion du personnel de vente, diffusion du matériel publicitaire au bon endroit et au bon moment...).

La mise en œuvre du plan de marketing exige une bonne coordination de tous les acteurs et implique la participation de tous les secteurs de l'entreprise : celui de la production, afin que les ressources soient disponibles, celui des finances, pour que les fonds soient débloqués, ou le personnel, si, par exemple, des employés surnuméraires devaient être engagés. Au moment de la mise en œuvre de la stratégie, les dirigeants de l'entreprise doivent être informés du suivi de l'opération. L'opération « contrôle » permet à la firme de comparer les résultats aux objectifs, de redresser les écarts constatés en apportant, au besoin, les correctifs nécessaires.

1.5.7 L'interdépendance des éléments

Nous avons traité séparément les divers éléments du modèle marketing; il faut noter, toutefois, que ceux-ci sont interdépendants. Ils s'intègrent en effet dans un tout où chacun influe sur les autres à des degrés plus ou moins élevés.

Le responsable du marketing doit bien connaître son marché ainsi que les variables susceptibles d'influer sur celui-ci. Il doit déterminer correctement les besoins des consommateurs, mesurer le niveau et l'évolution de la demande pour un bien particulier et diviser son marché global en sous-marchés, ou segments, de façon à mieux saisir les occasions et à acquérir un avantage distinctif sur ses concurrents. Il doit aussi étudier et prendre en considération les différentes variables du macro-environnement. La concurrence sous toutes ses formes peut toucher les ventes de ses produits; l'évolution de la démographie, de la culture, de l'économie, des lois et des réglementations, et de la technologie vient constamment modifier les règles du jeu sans que le spécialiste puisse exercer quelque contrôle sur ces éléments. Le responsable du marketing doit enfin utiliser son système d'information à bon escient et savoir doser chacune des variables de la composition commerciale.

Résumé

Les entreprises culturelles occupent une place importante dans notre société. Elles ont en commun le fait que les produits autour desquels elles s'articulent émanent d'un acte de création artistique. L'artiste occupe une place centrale dans l'entreprise, et on le retrouve à toutes les étapes de la production, de la création à la diffusion.

Il existe de nombreuses différences entre les entreprises culturelles, celles-ci se partageant particulièrement en deux secteurs: celui des arts et celui des industries culturelles.

Les entreprises culturelles se distinguent, d'une part, selon que leur mission les oriente vers le marché ou vers le produit, et, d'autre part, selon que leur produit est une œuvre unique (prototype) ou existe en plusieurs exemplaires à la fois. L'orientation « produit » ou « marché » influe sur la taille de l'entreprise et le statut juridique pour lequel elle opte.

L'approche spécifique du marketing des arts et de la culture concerne non pas l'ensemble des entreprises culturelles mais seulement celles qui appartiennent au secteur des arts. Pour les autres, l'approche traditionnelle est tout à fait adéquate.

Le modèle marketing qui décrit le processus de mise en marché traditionnel doit être modifié pour décrire la réalité des entreprises du secteur des arts. Les composantes sont les mêmes, mais la séquence dans laquelle elles s'inscrivent est modifiée. Le produit y est plus qu'une simple variable de la composition commerciale, puisqu'il constitue la raison d'être principale de l'entreprise, et ce, indépendamment des besoins du marché.

Le marketing, en tant que discipline des sciences de la gestion, a vu le jour au début du vingtième siècle. Il est aujourd'hui constitué d'un ensemble de connaissances propres qui le distinguent de toute autre science ; ces connaissances se développent sans cesse et trouvent de plus en plus d'applications dans des secteurs particuliers de l'activité économique comme c'est le cas, notamment, pour le marketing des arts et de la culture.

De façon générale, le marketing doit être vu comme un ensemble d'activités destinées à rapprocher l'entreprise et le consommateur. Les quatre composantes du marketing sont le marché, le système d'information marketing, l'entreprise et la composition commerciale.

Questions

1. Pourquoi l'artiste constitue-t-il la pierre angulaire de toute stratégie marketing dans les entreprises culturelles ?
2. Quels sont les quatre critères qui permettent de différencier le secteur des arts de celui des industries culturelles ?
3. Qu'est-ce qui distingue le marketing traditionnel du marketing des arts ? Qu'en est-il du marketing dans les industries culturelles ?
4. Dans la plupart des définitions du terme « marketing », on trouve la notion d'échange. Pourquoi ?
5. Quelles sont les grandes lignes de l'évolution du marketing ?
6. Qu'est-ce qu'on entend par « marketing de l'offre » ?
7. Pourquoi les gens non informés confondent-ils souvent marketing et publicité ?
8. Pourquoi donne-t-on le qualificatif de « contrôlable » à chacun des quatre éléments de la composition commerciale ?

9. Pourquoi, dans le modèle marketing du domaine culturel, place-t-on le produit avec l'entreprise?
10. Pourquoi dit-on de la concurrence qu'elle est une variable «semi-contrôlable»?
11. En quoi, dans la vision de Hirschman, l'artiste lui-même peut-il constituer un segment de marché?
12. Pouvez-vous trouver des exemples d'entreprises du secteur des arts qui sont clairement orientées vers le marché? d'entreprises du secteur des industries culturelles qui sont clairement orientées vers le produit?

Notes et références

1. P.D. BENNETT, *Dictionary of Marketing Terms*, American Marketing Association, 1988, 220 p.
2. En Amérique du Nord, les chercheurs, les universitaires et les praticiens du marketing sont regroupés en une association appelée American Marketing Association.
3. J. WILMSHURST, *The Fundamentals and Practice of Marketing*, London, Published on behalf of the Institute of Marketing and the CAM Foundation, 1978, 213 p.
4. R. BARTELS, *The History of Marketing Thought*, 2ᵉ édition, Columbus, Ohio, Grid, 1976, 327 p.
5. Cité dans N.H. BORDEN, «The Concept of the Marketing Mix», *Journal of Advertising Research*, vol. 4, nᵒ 2, juin 1964, p. 2-7.
6. E.J. McCARTHY, *Basic Marketing, A Managarial Approach*, 4ᵉ édition, Homewood, Illinois, Richard D. Irwin, 1971 (1ʳᵉ édition 1960), 770 p.
7. P. KOTLER et B. BUBOIS, *Marketing Management, Analyse, planification et contrôle*, 3ᵉ édition, Paris, Publi-Union, 1977, 558 p.
8. R.M. GAEDEKE, *Marketing in Private and Public Nonprofit Organizations: Perspectives and Illustrations*, Santa Monica, California, Goodyear Publishing Company, 1977, 383 p.
9. P. KOTLER, *Marketing Management: Analysis, Planning and Control*, Englewood Cliffs, New Jersey, Prentice-Hall, 1967, 628 p.
10. M.P. MOKWA, W.M. DAWSON et E.A. PRIEVE, *Marketing the Arts*, New York, Praeger Publishers, 1980, 286 p.
11. J.V. MELILLO, *Market the Arts*, New York, Foundation for the Extension and Development of the American Professional Theatre, 1983, 287 p.
12. K. DIGGLES, *Guide to Arts Marketing: The Principles and Practice of Marketing as They Apply to the Arts*, London, Rhinegold Publishing Limited, 1986, 243 p.
13. A.H. REISS, *The Arts Management Handbook*, 2ᵉ édition, New York, Law-Arts Publishers, 1974 (1ʳᵉ édition 1979), 802 p.
14. K. DIGGLES, *Guide to Arts Marketing: The Principles and Practice of Marketing as They Apply to the Arts*, London, Rhinegold Publishing Limited, 1986, 243 p.
15. M.P. MOKWA, W.M. DAWSON et E.A. PRIEVE, *Marketing the Arts*, New York, Praeger Publishers, 1980, 286 p.

16. J.V. MELILLO, *Market the Arts*, New York, Foundation for the Extension and Development of the American Professional Theatre, 1983, 287 p.
17. E.C. HIRSCHMAN, « Aesthetics, Ideologies and the Limits of the Marketing Concept », *Journal of Marketing*, vol. 47, été 1983, p. 40-55.
18. Y. EVRARD, « Culture et marketing : incompatibilité ou réconciliation ? », *Actes de la Conférence internationale sur la gestion des arts*, Montréal, Chaire de gestion des arts, École des Hautes Études Commerciales, août 1991, p. 37-50.
19. F. COLBERT, *La recherche et l'enseignement en gestion des arts à l'aube des années 1990*, Cahier de recherche GA89-01, Montréal, Chaire de gestion des arts, École des Hautes Études Commerciales, décembre 1989, 33 p.
20. Les Américains appellent cette variable « *place* », ce qui leur permet d'utiliser l'expression « les quatre P » en parlant de la composition commerciale. En français, on utilise parfois l'expression « place du produit dans un réseau de distribution », ce qui nous permet alors d'employer la même expression.

Autres références

FILION, M., F. COLBERT et al., *Gestion du marketing*, Boucherville, Gaëtan Morin Éditeur, 1990, 631 p.
STATISTIQUE CANADA, *Les arts et la culture, un portrait statistique*, Ottawa, avril 1985, 48 p.
TREMBLAY, G., *Les industries de la culture et de la communication au Québec et au Canada*, Sillery, Québec, Presses de l'Université du Québec, 1990, 429 p.

Plan

Objectifs	33
Introduction	33
2.1 Le produit	34
2.1.1 La notion de produit	34
La classification des produits selon l'effort consenti par le consommateur	34
Les trois composantes du produit	35
Les trois dimensions du produit culturel	35
2.1.2 Le produit culturel : un produit complexe	37
2.1.3 Une définition du produit	38
2.1.4 Les lignes et les gammes de produits	38
2.2 Le cycle de vie du produit	40
2.2.1 Le concept de cycle de vie	40
2.2.2 Le processus d'adoption d'un produit	43
2.2.3 Les quatre phases du cycle de vie	45
L'introduction	45
La croissance	46
La maturité	47
Le déclin	48
2.2.4 Les limites de la notion de cycle de vie	49
2.3 L'élaboration de nouveaux produits	50
2.3.1 La recherche et le développement	50
2.3.2 Le risque	53
Résumé	54
Questions	55
Notes et références	56

2

Le produit

Objectifs

- Définir la notion de produit culturel.
- Établir les principales dimensions du produit culturel.
- Examiner la notion de cycle de vie du produit.
- Appliquer le concept de cycle de vie aux produits culturels.
- Comprendre les caractéristiques du risque des entreprises culturelles.

Introduction

Le produit constitue la pierre angulaire de toute entreprise culturelle, et conséquemment de toute stratégie de marketing. Dans la première section de ce chapitre, nous examinerons le produit sous différents aspects.

Dans un deuxième temps, nous présenterons un concept important pour la gestion des produits, soit la notion de cycle de vie du produit ; il s'agit d'un modèle qui décrit différents moments de la vie d'un produit, en fonction de l'évolution du marché et de l'environnement de la firme, et qui permet d'élaborer diverses stratégies utiles à la survie des entreprises.

En troisième lieu, dans le but de décrire la nature spécifique du risque des entreprises culturelles, nous examinerons la question de l'élaboration de nouveaux produits en singularisant le produit culturel par rapport au produit de consommation courante.

2.1 Le produit

Rappelons d'abord que, dans le présent ouvrage, le terme « produit » est utilisé au sens générique, signifiant autant un objet qu'un service ou une expérience.

2.1.1 La notion de produit

On peut définir la notion de produit de plusieurs façons différentes. Ici, nous établirons d'abord une classification des produits en fonction de l'effort consenti par le consommateur pour se les procurer ; ensuite, nous diviserons le produit en diverses parties pour tenter d'en établir les composantes ; enfin, nous chercherons à déterminer les caractéristiques du produit culturel.

La classification des produits selon l'effort consenti par le consommateur

Dans la littérature du marketing, on trouve plusieurs façons de classer les produits ; nous nous en tiendrons à la plus connue, qui consiste à classer les produits en fonction de l'effort fourni par le consommateur dans son comportement d'achat ; on distinguera alors les produits d'achat courant, les produits d'achat réfléchi et les produits d'achat spécialisé.

Les produits d'achat courant sont ceux que le consommateur achète souvent mais pour lesquels il possède peu de fidélité, n'hésitant pas à remplacer la marque habituelle par un substitut plutôt que de se déplacer sur de grandes distances pour se procurer le produit (exemple : l'achat de lait, de pain ou de beurre).

Dans l'achat réfléchi, le consommateur n'achètera qu'après avoir comparé différents produits substituts. Pour une bonne partie de la population, les vêtements en sont un bon exemple : le consommateur compare les styles, les couleurs, les tissus, etc. de plusieurs vêtements semblables jusqu'à ce qu'il trouve ce qui répond le mieux à ses critères du moment.

L'achat spécialisé concerne un produit, et souvent une marque en particulier, pour lequel le consommateur est prêt à consentir des efforts importants. Un consommateur ira même jusqu'à refuser toute autre marque si le produit particulier qu'il veut n'est pas offert, et il acceptera de se déplacer pour se rendre jusqu'à l'endroit où il pourra se procurer son produit.

En général, les produits culturels se classent dans la catégorie des achats spécialisés. En effet, le consommateur veut voir tel spectacle ou tel film en particulier, ou se procurer tel disque de sa vedette préférée. Il n'acceptera pas vraiment de compromis et, pour obtenir ce qu'il veut, il consentira des efforts considérables, par exemple acheter les billets à l'avance, faire la queue pendant des heures ou encore se déplacer jusqu'à l'endroit où se déroulera l'événement qui l'intéresse même si la distance est importante.

On trouve aussi des situations où le produit culturel se classe plutôt dans la catégorie des produits d'achat réfléchi; c'est notamment le cas du livre quand, dans son acte d'achat, le consommateur cherche en librairie, sans idée précise, une œuvre pouvant correspondre à son humeur du moment; s'il désire un roman, il consulte les résumés au dos des jaquettes, feuillette les livres, et fait son choix à partir d'un groupe d'ouvrages susceptibles de l'intéresser.

Les trois composantes du produit

Pour la plupart des produits, on peut distinguer trois composantes principales:

1) le produit central, c'est-à-dire l'objet lui-même;
2) les services connexes qui y sont associés;
3) la valeur que le consommateur attache à ce produit, celle-ci pouvant être symbolique, affective, etc.

En achetant une automobile, un client se procure un moyen de transport (produit central), mais probablement aussi un certain nombre de services connexes (garantie, service d'entretien, etc.) ainsi qu'une valeur symbolique (prestige, puissance, réalisation d'un rêve, etc.).

Les raisons qui motivent le choix d'une marque ou d'un produit en particulier peuvent différer selon les consommateurs. Pour reprendre l'exemple de l'automobile, certains acheteurs prendront leur décision à l'aide de critères purement techniques (consommation d'essence, logeabilité, etc.), donc en fonction du produit central; d'autres choisiront la marque pour la garantie du fabricant, ou le concessionnaire en fonction de la qualité du service fourni pour l'entretien du véhicule dans les années qui suivront l'achat de la voiture, donc en fonction des services connexes; d'autres consommateurs, encore, baseront leur choix sur la position sociale que confère l'utilisation de ce produit, le prestige, le fait de réaliser un rêve, etc., et c'est parfois cette valeur symbolique qui constitue la principale raison d'achat d'un bien.

Les trois dimensions du produit culturel

Une autre façon de cerner la notion de produit, dans le cas du produit culturel, est de définir l'œuvre artistique en fonction de trois dimensions (*voir tableau 2.1*): les dimensions référentielle, technique et circonstancielle[1].

Tableau 2.1
Les trois dimensions de l'œuvre artistique

Dimension référentielle	Dimension technique	Dimension circonstancielle
– La discipline – Le genre – L'histoire – Les produits de compétition – Les produits de substitution	– du produit consommé – du processus de production	– Les composantes éphémères – Le consommateur – L'artiste

La première de ces dimensions est celle qui permet au consommateur de situer un produit par rapport à différents points de référence : discipline, genre, histoire, etc. Ces points de référence seront plus ou moins nombreux selon l'expérience du consommateur et selon la connaissance qu'il a du produit en question. C'est ce qui permet de définir le produit par comparaison, de le situer tant par rapport à ce qui existe que par rapport à ce qui a existé. Par exemple, on pourra situer une œuvre de danse contemporaine par rapport aux autres œuvres chorégraphiques contenues dans le spectacle, à l'ensemble de l'œuvre du chorégraphe, à l'ensemble des œuvres contemporaines d'autres chorégraphes, à l'ensemble des œuvres chorégraphiques d'autres genres (modernes, classiques, jazz, etc.). On pourrait parallèlement situer ce même produit par rapport aux œuvres de théâtre qui lui font concurrence sur le marché, ou par rapport à d'autres types de loisirs. Le travail effectué par les critiques requiert de nombreux points de référence. Si on évalue le produit par rapport à lui-même, on le situe aussi par rapport au contexte de diffusion et par rapport aux autres produits qui existent ou qui ont existé.

La dimension technique englobe les composantes techniques et matérielles du produit tel que le consommateur le reçoit. Selon les produits, il s'agira de l'œuvre elle-même (sculpture), d'un support technique pour l'œuvre (disque ou livre), ou encore d'une composante de la représentation de l'œuvre (spectacle). Lorsqu'un consommateur achète un disque, il prend possession d'une dimension technique d'une œuvre. Lorsqu'il assiste à un spectacle, il perçoit la dimension technique intégrée à l'œuvre, mais il ne pourra nullement en prendre possession. Dans tous les cas, la dimension technique influe sur la qualité de l'œuvre produite.

La dimension circonstancielle a trait aux circonstances éphémères de la perception des produits. Une œuvre artistique ne peut être perçue deux fois de la même manière : même si un individu voit le même spectacle deux fois, ses perceptions seront chaque fois différentes. Les perceptions du consommateur constituent une composante fondamentale et indispensable de l'appréciation du produit. Il en est de même pour la perception du contexte dans lequel le produit est présenté : une sculpture aura un caractère différent selon qu'on la voit au premier plan d'un coucher de soleil ou au premier plan d'un ciel nuageux. De plus, pour la personne en situation de perception, les états d'âme, la condition physique, l'humeur immédiate, le confort de la situation sont autant de facteurs éphémères qui interviennent dans sa perception globale du produit et influent sur l'appréciation de celui-ci. Dès qu'il s'agit de perception humaine, l'aspect circonstanciel est un facteur de première importance.

Si, pour tout produit, la perception humaine est un facteur d'influence, et surtout du côté du consommateur, il faut ajouter que cette perception revêt un aspect particulier dans le cas des produits reliés aux arts d'interprétation. En effet, la perception humaine joue aussi du côté de l'artiste en scène : ses humeurs, son état d'âme, sa condition physique, sa perception des réactions des spectateurs sont autant de facteurs circonstanciels qui influent sur la qualité du produit et confirment qu'un même produit ne peut être pareil deux fois.

2.1.2 Le produit culturel : un produit complexe

Le niveau de complexité varie d'un produit à l'autre ; il peut s'agir d'une complexité liée aux caractéristiques propres du produit ou d'une complexité liée à la perception ou aux caractéristiques du consommateur. Certains produits sont considérés comme complexes parce que leurs caractéristiques techniques nécessitent un effort de familiarisation important – une personne qui achète pour la première fois un ordinateur personnel et qui n'est pas familiarisée avec ce genre de produit (complexité technique) – ou parce que la charge émotive dont ils sont revêtus insécurise le client – une personne qui désire acheter une automobile et pour qui le jugement de l'entourage est important (complexité émotive). D'autres produits, au contraire, font l'objet d'une décision automatique de la part du consommateur ; c'est le cas de beaucoup de biens d'achat courant, que l'on peut qualifier de « produits simples ».

La plupart des produits culturels peuvent être définis comme des produits complexes, particulièrement lorsque les œuvres produites exigent du consommateur des connaissances particulières ou lorsqu'elles font appel à des notions abstraites nécessitant la capacité d'apprécier des concepts. La complexité est encore plus grande lorsque le consommateur n'est pas familiarisé avec ce type de produit.

Le domaine culturel compte tout de même des produits moins complexes, par exemple les œuvres qui utilisent des archétypes connus de la majorité de la population ou dont le contenu conceptuel est très concret. On utilise souvent le terme « populaire » pour désigner ces produits. Ainsi, la chanson populaire et le théâtre d'été peuvent être considérés comme des produits simples par opposition aux œuvres du répertoire classique ou aux créations d'avant-garde, qui sont plus complexes.

2.1.3 Une définition du produit

En adoptant le point de vue du spécialiste en marketing, on peut utiliser la définition suivante pour décrire un produit, quel qu'il soit :

> Un produit est un ensemble de bénéfices perçus par le consommateur.

On peut décrire un produit par sa dimension technique ou par sa valeur symbolique, mais en fin de compte, ce que le consommateur achète est un ensemble de bénéfices, aussi bien réels qu'illusoires, mais pour lesquels il consent à investir argent et efforts, et ce, en fonction de l'importance de son besoin et de la disponibilité de ses ressources.

Du point de vue de l'entreprise, le produit est plutôt défini comme un ensemble de caractéristiques techniques, celles-ci étant même perçues différemment selon les spécialités des personnes à l'intérieur de l'entreprise ; pour une personne, le produit est un ensemble de caractéristiques financières, pour une autre, il s'agit d'un ensemble de composantes matérielles, et pour une autre encore, c'est un ensemble d'arguments de vente. Pour élaborer ses stratégies de marketing, toute entreprise aura avantage à considérer et à utiliser le point de vue du consommateur.

2.1.4 Les lignes et les gammes de produits

Darmon et al.[2] définissent ainsi la ligne de produits : « Une ligne de produits est constituée de tous les modèles d'un même type de produit qu'une entreprise a décidé d'offrir. » Les romans vendus chez un libraire forment une ligne de produits tout comme les périodiques, les dictionnaires et les livres pour enfants constituent trois autres lignes de produits.

Une gamme de produits est le regroupement de l'ensemble des lignes de produits qu'offre une même entreprise. Ainsi, la gamme du libraire est constituée de l'ensemble des lignes qui se trouvent sur ses rayons.

Beaucoup de compagnies de théâtre, surtout les compagnies de tournée, n'offrent qu'une seule production par saison. On parle alors de « firmes uni-produit » ; pour ces compagnies, la notion de ligne ou de gamme n'existe pas. Par contre, la compagnie de théâtre qui possède son propre lieu de diffusion et qui présente cinq productions par saison offre à sa clientèle une ligne de produits. Chaque œuvre présentée, tout en étant dans la catégorie « théâtre », constitue un produit distinct des autres œuvres. Contrairement aux produits tels que livres, disques et vidéocassettes, dont une ligne représente l'ensemble des produits de même nature offerts simultanément par une entreprise, le cas du théâtre présente une ligne dont les produits sont offerts au public en séquence, l'un après l'autre plutôt que simultanément.

La notion de gamme de produits s'applique bien dans le cas des entreprises dont le rôle principal est la diffusion de spectacles. Ainsi, un diffuseur qui offre un ensemble de produits artistiques de diverses disciplines – théâtre, danse, musique classique, variétés, etc. –, chacune étant en fait une ligne, offre à son marché une gamme de produits. Par exemple, un centre important pourra proposer une ligne « théâtre », une ligne « danse », une ligne « musique classique », etc. ; un diffuseur de petite taille pourra offrir une gamme restreinte, ne comportant que quelques lignes de produits, et, à la limite, certaines lignes pourraient ne comporter qu'un seul produit.

Soulignons aussi la tendance qu'ont les entreprises culturelles à élaborer des produits dérivés, produits qui se greffent au produit artistique principal et constituent, de ce fait, d'autres lignes de produits. Ainsi, un orchestre symphonique offre un ensemble de concerts, mais il peut aussi produire des enregistrements sonores et vendre les produits les plus divers tels que t-shirts et autres articles promotionnels. De même, les musées, en plus des expositions permanentes ou temporaires, offrent une série d'activités éducatives et culturelles telles que des conférences, des ateliers, des visites guidées, de même qu'un service de restauration et une boutique.

Traitant de l'élargissement de la gamme des produits au sein des musées et de son impact sur les produits principaux et sur l'organisation, Benghozi et Bayart[3] mentionnent ce qui suit :

> « La possibilité de gains importants sur des produits annexes amène les producteurs à modifier sensiblement leurs stratégies : les objets culturels tels que films, expositions, livres, concerts, etc. sont conçus comme faisant partie d'une gamme de produits coordonnés, dont les marchés doivent se renforcer mutuellement... Deux tiers d'entre eux (les musées) proposent à leur public au moins une bibliothèque, une salle de projection ou de conférence, un comptoir de vente ou encore un restaurant ou une cafétéria. »

Ces constatations proviennent d'une étude effectuée auprès d'un échantillon de musées en France et aux États-Unis ; les résultats de cette étude démontrent le potentiel de revenus que représente la vente de produits dérivés.

2.2 Le cycle de vie du produit

2.2.1 Le concept de cycle de vie

La notion de cycle de vie du produit part du constat que tout naît, croît et meurt, tant les êtres vivants que les produits. Certains produits ayant existé autrefois ont connu des heures de gloire incomparable avant de sombrer plus ou moins soudainement dans l'oubli. C'est le cas notamment du papyrus, de la plume et de l'encrier, du gramophone et du tourne-disque, qui sont remplacés par des produits plus faciles à utiliser, plus performants et qui comblent plus adéquatement les besoins auxquels les premiers avaient répondu jusqu'alors.

En somme, la notion de cycle de vie du produit existe, d'une part, parce que les besoins et les goûts des consommateurs changent, et, d'autre part, parce que la technologie évolue. L'évolution des goûts du consommateur et celle de la technologie sont deux phénomènes interdépendants qui influent l'un sur l'autre et qui provoquent parfois l'accélération du cycle de vie d'un produit.

On distingue habituellement quatre phases dans le cycle de vie d'un produit : l'introduction, la croissance, la maturité et le déclin. Bien qu'il ne soit pas facile de savoir avec précision dans quelle phase se trouve un produit à un moment donné, chacune de ces quatre phases possède des caractéristiques assez précises. La figure 2.1 présente la courbe théorique des différentes phases du cycle de vie d'un produit.

Cette courbe est en fait la courbe de la demande pour un produit en fonction du temps. La forme élégante de la figure 2.1 se retrouve toutefois

Figure 2.1
Le cycle de vie d'un produit

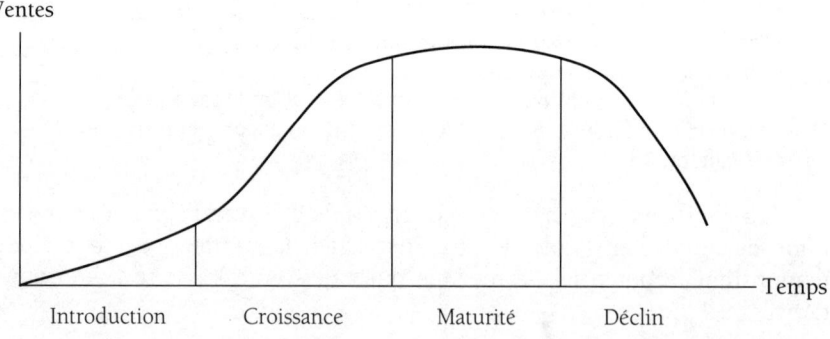

assez rarement dans la réalité, où chaque phase n'est pas nécessairement d'égale durée; si la demande pour un produit peut n'être parfois qu'un feu de paille, elle peut aussi se développer lentement et atteindre la maturité seulement plusieurs dizaines d'années après l'introduction du produit. Entre ces deux extrêmes, il existe une infinité de possibilités. La figure 2.2 présente quelques exemples typiques.

L'expression « cycle de vie du produit » doit être considérée dans son sens le plus large. En effet, ce concept peut s'appliquer autant à l'ensemble des produits offerts sur un marché (cycle de vie du marché) qu'à une marque ou à un produit précis. En général, on considère que le cycle de vie d'un marché se compose de la superposition des cycles de vie des produits, qui, eux, se composent de la superposition des cycles de vie des marques.

Pour illustrer concrètement la notion de cycle de vie dans le domaine des arts, examinons le cas des théâtres d'été au Québec. La figure 2.3 présente le cycle de vie du théâtre d'été depuis son apparition jusqu'au début des années 1980[4].

L'introduction du produit s'est faite graduellement. Le nombre de théâtres d'été a augmenté peu à peu entre 1957 et 1974, période correspondant à la phase d'introduction. Puis 1974 marqua le début d'une croissance fulgurante. La croissance cessa au début des années 1980, où le marché atteignit un plafond correspondant au stade de maturité; le nombre d'entreprises et de productions est demeuré relativement stable depuis lors.

Toujours au Québec, le phénomène des boîtes à chansons peut être considéré comme un exemple intéressant de cycle de vie très court. Nées au début des années 1960, les boîtes à chansons ont connu un succès instantané pour disparaître ensuite brusquement à la fin de la même décennie.

Le produit muséal, dans son ensemble, est demeuré longtemps le propre d'une certaine élite. Les années 1970 ont amené un élargissement important de la clientèle et de la fréquentation; certains disent même qu'il y a eu démocratisation de la fréquentation des musées. Il s'agit donc d'un exemple de cycle de vie d'un marché qui a connu une phase de croissance après être demeuré longtemps sur un palier. Mais sur ce marché, on trouve un ensemble de produits muséaux qui, individuellement, n'ont pas nécessairement suivi le même développement. Les musées d'art, par exemple, ont été relativement lents à drainer une clientèle nombreuse. Ce n'est qu'au cours de la dernière décennie qu'ils ont réussi à faire augmenter considérablement leur fréquentation. En contrepartie, les musées de civilisation, bien que beaucoup plus jeunes, ont connu un succès instantané et sont encore très populaires. Les musées de sciences, quant à eux, ont connu une fréquentation toujours grandissante qui ne semble pas vouloir fléchir.

Figure 2.2
Les principaux profils de cycles de vie

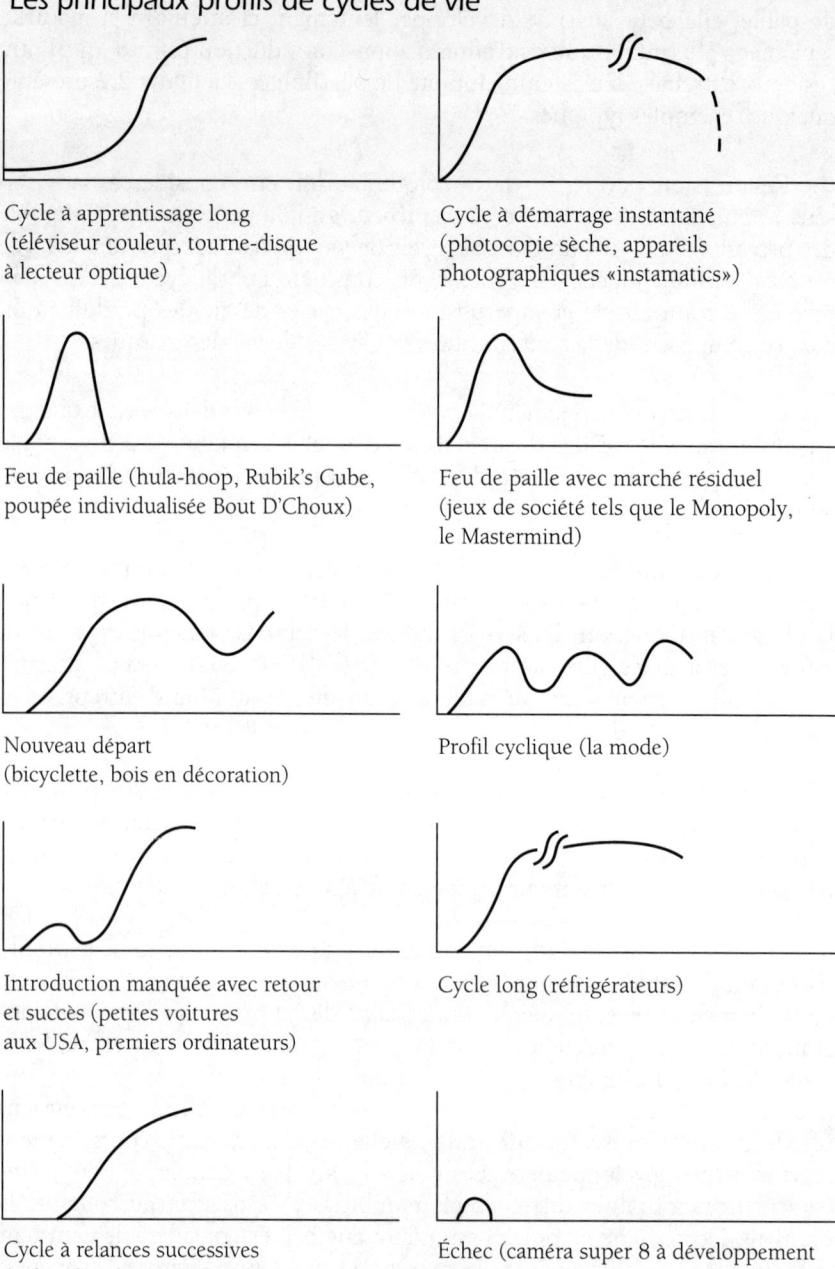

Cycle à apprentissage long
(téléviseur couleur, tourne-disque
à lecteur optique)

Cycle à démarrage instantané
(photocopie sèche, appareils
photographiques «instamatics»)

Feu de paille (hula-hoop, Rubik's Cube,
poupée individualisée Bout D'Choux)

Feu de paille avec marché résiduel
(jeux de société tels que le Monopoly,
le Mastermind)

Nouveau départ
(bicyclette, bois en décoration)

Profil cyclique (la mode)

Introduction manquée avec retour
et succès (petites voitures
aux USA, premiers ordinateurs)

Cycle long (réfrigérateurs)

Cycle à relances successives
(nylon, bande magnétique)

Échec (caméra super 8 à développement
instantané)

Source: C. DUSSART, *Stratégie de marketing*, Boucherville, Gaëtan Morin Éditeur, 1986, p. 235.

Figure 2.3
L'évolution du nombre de théâtres d'été au Québec, de 1957 à 1980

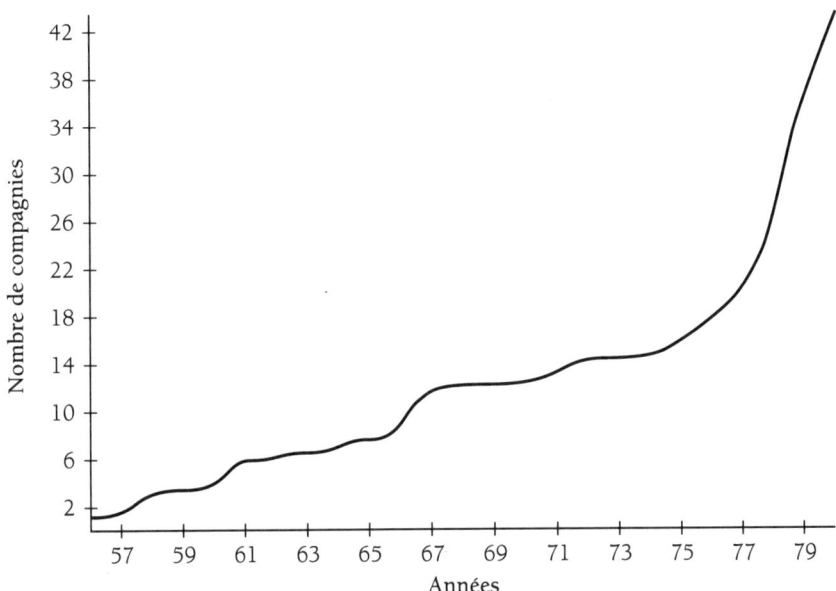

2.2.2 Le processus d'adoption d'un produit

Si certains consommateurs sont réticents à délaisser un produit, d'autres, au contraire, sont à l'affût de toute nouveauté et sont toujours prêts à saisir l'occasion de faire l'essai d'un nouveau produit. Comme nous l'avons déjà vu, la demande pour un produit correspond au nombre d'unités achetées par l'ensemble des consommateurs. Plus ce nombre d'unités est grand, plus la demande est forte. Mais tous les clients potentiels ne deviennent pas des consommateurs au même moment. Certains prennent plus de risques et acceptent de consommer un produit dès son introduction tandis que d'autres, plus conservateurs, attendent que celui-ci ait fait ses preuves. Rogers[5] a proposé un modèle qui décrit le processus de diffusion des innovations, modèle fondé sur ses observations concernant le rythme d'adoption de certains nouveaux produits par les fermiers américains. La figure 2.4 présente le résultat de ses recherches.

Les innovateurs sont prêts à consommer un nouveau produit dès son apparition sur le marché. Après un certain temps, les adoptants précoces, groupe caractérisé par le fort leadership des personnes qui le forment, jouent un rôle majeur dans la diffusion de l'innovation. Les adoptants précoces entraînent successivement dans leur sillage la majorité précoce et la majorité tardive. Enfin, les retardataires sont les derniers à adopter le produit, mais ils sont aussi les derniers à le délaisser.

Figure 2.4
Le processus d'adoption des innovations

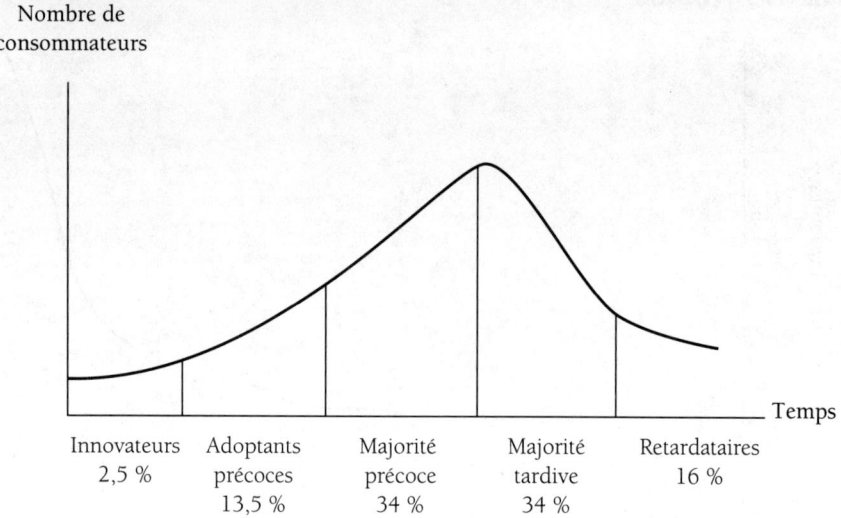

Lorsque le cycle se réalise tel que le montre la figure 2.4, les achats des consommateurs dans le temps produiront une courbe de la demande qui sera celle du cycle de vie du produit. En fait, dans le cas où seuls les innovateurs se procurent le nouveau produit, le cycle de vie ne dépasse pas la phase d'introduction. Par ailleurs, plus le processus d'adoption est rapide, plus l'étape de maturité du cycle de vie est atteinte rapidement. Il convient de souligner que si la rapidité du processus d'adoption est due aux caractéristiques des personnes qui composent le marché visé, d'autres facteurs peuvent aussi jouer des rôles importants. L'un de ces facteurs, pour les biens durables, est certainement la baisse du prix de vente du produit. Le magnétoscope, par exemple, a connu une diffusion fulgurante dans les foyers canadiens: au Canada, le taux de possession d'un magnétoscope par les ménages voisinait le 0 % en 1980 et est passé à presque 70 % une décennie plus tard[6]; de plusieurs milliers de dollars qu'il coûtait au début, le magnétoscope se vend maintenant sous la barre des 500 dollars. Il faut voir, de plus, que la prolifération du magnétoscope a fait bondir le nombre de clubs vidéo, créant d'ailleurs de toutes pièces une nouvelle industrie ; phénomène qui, en retour, a certainement contribué au développement du potentiel de marché du magnétoscope.

En résumé, la courbe de diffusion des innovations est une représentation graphique de l'évolution du nombre de consommateurs qui achètent un produit, tandis que la courbe du cycle de vie illustre graphiquement l'évolution de la demande pour le produit.

2.2.3 Les quatre phases du cycle de vie

L'introduction

Dans le cycle de vie, la phase d'introduction d'un nouveau produit est caractérisée par un lent démarrage des ventes, des pertes financières et une absence de concurrence. Elle s'étale sur une période plus ou moins longue selon la réponse des consommateurs ; plus l'ensemble de ceux-ci modifie tôt ses habitudes (processus d'adoption des innovations), plus le passage à la phase de croissance se fait rapidement. La pénétration du marché peut être retardée par certains facteurs tels que la résistance au changement chez les consommateurs, un réseau de distribution qui freine l'accessibilité à un nouveau produit, un vigoureux combat d'arrière-garde de la part d'entreprises offrant des produits substituts, un prix trop élevé, etc.

En général, c'est pendant la phase d'introduction que le prix de vente est le plus élevé, puisque le producteur a d'énormes dépenses à couvrir, tant à cause des coûts élevés pour chaque unité produite qu'en raison des frais de promotion requis pour faire accepter l'innovation ; le producteur doit aussi inclure dans son prix de vente un montant destiné à amortir les frais d'élaboration du produit.

Le tableau 2.2 présente quatre stratégies d'introduction d'un produit sur un marché, basées sur une combinaison de deux hypothèses de prix et de promotion : niveau de prix élevé ou faible, niveau de promotion fort ou faible.

La première stratégie, dite « de haut de gamme », consiste à lancer le produit à un prix élevé à l'aide d'une campagne de promotion forte. Cette stratégie est appropriée lorsque le marché potentiel ne connaît pas encore le produit (nouveauté absolue) mais qu'un nombre suffisant de consommateurs est susceptible de se procurer le produit, même à prix élevé, et que la firme, prévoyant une concurrence dans un avenir rapproché, veut se construire une forte image de marque.

Tableau 2.2
Stratégies d'introduction d'un produit

		Promotion	
		Forte	Faible
Prix	Élevé	Stratégie de haut de gamme	Stratégie de pénétration sélective
	Bas	Stratégie de pénétration massive	Stratégie de bas de gamme

La stratégie de pénétration massive consiste à lancer un produit à un prix relativement bas avec une très forte promotion. L'entreprise est alors susceptible d'obtenir un taux de pénétration du marché élevé et d'accaparer une importante part de marché. Cette deuxième stratégie est pertinente lorsque le produit est peu connu mais qu'il est susceptible d'intéresser un très vaste marché de consommateurs potentiels sensibles au prix. Il faut alors que la quantité d'unités à fabriquer permette de réaliser des économies d'échelle[7] pour que la rentabilité de l'opération soit assurée.

La troisième stratégie, prix peu élevé et promotion peu importante, est dite « de bas de gamme » et permet à l'entreprise d'accroître son bénéfice en économisant sur les frais de promotion. Le marché doit être très vaste, les consommateurs sensibles au prix et le type de produit déjà connu bien que la marque soit nouvelle.

Enfin, la stratégie de pénétration sélective : lancer un nouveau produit à prix élevé avec un effort promotionnel faible. Cette approche peut être utilisée lorsque la concurrence est faible, que le produit générique est connu, que la taille du marché est limitée et que les consommateurs sont prêts à payer le prix. On fait la mise en marché en prélevant une marge bénéficiaire élevée et en consacrant peu d'argent aux dépenses promotionnelles.

La croissance

À mesure que de nouveaux consommateurs s'ajoutent aux innovateurs, le produit aborde la phase de croissance. Aux consommateurs appelés « adoptants précoces » s'ajoute ensuite la majorité précoce. Souvent, à ce moment, la demande devient suffisamment forte pour entraîner une diminution du prix, ce qui exerce une influence certaine sur d'autres groupes de consommateurs qui décideront alors d'acheter le produit.

Cette étape est caractérisée par une augmentation rapide des ventes et un accroissement sensible de la concurrence, puisque le marché peut absorber de nouveaux concurrents. L'arrivée de consommateurs additionnels assure aux nouveaux producteurs un chiffre d'affaires suffisant, sans nuire aux ventes des entreprises déjà existantes. Dans le secteur des biens de consommation courante, c'est une période où l'on voit augmenter non seulement le nombre de clients, mais aussi la consommation par personne.

Durant cette période, les entreprises font face à un dilemme : tirer tout de suite avantage des bénéfices générés, et ainsi obtenir un profit à court terme, ou plutôt investir les bénéfices dans l'espoir de s'assurer une meilleure position concurrentielle à la prochaine étape du cycle de vie du produit. En optant pour la deuxième possibilité, le gestionnaire pourrait décider de consacrer une partie de ses profits à l'amélioration de son produit, à l'élargissement de ses circuits de distribution, à la recherche de nouvelles catégories de consommateurs, à l'intensification de sa promotion, etc. Dans tous ces cas, il sacrifie un bénéfice immédiat afin d'améliorer sa position future.

La maturité

Tôt ou tard, lorsque tous les clients potentiels ont été atteints et que la consommation par personne s'est stabilisée, la demande globale pour un produit atteint un plateau ; c'est la phase de maturité, qui est généralement plus longue que les précédentes.

On peut subdiviser cette phase en trois périodes. Il y a d'abord la maturité croissante, où le rythme de l'accroissement des ventes commence à ralentir ; même si les retardataires (processus d'adoption des innovations) se joignent alors à la foule des consommateurs actuels, ils sont de moins en moins nombreux. Puis les ventes du produit atteignent le plateau comme tel ; c'est la période de saturation, où la demande provient essentiellement des ventes de remplacement. Enfin, la troisième période est celle de la maturité déclinante et est caractérisée par une baisse du niveau des ventes, certains consommateurs se tournant vers des produits substituts ou vers de nouveaux produits.

Le plafonnement de la demande entraîne des conséquences importantes en ce qui a trait à la concurrence. Bien que le marché soit saturé, de nouvelles entreprises ou de nouvelles marques de produit continuent à voir le jour et tentent de se trouver une place. La concurrence de plus en plus féroce force la fermeture des entreprises les plus vulnérables.

Stratégiquement, l'entreprise peut opter pour trois types d'approche : la modification du marché, la modification du produit ou la modification des autres variables de la composition commerciale.

La modification du marché peut se faire en recherchant de nouveaux segments non touchés jusqu'alors, en persuadant les consommateurs de consommer davantage le produit ou en repositionnant sa marque, c'est-à-dire en modifiant les perceptions des consommateurs à l'égard du produit.

La modification du produit consiste à relancer les ventes en améliorant la qualité, le style ou en développant certaines caractéristiques particulières du produit. Cette tactique est efficace dans la mesure où il y a effectivement des modifications réelles et où ces dernières sont pertinentes aux yeux du consommateur.

Finalement, la firme peut opter pour une modification des autres variables de la composition commerciale : baisser ses prix, attaquer le marché par une campagne promotionnelle dynamique, proposer des promotions sous la forme de concours ou de bons de réduction à l'achat du produit, ou se tourner vers des circuits de distribution à volume plus élevé (par exemple, vers les magasins de rabais).

Comme nous l'avons déjà mentionné, il n'est pas facile de reconnaître l'étape où se trouve le produit dans son cycle de vie. De fait, si les phases d'introduction et de croissance sont en général plus faciles à jauger (en particulier la première), les autres étapes peuvent poser des problèmes à l'analyste qui cherche à tracer un diagnostic précis. Comment distinguer, par exemple, un palier de ventes dû à une situation temporaire d'un plafonnement signalant la phase de saturation du produit? Le diagnostic peut reposer sur trois éléments: le taux de pénétration du produit, la possibilité de trouver de nouveaux segments et la consommation par personne. Lorsqu'on ne peut plus augmenter le nombre de consommateurs dans un segment donné, qu'il est impossible de déceler d'autres segments susceptibles d'acquérir son produit et qu'il est également impossible d'accroître la consommation par personne, on a atteint le point de saturation dans le marché.

Le déclin

L'étape du déclin est sans aucun doute la plus difficile à gérer pour l'entreprise. En effet, là encore, celle-ci ne peut pas savoir avec certitude si le produit est vraiment en phase de déclin ou s'il s'agit simplement d'un ralentissement temporaire des ventes. Seule une analyse minutieuse de la situation peut apporter une réponse à cette question, et encore! Il ne faut pas sous-estimer la difficulté de distinguer une baisse temporaire d'une baisse définitive des ventes. Devant une telle incertitude, les décisions sont souvent très difficiles à prendre, surtout si le produit a été commercialisé durant une très longue période. Il ne faut pas sous-estimer non plus les facteurs humains intervenant dans ce type de décision: attachement sentimental ou impression de défaite pour le promoteur qui, de fait, pourra résister fortement à l'idée d'abandonner son projet.

L'entreprise peut décider de retirer son produit du marché, de maintenir le *statu quo*, d'opter pour une stratégie de concentration, soit de concentrer ses efforts sur les segments et les circuits de distribution les plus rentables, ou de recourir à une stratégie de pressurage qui consiste à réduire fortement les dépenses de promotion et à laisser «flotter» le produit tout en générant des bénéfices à court terme.

L'indicateur généralement utilisé pour diagnostiquer la phase de déclin est la présence de produits substituts supérieurs. En effet, cette phase est habituellement atteinte lorsqu'il existe des produits substituts supérieurs, manifestement impossibles à déclasser; le disque compact, qui fait disparaître le disque de vinyle, en est un bon exemple.

Toutefois, ici non plus, même avec cet indicateur, il n'y a pas de certitude. On aurait pu croire, par exemple, que l'arrivée de la télévision allait faire disparaître la radio, mais ce ne fut pas le cas. S'il s'agissait *a priori* d'un même produit véhiculé sur deux supports techniques différents qui s'adressaient aux mêmes consommateurs, on a connu un transfert de certains produits de la radio vers la télévision (romans-fleuves devenus téléromans), et chacun des modes de communication s'est spécialisé de manière à cohabiter avec l'autre et à continuer à s'adresser aux mêmes consommateurs, mais pour des moments, des circonstances et des besoins différents.

2.2.4 Les limites de la notion de cycle de vie

Certains auteurs ont contesté la valeur du concept de cycle de vie du produit[8]. Le principal argument invoqué par les détracteurs du concept est que le cycle de vie est basé sur le modèle de la vie humaine; or, les cycles de la vie d'un être humain sont immuables (enfance, adolescence, âge adulte, vieillesse) et leur durée, limitée; au contraire, certains produits connaissent une renaissance, prolongent leur période de croissance ou, encore, sont presque éternels. Rares d'ailleurs sont les produits dont le tracé du cycle de vie épouse les lignes harmonieuses de la figure 2.1; on trouve plutôt des courbes inégales et en dents de scie.

Par ailleurs, le modèle est peu utile pendant l'action. En fait, on ne sait jamais avec certitude dans quelle phase le produit se trouve, et ce, particulièrement pour les phases de maturité et de déclin. Bien que certains indicateurs puissent nous aider à déterminer approximativement où se trouve le produit dans son cycle de vie, il n'en demeure pas moins qu'il subsiste une large part d'incertitude. Ainsi, ce n'est pas parce qu'il y a baisse des ventes que le produit est nécessairement en phase de déclin. Des décisions hâtives peuvent provoquer des regrets ultérieurs.

Dans le cas de certains produits culturels, en particulier ceux dont on ne peut acheter la dimension technique, le modèle n'est pas non plus d'une grande utilité pendant l'action. En effet, la durée de vie du produit est souvent prédéterminée au moment même de son lancement. Beaucoup de produits culturels (en particulier dans le secteur des arts) sont conçus pour être présentés durant un temps limité (nombre de représentations fixe, durée d'une exposition préétablie, etc.) pour ensuite disparaître; on retire l'œuvre de l'affiche même si elle connaît du succès. Cette façon de gérer le produit est imposée par les contraintes particulières du secteur culturel. Ainsi, comme un théâtre offre à sa clientèle un abonnement pour toutes les œuvres de la saison, on doit éventuellement laisser la place aux productions suivantes; le fait de vendre des billets par abonnement oblige nécessairement à déterminer à l'avance des dates et des places. De leur côté, les artistes acceptent d'autres contrats dès qu'ils connaissent la date de la dernière représentation. L'entreprise ne peut alors prévoir une prolongation du cycle de vie puisque, au-delà de ce qui a été entendu par contrat avec les artistes, elle ne dispose plus ni de la salle ni des artistes pour donner le spectacle. De plus, peu de théâtres ayant pignon sur rue souhaitent jouer une œuvre en reprise, soit pour des motifs d'ordre artistique (d'autres priorités), soit pour des raisons de risque financier (il faut alors recommencer les répétitions, la campagne promotionnelle, souvent avec des artistes différents et donc un produit différent, etc.). Par ailleurs, la tournée constitue une façon intéressante de prolonger le cycle de vie d'un produit, mais cette forme de distribution n'est pas toujours compatible avec la mission de l'entreprise.

Le cycle de vie du type de produit culturel que nous venons de décrire suit donc davantage une courbe qui s'apparente à celle de la figure 2.5.

2.3 L'élaboration de nouveaux produits

2.3.1 La recherche et le développement

Les grandes entreprises manufacturières confient la recherche et l'élaboration de nouveaux produits à une unité spéciale appelée «service de la recherche et du développement» (RD). Ce service a pour mandat exclusif de travailler sur des idées de produits, et ses dépenses sont financées à même les profits générés par les autres produits mis en marché par la firme. Les grandes entreprises acceptent d'investir des sommes considérables dans ce secteur, sachant fort bien que leur croissance future dépend du succès des nouveaux produits qui y seront élaborés.

Figure 2.5
Cycle de vie à durée déterminée

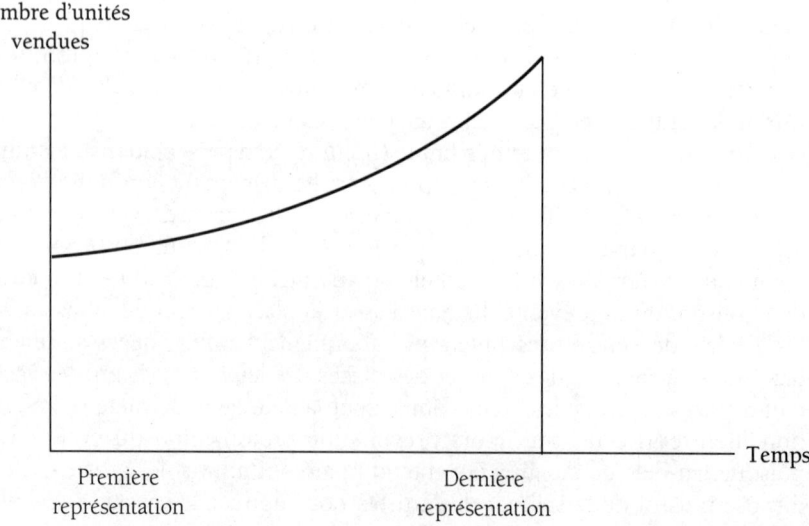

Dans le domaine culturel, le concept d'unités spéciales vouées à la recherche n'existe pas. De fait, la mission de recherche et de développement est, d'une certaine façon, prise en charge par des entreprises spécialisées qui doivent puiser de larges proportions de leurs revenus dans les subventions de l'État ; ces entreprises n'ont pas la mission de faire à la fois de la recherche et de la commercialisation de produits à succès. On retrouve ces entreprises autant dans les arts que dans les industries culturelles, sous des appellations comprenant des qualificatifs tels que « contemporain », « actuel » ou « parallèle ».

Dans l'entreprise manufacturière, le jugement critique sur les nouveaux produits élaborés par le service de RD est exercé par une série de spécialistes relevant tantôt de l'ingénierie, tantôt du marketing ou tantôt des finances. Ces jugements critiques sont portés tout au long du processus d'élaboration du produit, à partir de prototypes qui ne sont pas encore mis en marché ou qui sont appelés à être testés auprès d'un échantillon de la population. Dans le domaine culturel, le moment du jugement critique vient après la mise en marché, et les spécialistes qui exercent ce jugement sont les membres de la communauté artistique, les critiques d'art et le grand public.

L'élaboration et la mise en marché de nouveaux produits constituent des opérations extrêmement risquées pour n'importe quelle entreprise, qu'elle soit ou non du secteur manufacturier. Les gestionnaires cherchent à réduire ce risque au minimum en ayant recours à un processus d'élaboration très rigoureux[9]. Ce processus (*voir figure 2.6*) implique en effet une série d'étapes déterminées comportant chacune une décision à prendre avant de pouvoir procéder à l'étape suivante, où le gestionnaire devra évaluer à nouveau la pertinence de continuer l'élaboration du produit. Comme les sommes nécessaires à l'élaboration du produit sont de plus en plus importantes à mesure que l'on progresse dans le processus, cette façon de procéder permet de repérer tôt les projets voués à l'échec et, ainsi, d'économiser des sommes considérables.

L'acte créatif qui caractérise l'élaboration d'un produit artistique s'harmonise mal avec cette façon de procéder. De fait, dans la plupart des cas, on ne saura véritablement de quoi retourne le produit que le soir de la première, lorsqu'il sera mis en face du public. Même des experts peuvent se tromper sur le succès commercial d'un scénario ou d'un texte de théâtre, par exemple ; il existe en effet une énorme différence entre le texte et le produit fini : le choix des acteurs, la dynamique entre les individus au moment des répétitions, la mise en scène sont autant de facteurs impondérables qui influent considérablement sur le produit. On peut évidemment tester certains éléments entourant la « fabrication » de celui-ci (exemple : des éléments de la campagne publicitaire), ou encore adapter le produit pour tenir compte de certaines différences culturelles au moment de l'exporter (exemple : modification de la finale d'un film), mais ces ajustements demeurent tout de même mineurs.

Figure 2.6
Le processus de gestion des innovations

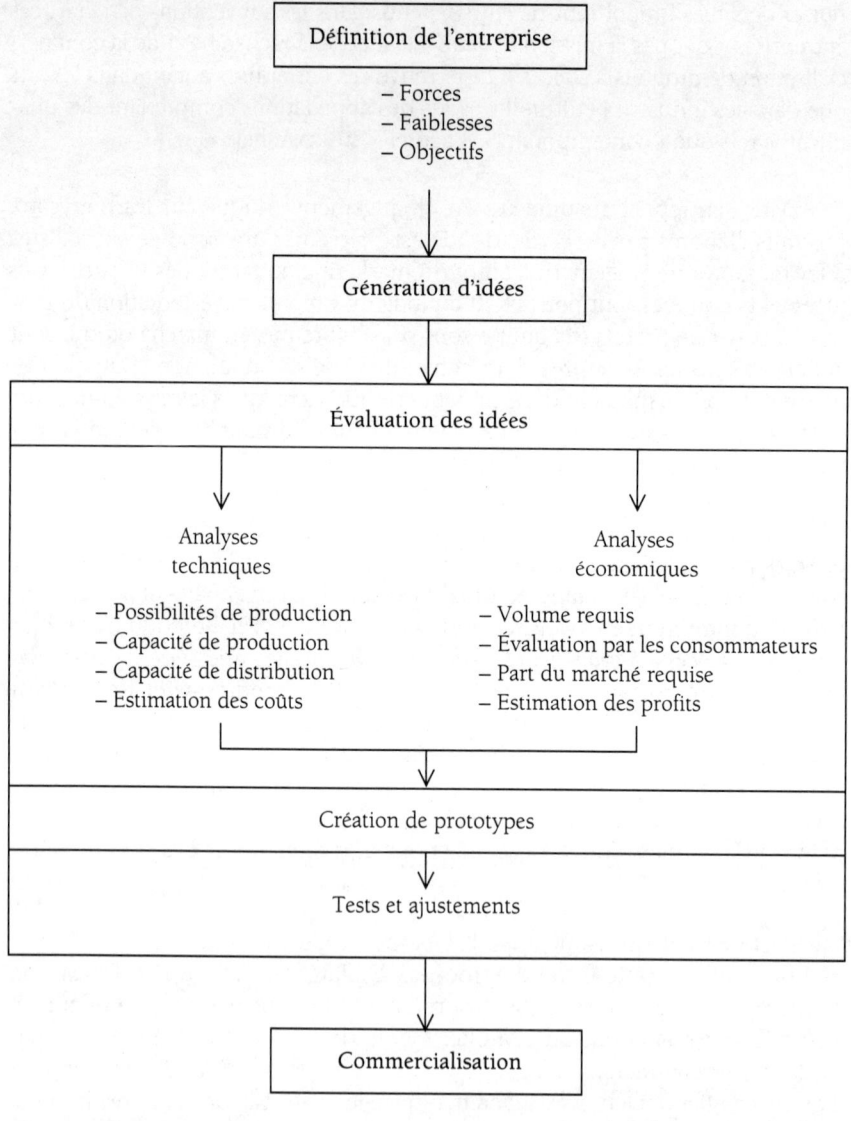

Dans les arts d'interprétation, le concept de *work in progress* constitue un cas d'exception qu'il faut souligner ici ; en effet, plusieurs créateurs présentent le résultat de leur démarche à un auditoire restreint avant la mise en forme finale ; ils présentent le produit à un certain stade des répétitions, sans nécessairement avoir tous les éléments de la production (décors, accessoires, costumes, éclairages), dans le but de tester certaines idées ou certains effets auprès d'une clientèle choisie.

2.3.2 Le risque

L'élaboration et le lancement d'un nouveau produit entraînent toujours un certain niveau de risque pour le producteur. Nous entendons par « risque » la possibilité, toujours présente, de ne pas réussir à satisfaire le consommateur et de ne pas atteindre les objectifs marketing et les objectifs financiers fixés par la firme. Dans le domaine manufacturier, le taux de mortalité des produits est extrêmement élevé. En effet, les traités de marketing mentionnent que, sur une soixantaine d'idées, une seule voit le jour et devient un produit qui sera lancé sur le marché. Puis, parmi les produits qui se rendent à l'étape du lancement, on avance que beaucoup d'entre eux sont des échecs (80 % pour les produits congelés, par exemple). Les produits commerciaux n'ont donc pas le succès aussi facile qu'on pourrait le croire.

Pour beaucoup d'entreprises culturelles, le succès commercial ne peut, à lui seul, satisfaire à la mission de l'entreprise, et ce, particulièrement pour celles dont l'orientation « produit » domine, le risque y étant à la fois commercial (financier) et artistique. Mentionnons ici trois facteurs qui déterminent le haut niveau de risque de ces entreprises, et particulièrement de celles consacrées aux arts vivants : l'impossibilité de tester le nouveau produit lancé, l'obligation d'une durée de vie limitée et l'impossibilité de stocker le produit.

C'est le propre d'une entreprise culturelle que de lancer constamment de nouveaux produits sans avoir la possibilité de les tester au préalable ; de fait, pour tester un film ou un spectacle, il faut nécessairement se rendre à l'étape du lancement et donc assumer l'ensemble des coûts de production et de promotion. De plus, lorsque le produit culturel est lancé, il n'est plus possible de le modifier. Ainsi, le musée qui lance une nouvelle exposition, qu'elle porte sur Picasso ou un artiste moins connu du grand public, doit vendre le produit tel quel aux consommateurs potentiels. Aucun thème, aucun artiste n'est assuré du succès *a priori*.

Il y a aussi une pression du côté des consommateurs, qui sont limités, pour prendre leur décision, à ce qu'on leur dit du produit, sans être en mesure de le « tâter » ni de goûter à un échantillon. Les producteurs et les diffuseurs en arts d'interprétation qui ont leurs propres lieux de diffusion tentent de réduire cette pression en offrant aux spectateurs potentiels un abonnement à plusieurs productions de la saison. On cherche ainsi à réduire le risque perçu par le consommateur en lui vendant un produit « éprouvé » qui devient, en fait, l'entreprise elle-même plutôt que chacune des productions achetées à la pièce. Le spectateur « achète » ainsi le Théâtre du Nouveau Monde, l'Opéra de Montréal ou l'Orchestre symphonique de Montréal plutôt que *Le malade imaginaire*, *Madama Butterfly* ou *La Symphonie n° 2 en ré majeur de Beethoven*.

Bien sûr, plus le degré de nouveauté d'un produit est extrême, comme c'est le cas notamment pour l'art contemporain, actuel ou parallèle, plus le niveau de risque (d'appréciation aussi bien que financier) est élevé pour son producteur. Pour un produit classique, populaire ou bien connu du public, le risque sera toujours présent, mais à un degré moindre.

Une deuxième particularité du risque des entreprises culturelles est constituée par la date fatidique où l'on retire le produit du marché. Pour la majorité des entreprises consacrées aux arts d'interprétation, avant même le lancement du produit, on fixe – tout en tenant compte de la possibilité de représentations supplémentaires – une date au-delà de laquelle l'œuvre sera retirée du marché indépendamment de son succès. De la même façon, dans le domaine muséal, la durée d'une exposition est prédéterminée, les œuvres empruntées étant attendues ailleurs après la date de fermeture.

La troisième particularité de ce risque tient au fait que le produit ne peut être entreposé : les sièges non occupés pendant le spectacle représentent des revenus perdus et irrécupérables. Cette composante ajoute aussi une pression importante pour le consommateur, qui, s'il souhaite voir un spectacle, doit le faire au moment où ce spectacle est à l'affiche, et non au moment où il aurait le temps ou l'argent pour le faire. Il doit donc souvent choisir entre deux spectacles puisqu'il ne peut pas, contrairement au cas des livres, les acheter maintenant pour les consommer plus tard. Cette particularité conditionne aussi fortement l'état de la concurrence.

L'ensemble de ces éléments fait des entreprises culturelles des aventures à haut risque qui n'ont pas d'équivalent dans les autres secteurs de l'économie. Le gestionnaire des produits artistiques doit investir des sommes considérables dans la création de produits sans avoir la possibilité d'effectuer de tests préalables, tout en sachant qu'il devra délibérément mettre fin au succès, si succès il y a, et recommencer à nouveau la même opération, avec un autre produit qu'il ne pourra pas non plus stocker pour une utilisation ultérieure.

Résumé

Il existe plusieurs façons reconnues de définir la notion de produit. On peut d'abord classer les produits en fonction de l'effort que le consommateur est prêt à consentir dans son comportement d'achat ; c'est ainsi qu'on distingue les produits d'achat courant, les produits d'achat réfléchi et les produits d'achat spécialisé. La notion de produit est toutefois plus large que la simple entité physique, ce qui amène à distinguer le produit central, les services connexes et la dimension symbolique du produit ; le consommateur peut en effet désirer se procurer l'une ou l'autre de ces composantes. Enfin, le produit culturel peut être défini en fonction de trois dimensions : référentielle, technique et circonstancielle.

Le produit culturel est souvent perçu comme un produit complexe puisqu'il fait intervenir la notion d'esthétique, élément subjectif impondérable dont l'appréciation est liée au goût des individus et à leur éducation ; le degré de complexité du produit culturel peut varier selon la mission que se donne l'entreprise. Du point de vue du spécialiste en marketing, le produit peut être finalement défini comme un ensemble de bénéfices perçus par le consommateur.

Une ligne de produits est la somme des modèles d'un même type de produit qu'une entreprise a décidé d'offrir, tandis qu'une gamme de produits est le regroupement de l'ensemble des lignes de produits qu'offre une même entreprise. Le cycle de vie d'un produit est un concept important en marketing. On lui attribue habituellement quatre phases : l'introduction, la croissance, la maturité et le déclin. Le cycle de vie est représenté par une courbe qui est en fait une courbe de demande. L'allure de cette courbe varie en fonction de la consommation du produit par la clientèle cible. La notion de cycle de vie du produit est utile au gestionnaire de marketing, mais elle comporte une large part d'incertitude. Dans le cas des entreprises culturelles dont les produits ont des durées de vie prédéterminées, son application est très limitée.

Le lancement de nouveaux produits représente un risque important pour toute entreprise, culturelle ou autre. Toutefois, la production du secteur des arts et de la culture doit être vue comme une aventure à très haut risque du fait que chaque produit est en réalité un nouveau produit. Le risque normal y est aggravé par trois particularités : premièrement, notamment dans le cas des produits d'art vivant, le produit ne peut pas être testé avant d'être offert au grand public, et tous les coûts de production et de promotion doivent donc être assumés avant cette étape ; deuxièmement, ces produits ont très souvent une durée de vie prédéterminée et pratiquement indépendante du succès commercial ; troisièmement, le fait que le produit ne peut être stocké ni par le producteur ni par le consommateur augmente encore le risque et conditionne aussi l'état de la concurrence.

Questions

1. Pourquoi le produit central ne représente-t-il pas toujours l'aspect le plus important pour le consommateur dans son acte d'achat ?
2. Pourquoi la dimension circonstancielle du produit artistique a-t-elle un double impact dans le cas des arts vivants ?

3. En quoi la perspective de l'entreprise diffère-t-elle de celle du consommateur dans la définition du produit?
4. Pouvez-vous donner des exemples de gammes de produits dans le domaine culturel?
5. Quelle est l'utilité de la notion de cycle de vie du produit?
6. Pouvez-vous décrire le processus de diffusion des innovations?
7. En quoi consistent les stratégies d'écrémage et de pénétration massive?
8. Quelles sont les caractéristiques de la phase de croissance du cycle de vie des produits?
9. Quelles stratégies une firme peut-elle adopter à la phase de maturité?
10. Quels sont les trois éléments qui aident à diagnostiquer la phase de déclin d'un produit?
11. Quelles sont les principales limites du concept de cycle de vie du produit? ...appliqué au domaine culturel?
12. Quels sont les risques normalement associés au lancement de tout nouveau produit?
13. Quelles sont les particularités du risque du produit culturel?

Notes et références

1. F. COLBERT, N. TURGEON et S. BILODEAU, « Le développement de la connaissance du produit artistique », *Nouveau programme de formation des diffuseurs*, L'Office des tournées, Conseil des Arts du Canada, 1991, 250 p.
2. R.Y. DARMON, M. LAROCHE et J.V. PETROF, *Le marketing, fondements et applications*, 4ᵉ édition, Montréal, McGraw Hill, 1990, 1035 p.
3. P.-J. BENGHOZI et D. BAYART, «La diversification des productions culturelles, l'exemple des musées», *Actes dem la Conférence internationale sur la gestion des arts*, Montréal, Chaire de gestion des arts, École des Hautes Études commerciales, août 1991, p. 275-300.
4. F. COLBERT, *Le marché québécois du théâtre*, Québec, Collection Culture savante, n° 1, Institut québécois de recherche sur la culture, 1982, 109 p.
5. E. ROGERS, *The Diffusion of Innovations*, New York, The Free Press, 1962, 453 p.
6. STATISTIQUE CANADA, *La culture en perspective*, vol. 4, n° 4, hiver 1992, catalogue 87-004.
7. Nous entendons par «économies d'échelle» les économies réalisées par l'entreprise du fait que son produit est fabriqué en grande quantité et que cela engendre la diminution du coût unitaire.
8. N.K. DHALLA et S. YUSPEH, «Forget the Product Life Cycle Concept», *Harvard Business Review*, janvier-février 1976, p. 102-112.
9. R.G. COOPER, *Winning the New Product Game*, Montréal, McGill Publication Services, McGill University, 1976, 113 p.

Plan

Objectifs..	59
Introduction	59
3.1 Le marché..	60
3.1.1 Le marché de la consommation	60
3.1.2 Le marché des intermédiaires de distribution	65
3.1.3 Le marché de l'État	66
3.1.4 Le marché des commanditaires................................	67
3.2 La demande du marché	69
3.2.1 Définition de la demande	69
3.2.2 La part de marché...	70
3.2.3 L'état de la demande	71
La demande réelle	71
La demande potentielle	71
Les différentes situations de demande du marché	72
3.2.4 L'évolution de la demande sur le marché des loisirs...	73
3.3 Le marché et la concurrence	75
3.3.1 Une vision large de la concurrence	75
3.3.2 L'effet de la mondialisation de la concurrence	76
3.3.3 La fragmentation de l'industrie	78
3.3.4 Le principe de l'avantage concurrentiel....................	81
3.4 Le marché et les variables du macro-environnement.	81
3.4.1 L'environnement démographique	81
3.4.2 L'environnement culturel..	82
3.4.3 L'environnement économique.................................	82
3.4.4 L'environnement politico-légal................................	82
3.4.5 L'environnement technologique...............................	82
Résumé	84
Questions...	85
Notes et références	86
Autres références	88

3

Le marché

> **O**bjectifs
>
> - Comprendre la spécificité des quatre marchés des entreprises culturelles.
> - Tracer le profil des consommateurs culturels.
> - Distinguer les différents niveaux de la demande pour l'entreprise.
> - Expliquer les pressions exercées par les variables du macro-environnement sur le marché.
> - Comprendre les dangers d'une vision obtuse de la concurrence.

Introduction

Le marché auquel s'adresse une entreprise n'est pas homogène; ici nous diviserons le marché des entreprises culturelles en quatre sous-ensembles: le marché de la consommation, celui des intermédiaires de distribution, celui de l'État et celui des commanditaires. En définissant chacun de ces marchés, nous verrons pourquoi l'entreprise devrait élaborer des stratégies propres à chacun.

La demande générée par les achats des consommateurs évolue constamment; nous nous intéresserons particulièrement au cas représenté par le marché des loisirs. L'un des rôles du gestionnaire de la fonction marketing est justement de mesurer le niveau de cette demande, demande réelle aussi bien que potentielle, pour l'ensemble du marché ou spécifiquement pour son entreprise.

Le gestionnaire qui désire mieux comprendre les forces qui s'exercent sur son marché doit adopter une vision élargie de la concurrence ; il doit aussi tenir compte de la mondialisation de cette concurrence. Ces deux phénomènes combinés à la fragmentation de l'industrie dans certains secteurs culturels obligent les entreprises à miser sur un avantage concurrentiel pour assurer leur survie.

Enfin, nous verrons que les forces de l'environnement exercent aussi des pressions importantes sur le marché, sur l'entreprise de même que sur la concurrence.

3.1 Le marché

En règle générale, une entreprise s'adresse à plusieurs marchés. On reconnaît à une entreprise culturelle la possibilité de s'adresser à quatre marchés différents : le consommateur final, les intermédiaires de distribution, l'État et les commanditaires. Il s'agit effectivement de marchés distincts qui obéissent à des motivations différentes. Les décideurs de chacun de ces quatre marchés devront donc faire l'objet d'une attention particulière que l'entreprise traduira par une forme de mise en marché adaptée à chacun.

3.1.1 Le marché de la consommation

Le marché de la consommation est composé de l'ensemble des individus qui achètent un bien ou un service particulier.

Il est plutôt rare qu'un produit intéresse la totalité de la population ; même pour des produits de base standardisés comme le sucre, la farine ou le sel, on constate qu'une petite partie des ménages n'en consomme pas. Donc, même si une entreprise s'adresse à l'ensemble de la population, tous ne sont pas intéressés ni ne sont des consommateurs potentiels.

Cela est vrai aussi pour les produits culturels. Des statistiques, publiées par le ministère des Affaires culturelles[1] en 1990, indiquent que 38,5 % des Québécois vont au théâtre, que 51 % fréquentent les cinémas, que 39,3 % visitent les musées et que 8,9 % assistent à des représentations de ballet ; et, bien sûr, à l'intérieur même de chacun de ces secteurs, les consommateurs se regroupent en fonction d'intérêts particuliers, ce qui donne lieu à une segmentation plus fine de ces marchés ; par exemple, dans l'édition, on peut distinguer plusieurs segments de marché : les lecteurs de romans (41,4 %), les lecteurs de bandes dessinées (3,4 %), les lecteurs de livres pratiques (6,7 %), etc.[2]. On constate donc que le consommateur discrimine les produits culturels et qu'il effectue une sélection quant aux types de produits qu'il veut acquérir.

La répartition des consommateurs entre divers segments d'un marché n'est homogène ni dans le temps ni dans l'espace. Les marchés subissent l'influence des leaders d'opinion, des modes, des goûts, des caractéristiques sociétales et prennent la couleur du temps dans lequel ils vivent ; ils diffèrent aussi selon les pays en fonction des différentes structures sociales[3]. Ainsi, en France, la répartition du marché pour les différents produits culturels est relativement différente de celle qui existe au Québec. De même, la taille du marché québécois du cinéma des années 1970 est différente de celle des années 1990. Le tableau 3.1 témoigne des différences entre les marchés culturels français et québécois, et le tableau 3.2 montre des différences notables dans la participation des Québécois aux différents types d'activités culturelles. Les pourcentages y représentent le nombre d'individus adultes participant aux activités listées.

Tableau 3.1
Pourcentage de la population participant à différents types d'activités culturelles en France et au Québec

Types d'activités culturelles	Pourcentage en France	Pourcentage au Québec
Cinéma	50	58
Théâtre	10	35
Ballet	5	7
Concert	8	14
Musée d'art	30	23
Sport	20	39

Source : MINISTÈRE DES AFFAIRES CULTURELLES, « Repères sur quelques données comparées au Québec et en France », *Chiffres à l'appui*, Québec, vol. 2, n° 6, janvier-février 1985.

Dans les pays industrialisés, les consommateurs de produits culturels ont en commun deux grandes caractéristiques : ils possèdent un niveau de scolarité élevé et jouissent de revenus supérieurs à la moyenne. Le revenu dépend souvent du niveau d'études, et, par conséquent, le niveau de scolarité caractérise et discrimine le consommateur culturel davantage que ne le fait le revenu. On pourrait ajouter que le consommateur culturel est une femme, relativement jeune, de profession libérale ou col blanc. C'est effectivement le portrait que nous trace l'ensemble des études réalisées dans les pays industrialisés sur la clientèle des activités culturelles. Ces caractéristiques des consommateurs culturels doivent toutefois être mises en perspective ; il s'agit

Tableau 3.2
Participation de la population à différents types d'activités culturelles au Québec (comparaison entre 1989 et 1983)

Types d'activités culturelles	Pourcentage en 1989	Nombre moyen de fois[a]	Pourcentage en 1983
Cinéma	51,0	10,1	60,2
Théâtre[b] (total)	38,5		35,4
dont :			
théâtre en saison	27,9	3,0	
théâtre d'été	21,1	2,2	
Opéra, opérette	5,7	1,6	
Concert de musique classique	13,8	2,9	13,6
Concert rock	13,9	2,6	
Concert new wave, heavy metal	3,2	2,2	
Concert de jazz ou de blues	12,1	3,2	
Concert de musique western, country	5,0	3,3	
Concert auteur-compositeur-interprète	16,7	2,0	
Concert d'un chansonnier	14,0	3,5	
Autres concerts de chanteurs ou groupes populaires	17,5	2,8	
Spectacle de danse classique ou de ballet	8,9	1,5	7,2
Spectacle de danse moderne ou de ballet-jazz	8,8	1,9	10,0
Spectacle de danse folklorique	7,0	2,1	4,4
Festival de musique, théâtre, film, danse	16,8	2,6	
Autre festival populaire	12,3	2,2	
Matches sportifs[c]	41,8	9,1	39,8

a. Parmi les seuls participants à tel ou tel spectacle.
b. 1989 : cumul des deux questions ; 1983 : une seule question générale.
c. 1983 : manifestations sportives.
Source : G. PRONOVOST, *Le comportement des Québécois en matière d'activités culturelles de loisir 1989*, Québec, Les Publications du Québec, 1990.

effectivement d'un portrait global, que des analyses plus fines permettraient de nuancer de façon importante.

Une étude du profil sociodémographique des spectateurs pour un certain nombre d'activités illustre notre propos (*voir tableau 3.3*).

Tableau 3.3
Profil sociodémographique des consommateurs de certains produits de loisir

Activités offertes	Âge 35 ans et moins Pourcentage	Femmes Pourcentage	Diplômés universitaires Pourcentage	Étudiants Pourcentage
Festival de théâtre des Amériques	62,3	51,9	66,8	20,1
Festival international de jazz	64,2	33,7	55,3	17,4
Orchestre symphonique de Montréal (abonnés)	10,2	47,5	59,2	—
Festival des films du monde	66,6	52,2	64,8	23,9
Musée des beaux-arts	48,9	55,6	63,8	—
Exposition Ramsès	51,9	48,1	43,6	12,6
Exposition Picasso	43,9	53,5	65,8	14,9
Festival Bell Juste pour rire	68,6	42,0	41,8	21,6
Grand Prix Labatt	70,3	30,6	31,7	8,2
Tennis Players	58,4	37,3	52,0	15,7
Parc national de la Mauricie	—	48,0	25,0	—
Parc du Fort-Chambly	53,0	—	24,0	—
Parc de la Pointe-Lévis	70,0	55,0	25,6	—
Winterlude Ottawa	—	51,0	35,1	—

Source: F. COLBERT, «Les arts: un marché pour les commandites», *Gestion, revue internationale de gestion*, vol. 14, n° 2, p. 61.

Le tableau 3.3 démontre que certains produits sont consommés par des gens à scolarité élevée, tandis que d'autres le sont par des individus à scolarité plus faible. Ainsi, 66,8 % des spectateurs du Festival de théâtre des Amériques possèdent un diplôme universitaire, alors que c'est le cas pour seulement 41,8 % des spectateurs du Festival Bell Juste pour rire; de même, 65,8 % des visiteurs de l'exposition Picasso au Musée des beaux-arts de Montréal sont ainsi diplômés, tandis que c'est seulement le cas de 24 % des visiteurs du parc historique du Fort-Chambly.

Ces résultats illustrent aussi la différence que nous établissions au chapitre 2 entre le produit simple et le produit complexe. Ainsi, le produit «parc historique», parce qu'il renvoie à des notions concrètes ne nécessitant pas d'appréciation subjective reliée au goût ou à des concepts abstraits, s'avère moins complexe que le produit « Picasso ».

Il faut toutefois se garder de réserver aux diplômés universitaires la faculté de jouir des produits dits « complexes ». Par exemple, si la musique classique fait appel aux aptitudes intellectuelles du consommateur, ce n'est certes pas le degré de scolarisation qui permet d'apprécier cette forme d'art ; la personnalité, la formation culturelle, le contexte familial ou scolaire sont autant de facteurs susceptibles d'influer sur la propension à apprécier des produits culturels complexes.

L'offre de nouveaux produits, moins complexes, peut par ailleurs attirer une clientèle nouvelle. Ainsi, une étude[4] publiée en 1987 sur le marché du théâtre d'été au Québec démontre que cette activité a touché un marché différent de celui du théâtre traditionnel : la clientèle du théâtre d'été est plus âgée, moins scolarisée et moins à l'aise financièrement que celle qui fréquente le théâtre en saison régulière. On sait par ailleurs que le produit « théâtre d'été » offre au spectateur des œuvres simples, tant sur le plan de la dramaturgie que sur celui des archétypes utilisés ; il y a donc ici une adéquation entre le produit et le public atteint (remarquons qu'il s'agit, bien sûr, d'une généralisation, et non d'un jugement de valeur ; l'ensemble de la production du théâtre d'été est varié, et certaines productions peuvent être plutôt complexes).

L'examen plus détaillé des autres caractéristiques du consommateur culturel apporte d'autres nuances ; ainsi, comme l'indique le tableau 3.3, le public du Festival international de jazz de Montréal est beaucoup plus jeune en moyenne que celui de l'Orchestre symphonique de Montréal ; ou encore, la proportion de femmes est moins élevée au Festival international de jazz qu'au Musée des beaux-arts.

Les résultats d'enquêtes effectuées dans d'autres pays[5], notamment en France, en Suède, en Grande-Bretagne et en Australie, démontrent que le profil général des consommateurs culturels de ces pays s'apparente à celui des Canadiens. On peut donc vraisemblablement conclure, à tout le moins pour les produits d'art savant, que le profil général des consommateurs de produits culturels est semblable dans l'ensemble des pays industrialisés : les consommateurs culturels sont des gens scolarisés et ont un revenu élevé.

Précisons encore une fois qu'il s'agit seulement d'un profil moyen. Il est possible que des gens scolarisés à faible revenu soient de grands consommateurs de culture. C'est le cas, notamment, des étudiants et des personnes spécialisées qui travaillent dans le milieu culturel ; on sait en effet que les artisans du domaine culturel sont, en règle générale, fortement scolarisés, mais qu'ils gagnent de très petits salaires et se trouvent ainsi souvent sous le seuil de la pauvreté. Il est aussi possible que des gens ayant un niveau d'éducation et un revenu très élevés ne soient pas intéressés par les arts et s'en tiennent volontairement à distance.

Au Canada, le pourcentage de la population possédant un diplôme de niveau universitaire n'est que de 11,7 %. Les entreprises qui comptent une forte proportion de cette catégorie de consommateurs dans leur auditoire visent donc un marché plutôt réduit, même si ces gens consomment habituellement une grande quantité de produits culturels.

De plus, il est important de signaler que cette prépondérance de diplômés universitaires dans les auditoires des entreprises présentant de l'art savant se retrouve aussi dans d'autres secteurs. Par exemple, si on considère le domaine de l'édition au Québec, 79,9 % des adultes ayant 16 ans et plus de scolarité lisent des livres, alors que dans la catégorie ayant de 0 à 7 ans de scolarité 23,1 % seulement s'adonnent à cette activité[6].

Enfin, il faut aussi voir que d'autres critères peuvent colorer de façon particulière certains secteurs culturels. Nous savons par exemple que les principaux acheteurs de livres sont des femmes et que la clientèle des cinémas regroupe un nombre prédominant de jeunes.

La figure 3.1 schématise le rapport qui existe entre l'art populaire ou l'art savant, le nombre d'unités consommées et la complexité du produit.

3.1.2 Le marché des intermédiaires de distribution

Bien que certaines entreprises vendent leurs produits directement au consommateur final, beaucoup de firmes doivent s'assurer la collaboration d'intermédiaires ; il peut s'agir d'une décision stratégique, d'un impératif dicté par des ressources limitées ou par le mode de consommation du produit. L'ensemble des intermédiaires constitue le marché de la distribution.

Figure 3.1
Continuum art populaire – art savant

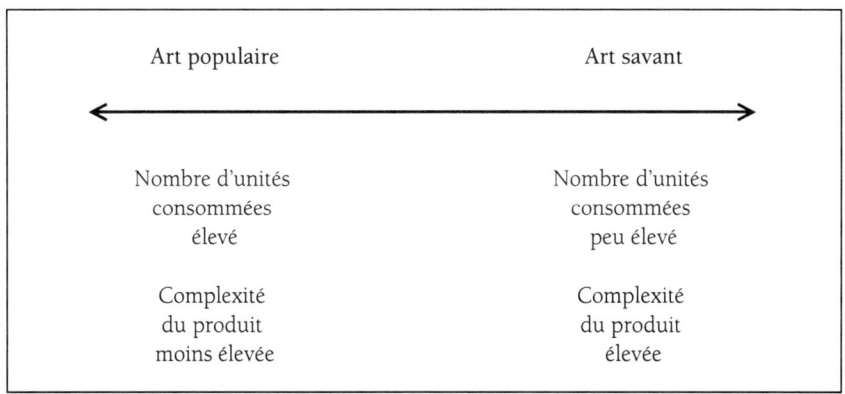

Ainsi, dans le domaine des arts d'interprétation, le diffuseur de spectacles est un intermédiaire de distribution. La compagnie de tournée l'utilisera pour atteindre les consommateurs d'une ville ou d'une région donnée. Dans cet exemple, on peut considérer que la mise en marché d'un produit culturel comporte une séquence de deux étapes : l'une qui consiste, pour la compagnie de tournée, à convaincre le diffuseur d'intégrer son spectacle dans la programmation de la saison, et l'autre qui consiste, pour le diffuseur, à s'adresser aux consommateurs potentiels de sa région. En règle générale, le producteur doit élaborer une stratégie précise ayant pour cible les diffuseurs et doit, de plus, prévoir les outils promotionnels qui appuieront la démarche de mise en marché du diffuseur vers le consommateur final.

On trouve un marché de la distribution dans presque tous les secteurs culturels.

3.1.3 Le marché de l'État

Nous entendons ici par « État » les divers ordres de gouvernement, autant fédéral, provincial que municipal, qui subventionnent les entreprises culturelles à des degrés divers. L'État joue un rôle prépondérant dans le secteur culturel au sein de la majorité des pays occidentaux. Parfois aussi consommateur, il intervient à des degrés pouvant aller du simple partenariat jusqu'à un mécénat prenant en charge l'ensemble du secteur culturel d'un pays.

La notion d'État subventionneur, vu comme un marché, implique que l'entreprise culturelle définisse une stratégie propre à convaincre les décideurs de devenir partenaires de ses activités. Ce type d'entreprise subit la concurrence des autres entreprises de la même discipline, et les efforts déployés par chacune d'entre elles pour obtenir un plus grand soutien de l'État équivalent à vouloir s'approprier une plus grande part d'un marché défini ; le budget de l'État consacré à la culture étant insuffisant pour répondre aux besoins de l'ensemble du secteur culturel, l'arrivée d'une nouvelle entreprise ou le succès d'une entreprise existante peut signifier un déplacement de l'argent attribué à une entreprise au bénéfice d'une autre.

Il existe plusieurs ordres de gouvernement susceptibles d'aider les entreprises culturelles par le biais de diverses formes de subvention. Certains programmes permettent le financement d'infrastructures, d'autres aident à la réalisation de projets particuliers et d'autres encore contribuent au fonctionnement des entreprises culturelles.

Au Canada, les principales institutions culturelles d'État ont été créées au cours des années 1950 et 1960. C'est à ce moment que certains organes majeurs du tissu culturel ont vu le jour, notamment : le Conseil des arts de la Ville de Montréal en 1956 (qui s'est transformé en Conseil des arts de la Communauté urbaine de Montréal en 1980), le Conseil des Arts du Canada en 1957, le ministère des Affaires culturelles du Québec en 1961 (qui s'est scindé en deux entités distinctes en 1992 : le ministère de la Culture et le Conseil des arts et des lettres, le deuxième relevant du premier) et, enfin, le ministère des Communications du Canada, créé en 1969. Les gouvernements ont alors investi ponctuellement des sommes considérables afin de doter la communauté de structures et d'infrastructures de base.

L'aide de l'État aux différents intervenants du domaine culturel prend une signification et une forme différentes selon les secteurs d'activité : les artistes peuvent bénéficier de bourses, les entreprises du secteur des industries culturelles ont accès à des subventions de projets, alors que les firmes du domaine des arts d'interprétation comptent sur l'État pour environ 40 % de leurs revenus, sous forme de subventions de fonctionnement ou de projets ; enfin les musées sont subventionnés jusqu'à 80 % de leurs revenus. Il s'agit ici de moyennes, la situation d'une entreprise en particulier pouvant être différente selon sa mission et sa programmation. Ainsi, il n'est pas rare que des entreprises de spectacles pour jeunes publics soient subventionnées à 70 % ou que des entreprises dites « d'avant-garde » le soient à 80 %, alors que d'autres ne comptent sur l'État que dans une proportion de 10 % de leurs revenus.

3.1.4 Le marché des commanditaires

Les revenus des entreprises culturelles proviennent principalement de trois sources : il y a les revenus autonomes (billetterie, vente de produits dérivés, etc.), les subventions de l'État et, finalement, les commanditaires.

Le marché des commanditaires est constitué de l'ensemble des individus, des fondations et des entreprises privées susceptibles d'appuyer financièrement les entreprises culturelles. Il s'agit d'un marché particulier puisque, encore ici, les entreprises culturelles sont souvent en concurrence entre elles pour accaparer une part de ce marché qui représente des revenus potentiels importants. Les commanditaires prennent leurs décisions en fonction de critères différents de ceux de l'État ou des consommateurs ; de plus, chaque commanditaire peut avoir ses propres critères pour choisir l'entreprise avec laquelle il désire devenir partenaire.

L'appui fourni peut prendre deux formes principales : les dons et les commandites. Les dons peuvent être effectués par les individus, les fondations ou les entreprises, mais les commandites proviennent principalement des entreprises. Le don est généralement un acte relevant de motivations philanthropiques, tandis que la commandite est un geste de promotion visant essentiellement une contrepartie publicitaire. Les commandites sont donc accordées en fonction des retombées publicitaires prévues, et l'entreprise commanditaire évalue la performance de l'investissement en fonction de la visibilité, de la notoriété et du nombre de personnes touchées par le message.

Les entreprises qui commanditent les arts et les manifestations culturelles souhaitent en retirer une certaine publicité de prestige ; elles espèrent que la notoriété du groupe commandité et l'affection que leur portent les consommateurs seront transférées à l'entreprise commanditaire. La plupart du temps, les fonds sont puisés à même le budget de publicité ou de relations publiques. L'auditoire des entreprises culturelles constitue une cible très intéressante pour les entreprises commerciales qui recherchent un segment de marché à pouvoir d'achat élevé; en outre, plusieurs entreprises des industries culturelles s'adressent à un vaste marché et sont donc perçues par le secteur privé comme de très bons véhicules publicitaires. L'ampleur des commandites qu'elles reçoivent en fait foi. Des entreprises comme le Festival Bell Juste pour rire, le Festival international de jazz de Montréal ou le Cirque du soleil jouissent d'un succès tel – autant pour ce qui est de la notoriété auprès du grand public que pour ce qui est du nombre de spectateurs atteints – que les grandes entreprises du secteur privé n'hésitent pas à s'y associer.

Quant aux donateurs, ils accordent plutôt une aide désintéressée, basée sur les goûts et préférences personnels de chacun ou, dans le cas d'une fondation, sur sa mission et ses objectifs. Les donateurs sont sensibles aux marques de reconnaissance, mais ces dernières ne constituent pas le motif principal de leur geste.

Au Canada, le secteur privé fournit 13 % des revenus des entreprises consacrées aux arts d'interprétation, alors qu' aux États-Unis cette proportion est de 26 %[7]. Chaque province canadienne démontre un degré de participation différent, soit supérieur ou inférieur à la moyenne générale de 13 %.

Par ailleurs, certaines disciplines sont davantage subventionnées par le secteur privé. Ainsi, la musique (orchestres, chorales et sociétés musicales) connaît plus de succès que la danse et le théâtre; de plus, la taille des entreprises artistiques influence aussi le choix des donateurs ou des commanditaires, ces derniers préférant habituellement les grandes entreprises.

Comparant la situation canadienne avec celle existant dans d'autres pays, Schuster[8] analyse les proportions de l'aide privée, des revenus autonomes et du soutien de l'État pour des entreprises de danse et de théâtre, ainsi que pour des orchestres symphoniques et des musées. Selon Schuster, le pourcentage d'aide privée dans les revenus des entreprises canadiennes se situe entre celui des États-Unis et celui des pays européens. Dans le secteur des arts d'interprétation, il occupe la deuxième place, après les États-Unis, et dans le domaine muséal il arrive en troisième position, après les États-Unis et l'Angleterre.

Les États-Unis sont un cas particulier parmi les pays industrialisés en ce qui concerne la participation du secteur privé dans le financement des arts. Cela s'explique en partie par le taux de taxation plus faible qui existe dans ce pays, par les incitatifs fiscaux et par l'importance moins grande de la participation de l'État américain dans le financement des arts. D'ailleurs, le nombre de fondations aux États-Unis présente, en comparaison de celui qui existe au

Canada, une proportion de 35 pour 1, tandis que le ratio de la population ne se situe que dans l'ordre de 10 pour 1.

En Europe, la prise en charge de la culture par l'État a peu incité les entreprises culturelles à trouver des partenaires dans le secteur privé. Le résultat est que la commandite et le don ne sont pas choses communes, même si on constate un intérêt grandissant pour ceux-ci depuis quelques années.

3.2 La demande du marché

3.2.1 Définition de la demande

La demande du marché est l'expression, en volume ou en dollars, des achats effectués pour un produit. La demande peut s'exprimer en unités de quantité (volume) ou en unités monétaires (dollars), selon le besoin et selon la disponibilité des données.

L'expression de la demande en volume présente souvent mieux la réalité, car les résultats ne sont pas gonflés sous l'influence des augmentations de prix. Il est alors facile de comparer les données d'une année à l'autre, puisque les bases de comparaison sont semblables. Il arrive parfois que la hausse de la demande en dollars ne soit le fait que de l'augmentation des prix, alors que le niveau réel sur le marché n'a pas varié. Quand on examine l'évolution de la demande en dollars sans effectuer d'ajustement pour tenir compte de l'évolution des prix, on dit que la mesure est faite en dollars courants; lorsque l'on calcule les niveaux de demande en dollars en éliminant le facteur inflation (utilisation d'une même année de référence), on dit que la mesure est faite en dollars constants. Lorsque la donnée en volume n'est pas disponible, il faut toujours s'efforcer de calculer l'évolution de la demande en dollars constants (pour neutraliser la variation des prix) de façon à avoir l'image réelle du phénomène.

Quoiqu'il soit souvent plus utile d'exprimer la demande en volume, notamment pour en étudier l'évolution, il est parfois difficile de le faire, soit parce que les données n'existent pas comme telles ou encore parce que le produit en question est formé d'une gamme d'éléments hétéroclites. Ainsi, sur le marché du loisir, on ne peut évaluer la demande en volume, car cette catégorie de produits regroupe un ensemble d'éléments qui ne peuvent s'additionner : places de théâtre, achats de livres, voyages, etc.

On distingue habituellement la demande du marché (Dm) de la demande à l'entreprise (De). La demande à l'entreprise est l'expression, en volume ou en dollars, des achats effectués pour un produit chez une entreprise en particulier. La demande du marché englobe donc toutes les demandes à l'entreprise :

De = Nombre d'unités vendues par une entreprise

Dm = ΣDe_i

Comme la demande du marché (Dm) pour un un produit est constituée de la somme des demandes individuelles des entreprises (De), il peut arriver que la demande totale montre une tendance alors que la demande à une entreprise soit en sens inverse. Ainsi, la demande globale pour les billets de théâtre peut avoir augmenté au cours d'une année alors que la demande pour les billets d'une compagnie théâtrale particulière peut avoir chuté radicalement au cours de cette même période. On trouve le même phénomène pour la demande globale d'une industrie (les loisirs) en regard de la demande de ses parties constituantes (le spectacle ou le sport).

Il est aussi possible de mesurer la demande à différents niveaux de la chaîne création – production – distribution – consommation. Dans ce cas, la demande pour un chaînon précis équivaut au volume, en unités ou en dollars, des achats effectués par l'ensemble des intervenants du chaînon suivant.

Il arrive que plusieurs entreprises ou intervenants s'associent pour stimuler la demande globale du marché. Ces entreprises ou intervenants présument qu'une augmentation de la demande totale est possible et qu'elle bénéficiera à chacun proportionnellement à son importance respective sur le marché. Par exemple, les musées canadiens se sont rassemblés sous forme d'association, sous le vocable de l'Association des musées canadiens, afin, d'une part, de permettre un échange entre les membres, mais aussi, d'autre part, de se doter d'outils permettant de stimuler l'intérêt de la collectivité et d'amener les gens à fréquenter davantage et plus régulièrement les établissements muséaux. Ainsi, la journée annuelle des musées organisée par cette association contribue, à un niveau national, à faire connaître les musées et à attirer le public afin qu'il découvre et consomme les produits muséaux. Certaines tentatives peuvent aussi se faire à un niveau local ou régional. Par exemple, et particulièrement aux États-Unis, certains musées se sont regroupés pour réaliser des efforts de promotion conjoints en vue de faire augmenter le niveau global de la demande au sein d'une région particulière.

Il arrive aussi que l'action d'un type d'entreprise provoque une augmentation de la demande totale, comme ce fut le cas du théâtre d'été. On sait que seulement 25 % des amateurs de théâtre fréquentent ce dernier à la fois en saison régulière et en été. La création d'un nombre important de théâtres d'été a donc amené une nouvelle clientèle de consommateurs, aux niveaux de salaire et de scolarité moins élevés, qui s'est ajoutée à la clientèle déjà existante et qui a augmenté d'autant la demande globale pour le produit « théâtre ».

3.2.2 La part de marché

Le marché, comme nous l'avons vu, est l'ensemble des individus ou des entreprises qui consomment un produit. Chaque entreprise tente d'amener une partie de ce marché à consommer son produit et, donc, tente de s'approprier une partie de la demande. De fait, dans le langage courant en marketing, nous parlons de « part de marché » pour désigner non pas la partie des consommateurs qui achètent nos produits, mais bien la partie de la demande qui est nôtre (il serait évidemment plus exact de parler de « part de la demande » que de « part de marché »). Étant donné que, chez les spécialistes du marketing, « part de marché » est une expression consacrée qui signifie « part de la demande », nous l'utiliserons dans ce sens ici aussi.

La part de marché d'une entreprise est calculée de la façon suivante :

$$\text{Part de marché} = \frac{\text{Demande à l'entreprise}}{\text{Demande du marché}}$$

Si une entreprise partage un marché très précis avec d'autres entreprises et que sur un total des ventes de 1 000 000 $ elle réalise un chiffre d'affaires de 400 000 $, elle possède donc une part de marché de 40 %. Ce pourcentage s'obtient en divisant les ventes de l'entreprise par les ventes totales du marché, soit 400 000 $ par 1 000 000 $. Cette information est d'un grand intérêt puisqu'elle permet à une firme de se comparer avec les autres entreprises et de déterminer sa position relative par rapport à celles-ci.

3.2.3 L'état de la demande

La demande peut être considérée sous deux principaux aspects ; on distingue ainsi la demande réelle et la demande potentielle. Ensuite, pour chacun de ces deux aspects, on discerne trois temps dans la demande : il y a la demande passée, la demande présente ou actuelle et la demande future que l'on appelle aussi « demande prévisionnelle ».

La demande réelle

La demande réelle d'une entreprise correspond au chiffre ou au volume d'affaires de cette dernière à un moment précis. Il en est de même pour la demande du marché : il s'agit de la mesure de la demande à un moment précis, soit pour une période donnée, actuelle ou antérieure. On peut obtenir un portrait historique du dynamisme de son secteur, de son industrie ou de son entreprise en mesurant l'évolution de la demande réelle des années antérieures ; on peut aussi prévoir le niveau de la demande dans l'avenir pour son entreprise ou pour le marché en général.

La demande potentielle

La demande potentielle est le niveau maximal que pourrait atteindre la demande pour un produit dans un contexte donné.

Tous les consommateurs n'achètent pas tous les produits offerts sur le marché, et ce, même pour des produits dont la forte consommation pourrait faire croire à une consommation généralisée. Le total de 100 % des consommateurs n'est pratiquement jamais atteint. Une partie des gens qui ne consomment pas un produit particulier, mais qui seraient susceptibles de le faire, constituent des consommateurs potentiels. Afin d'accroître leurs ventes, les producteurs tenteront de persuader ces consommateurs potentiels d'acheter leurs produits. De même si une augmentation des ventes par personne est possible, les producteurs tenteront de convaincre leur clientèle actuelle de consommer davantage.

Cependant, il existe un seuil maximal pour toute demande, ce niveau dépendant des moyens financiers aussi bien que des goûts et préférences des consommateurs, de leur réceptivité à une stratégie de marketing et de l'environnement dans lequel ils évoluent. La tâche du responsable du marketing consiste ici à estimer le niveau maximal que peut atteindre la demande du marché à un moment donné, soit la demande potentielle du marché. Il peut aussi, de la même façon, estimer la demande potentielle à son entreprise.

Tout comme pour la demande réelle, on peut déterminer la demande potentielle à un moment passé et au moment présent, et établir une prévision de la demande potentielle dans l'avenir.

Les différentes situations de demande du marché

La demande réelle est souvent inférieure à la demande potentielle ; si tel est le cas, l'entreprise peut espérer augmenter ses ventes ou sa part de marché. Lorsque, sur un marché donné, la demande réelle et la demande potentielle sont au même niveau, on considère habituellement que ce marché a atteint son niveau de saturation ; c'est l'étape de la maturité dans le cycle de vie du produit.

Les prévisions de ventes que l'on établit pour une entreprise doivent tenir compte des actions prévues des concurrents, mais, aussi, de l'évolution prévue de la demande potentielle. Lorsque le gestionnaire s'attend à une augmentation de la demande potentielle, il peut espérer un accroissement des ventes de son entreprise. Par contre, quand la demande potentielle sur un marché diminue, les firmes doivent escompter avoir plus de difficulté à maintenir leur niveau de demande à l'entreprise et leur part de marché (*voir figure 3.2*).

Ces concepts relatifs à la demande s'appliquent aussi au marché. C'est ainsi que l'on peut définir un marché réel et un marché potentiel et que l'on peut, pour chacun, estimer la taille du marché dans le passé, au moment présent et dans l'avenir.

Si l'on prend, à titre d'exemple, l'entreprise qui offre son spectacle en tournée aux diffuseurs d'un territoire donné, le marché potentiel actuel

Figure 3.2
Les différentes situations de demande du marché

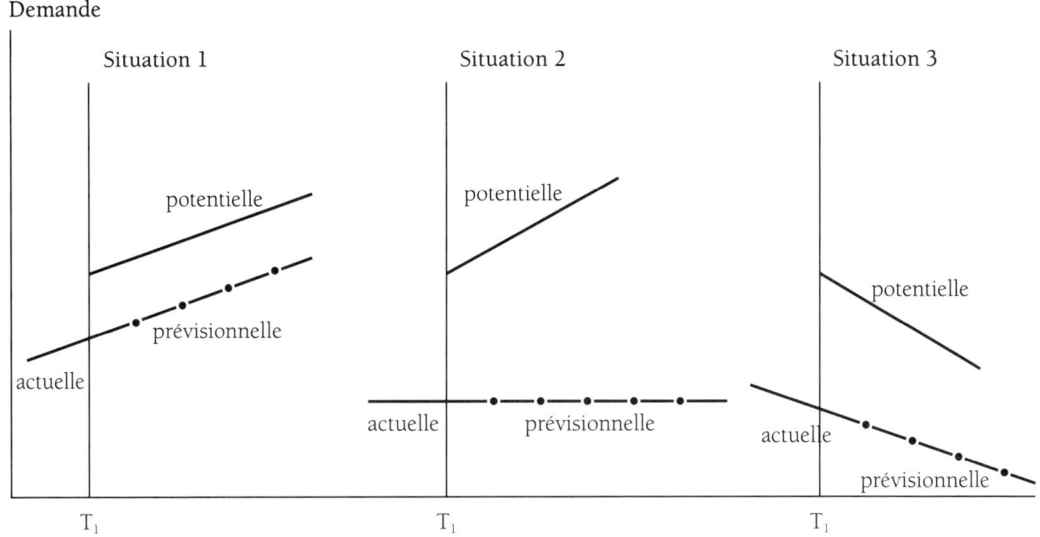

pour l'entreprise, sur ce territoire, correspond au nombre total de diffuseurs susceptibles d'acheter son spectacle ; le marché réel actuel est connu puisque l'entreprise sait avec quelles salles elle fait affaire dans l'année en cours ; le marché prévisionnel est constitué du nombre d'acheteurs prévu pour l'année suivante, cette prévision pouvant se faire sous deux aspects, soit en considérant le nombre de diffuseurs qu'il y aura dans le marché (marché potentiel prévu) et le nombre de diffuseurs qui achèteront le spectacle de l'entreprise (marché réel prévu).

3.2.4 L'évolution de la demande sur le marché des loisirs

Au Canada, le marché des loisirs a connu une progression importante depuis les années 1960, la demande y étant passée de 920 millions de dollars en 1964 à 3920 millions de dollars en 1982 (en dollars constants). Cette augmentation sensible découle de quatre grands facteurs principaux : l'accroissement de la population, l'augmentation du nombre d'heures consacrées au loisir, la hausse des revenus et l'élévation du niveau de scolarité[10]. En effet, entre 1945 et 1960, la population augmentait au rythme de 2,5 % par année, et les enfants nés durant cette période ont progressivement atteint l'âge de la consommation de produits culturels à partir de 1960 ; le nombre d'heures travaillées a baissé constamment après la Seconde Guerre mondiale pour se situer sous la barre des 40 heures par semaine 15 ans plus tard ; le revenu familial moyen des citoyens augmentait en dollars constants, passant d'une situation où seulement 7,5 % des familles gagnaient 15 000 $ en 1965, à une proportion de 26 % en 1975 ; enfin, en 1986, seulement 32 % des Québécois n'avaient pas terminé leurs études secondaires, contre 75 % en 1951.

Cette croissance de la demande a profité à presque tous les secteurs culturels. Il est intéressant de noter à cet égard que le spectacle sur scène a dépassé les manifestations sportives dans la faveur des consommateurs ; on voit en effet, d'après le tableau 3.4, que, tant en pourcentage de familles déclarantes qu'en pourcentage de dollars dépensés, les rôles se sont renversés entre 1964 et 1984, les spectacles sur scène passant loin devant les manifestations sportives dans la faveur populaire.

Tableau 3.4
Évolution comparée de la fréquentation des manifestations sportives et des spectacles sur scène, 1964-1984

Année	Dépenses moyennes par famille en dollars courants				Pourcentage de familles déclarantes			
	Manifestations sportives		Spectacles sur scène		Manifestations sportives		Spectacles sur scène	
	A	B	A	B	A	B	A	B
1964	10,6		5,1		35,5		26,0	
1969		15,0		6,7		35,6		26,3
1972	18,6		11,7		31,4		30,6	
1974	24,4		14,0		31,6		32,2	
1976	16,6		17,6		26,0		33,1	
1978	18,2	14,9	21,5	13,5	24,6	24,6	36,5	27,5
1982		23,7		26,6		28,3		38,2
1984		31,0		44,0		28,4		43,1

A = Régions urbaines seulement   B = Régions urbaines et rurales

Note : Certaines enquêtes ont été réalisées avec des échantillons de familles urbaines seulement, alors que d'autres ont porté sur les familles autant urbaines que rurales.

Source : F. COLBERT, « Le loisir, le théâtre et le théâtre d'été », *Jeu, cahiers de théâtre*, n° 42. (Tiré de STATISTIQUE CANADA, *Dépenses des familles au Canada.*)

3.3 Le marché et la concurrence

3.3.1 Une vision large de la concurrence

Pour discuter la concurrence au sein du marché culturel, il faut d'abord situer le produit culturel dans un contexte plus global : celui du marché du temps libre, et ce, même si l'on considère que les produits culturels ne sont pas destinés uniquement à occuper le temps libre ; en effet, ce n'est que dans les heures non consacrées au travail et au sommeil qu'il est possible de consommer des biens culturels. Le produit culturel est ainsi placé en concurrence non seulement avec les autres produits culturels, mais aussi avec les divers produits destinés à meubler le temps libre des consommateurs, par exemple les sports, les voyages, les cours de formation, l'activité physique, etc.

Il existe donc trois types de concurrence. D'abord, il y a la concurrence entre les produits culturels de même type ; c'est le cas, notamment, entre une exposition du Musée des beaux-arts de Montréal et une exposition présentée au Musée d'art contemporain. Puis il y a la concurrence entre les produits culturels de genres différents, par exemple un concert classique et un spectacle de danse. Finalement, il y a la concurrence entre les produits culturels et les autres produits de loisir, par exemple le cinéma et la randonnée pédestre.

La concurrence s'avère ainsi très forte pour l'ensemble des organisations de loisir qui tentent de s'approprier une part des précieuses minutes et des précieux dollars que les consommateurs consacrent à leur temps libre. Cette concurrence est d'autant plus forte dans les grandes villes, où la quantité de produits culturels et d'activités de loisir atteint des sommets extrêmement élevés. Il suffit de jeter un coup d'œil aux journaux d'une ville comme Montréal, le jeudi ou le samedi, pour constater l'offre considérable qui s'y trouve. À cet effet, un samedi, en saison régulière, nous avons compté 57 spectacles sur scène, toutes catégories confondues, dans la section « Arts et spectacles » d'un grand quotidien montréalais. Si on ajoute à cette offre les dizaines de musées qui présentent en tout temps une exposition et les autres activités culturelles offertes, il apparaît évident qu'un même consommateur ne peut pas, même avec la meilleure volonté du monde, consommer plus d'une infime fraction de cette offre.

Dans les grandes villes, la concurrence est donc particulièrement aiguë, car l'offre de produits culturels y est énorme. Cette concurrence est d'autant plus vive que l'espérance de vie de ces produits est relativement courte et éphémère. En effet, les expositions et les spectacles sont habituellement offerts pour une durée limitée, les produits ne peuvent être stockés pour une présentation ultérieure, et le consommateur ne peut reporter sa consommation au-delà de la période prévue pour les représentations. Le choix doit donc s'exercer immédiatement, et cela augmente d'autant l'effet de concurrence entre les produits.

Au Québec, comme nous l'avons vu, la demande pour les produits culturels s'est considérablement accrue entre 1964 et 1984. Cette croissance de la demande s'est accompagnée d'une augmentation aussi rapide de l'offre. À partir du milieu des années 60, on a assisté à un foisonnement d'artistes et de produits culturels dans tous les domaines. Le théâtre, la danse et les périodiques culturels, pour n'en nommer que quelques-uns, ont connu une expansion extraordinaire. Ainsi, en théâtre, d'une douzaine de compagnies professionnelles en 1965, on passait à presque 200 en 1980 (en incluant celles présentant du théâtre d'été); d'une seule troupe de danse, on passait à six; d'une poignée de périodiques culturels, on passait à plus d'une trentaine. On a connu la même prolifération en ce qui concerne la chanson, le cinéma, les musées et galeries d'art, ainsi que le nombre de chaînes disponibles à la télévision grâce à la câblodistribution; dans les années 1980, on a assisté à l'explosion du marché de la bande vidéo et du magnétoscope personnel.

À ce phénomène d'accroissement important de l'offre, il faut ajouter celui de la mondialisation de la concurrence.

3.3.2 L'effet de la mondialisation de la concurrence

La mondialisation de la concurrence a permis d'ouvrir le monde aux consommateurs. Elle a permis l'exportation de certains produits culturels canadiens vers l'étranger et, en contrepartie, l'importation de produits en provenance des pays étrangers. Ces produits importés font subir une concurrence additionnelle aux produits canadiens. Le potentiel du marché du Québec et du Canada étant déjà très limité, à cause du nombre relativement restreint de consommateurs, beaucoup d'entreprises culturelles doivent aller à l'étranger si elles veulent augmenter leurs ventes ou la durée de vie de leurs produits.

Dans le domaine des industries culturelles, on assiste à une concentration des entreprises faisant qu'un petit nombre de multinationales contrôlent la fabrication d'une grande partie des produits culturels[11]; ces multinationales diversifient leurs activités de sorte que chacune d'entre elles contrôle des entreprises dans tous les secteurs culturels: production de disques, matériel de sonorisation (lecteurs de disques compacts, magnétoscopes, etc.), production de films, distribution de films, maisons d'édition, réseaux de radio et de télévision, production de spectacles, etc. Les entreprises d'un pays donné, en particulier lorsque sa population est restreinte, doivent se concerter pour lutter contre la concurrence étrangère et chercher à créer un effet de synergie. Ce regroupement doit se faire non seulement entre les producteurs, mais aussi en considérant l'ensemble des partenaires qui forment le tissu de production, y compris les fournisseurs et le réseau de distribution. Ce concept appelé « grappe industrielle » a été imaginé par Porter[12] pour suggérer la stratégie que doit adopter un pays qui désire se positionner avantageusement sur le plan mondial, puisque, tout comme les entreprises entre elles, les pays

Le marché 77

Figure 3.3
La grappe des industries culturelles

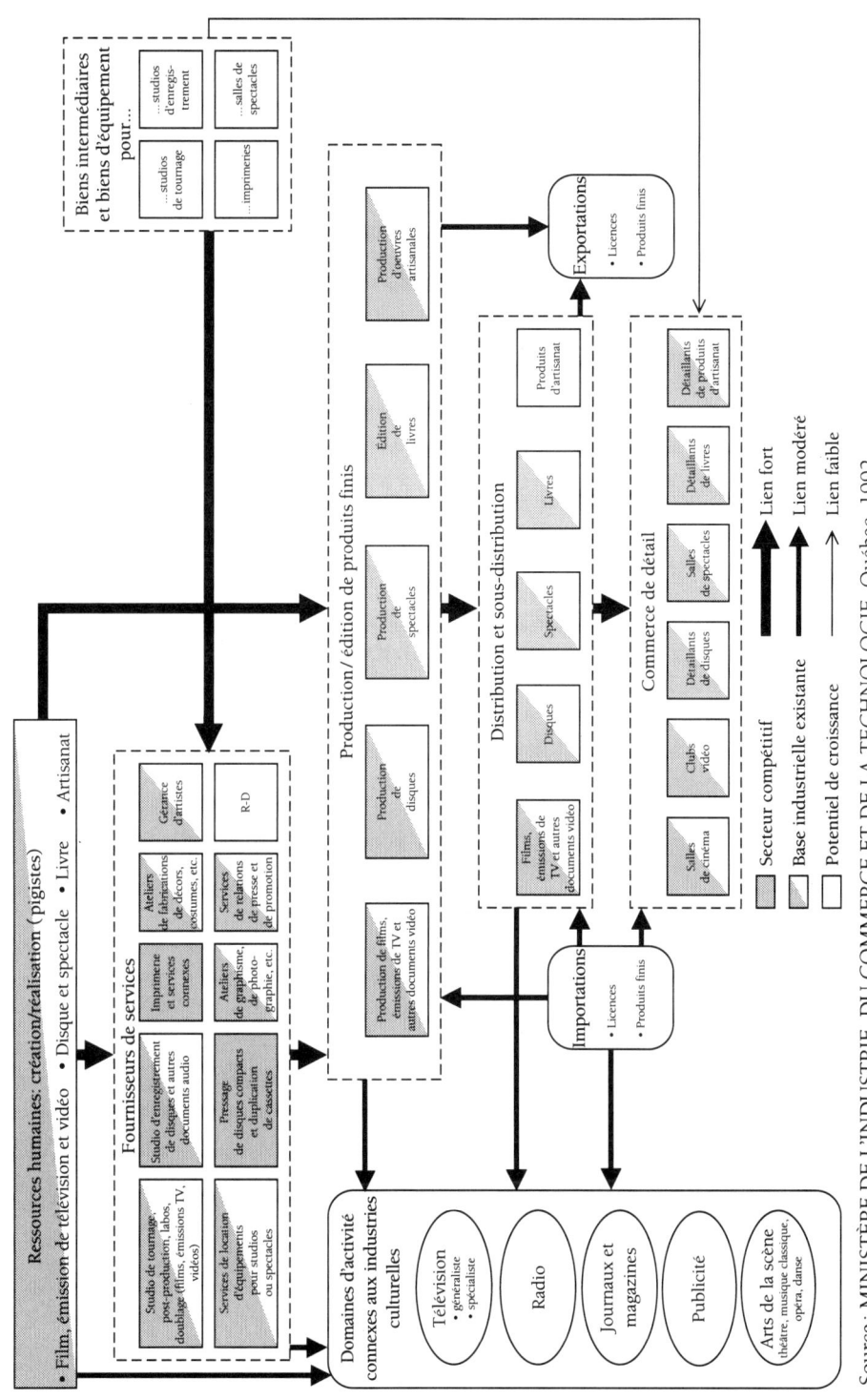

Source : MINISTÈRE DE L'INDUSTRIE, DU COMMERCE ET DE LA TECHNOLOGIE, Québec, 1992.

sont en concurrence entre eux. En 1991, le gouvernement du Québec a d'ailleurs choisi d'inclure les industries culturelles parmi les 13 grappes à privilégier dans sa stratégie commerciale face aux autres pays[13].

La grappe des industries culturelles est ici illustrée à la figure 3.3. On y remarque l'intégration du secteur des arts; la figure montre que les intrants à la production/édition de produits finis sont les mêmes pour les industries culturelles que pour les arts de la scène et les médias, et que des transferts s'effectuent entre tous les secteurs; à titre d'exemple, mentionnons les concerts captés par la radio et offerts par la suite sur disque, les films présentés à la télévision, les livres adaptés pour le théâtre et le cinéma, la captation de spectacles vivants pour la télévision, etc.

3.3.3 La fragmentation de l'industrie

Un autre phénomène peut aggraver la concurrence d'une entreprise: la fragmentation de l'industrie dont elle fait partie. Porter[14] discerne cinq sources de pression susceptibles de provoquer la fragmentation d'une industrie (*voir figure 3.4*): 1) les rivaux qui se trouvent déjà dans la même industrie; 2) les nouvelles entrées, c'est-à-dire les nouvelles entreprises qui se joignent à l'industrie; 3) les fournisseurs; 4) les acheteurs; 5) les produits substituts.

On dit qu'une industrie est fragmentée si les concurrents sont nombreux et de petite taille, si les barrières à l'entrée sont faibles, s'il existe un grand

Figure 3.4
Les cinq sources de pression selon Porter

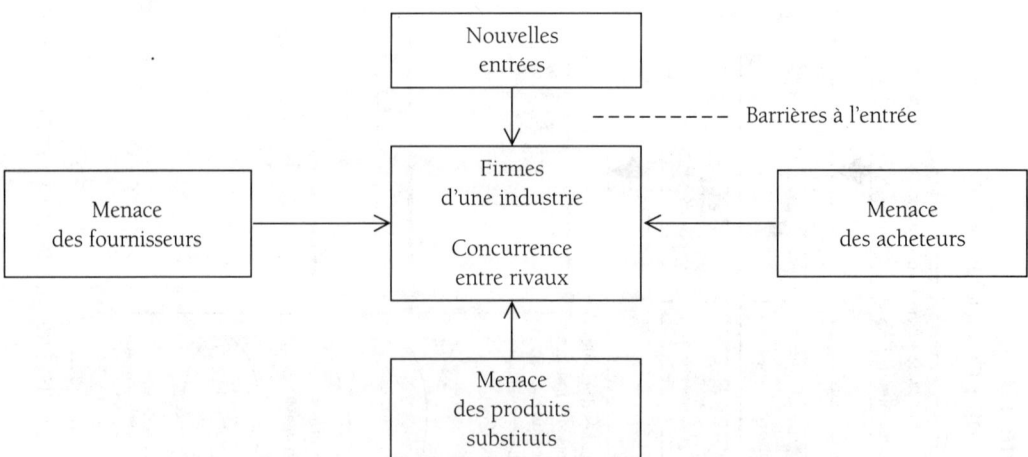

Source: M.E. PORTER, *Competitive Strategy*, New York, The Free Press, 1980, p. 4. Traduit avec l'autorisation de The Free Press, une division de Macmillan Inc.

nombre de produits substituts, si les acheteurs ou les fournisseurs détiennent un pouvoir de contrôle sur les firmes. Cette dernière menace est particulièrement présente lorsque les fournisseurs ou les acheteurs sont peu nombreux et qu'ils sont de grande taille ; en effet, ils sont alors en mesure de dicter leur loi aux firmes de leur industrie et de favoriser le maintien de la petite taille des concurrents pour continuer à jouir de leur pouvoir. Si, de plus, le secteur croît lentement et qu'il existe peu de possibilités de différenciation entre les firmes, la concurrence devient féroce entre les petites entreprises qui ne peuvent accroître leur taille. Cela se traduit habituellement par une guerre des prix perpétuelle ; les firmes concurrentes compromettent ainsi leur rentabilité et nombreuses sont celles qui sont acculées à la faillite.

Il est possible qu'une industrie puisse évoluer d'une situation de forte fragmentation à un état de faible fragmentation. Cela survient habituellement lorsqu'on observe une concentration de l'industrie ; en se concentrant, une industrie qui trouve un équilibre d'entreprises de grande taille et de petite taille permet aux premières de jouer un rôle de régulateur du marché. Par contre, certaines industries ne pourront jamais connaître le phénomène de la concentration des entreprises. Porter énumère 16 caractéristiques (*voir tableau 3.5*) susceptibles de bloquer cette concentration ; une seule suffit pour que la situation de fragmentation perdure.

Le secteur des arts constitue une industrie fragmentée ; les entreprises y sont d'ailleurs nombreuses et de petite taille. L'industrie n'y offre toutefois aucune possibilité de concentration puisqu'elle comporte au moins quatre

Tableau 3.5
Les 16 causes de fragmentation d'une industrie

1. Peu de barrières à l'entrée
2. Peu de possibilités d'économies d'échelle
3. Coûts de transport élevés
4. Ventes sur le marché se comportant de façon erratique
5. Pas d'avantage de taille lors de la négociation avec les acheteurs ou avec les fournisseurs
6. Déséconomies d'échelle
7. Frais fixes peu élevés requis pour le succès de l'opération
8. Produits à tailler sur mesure
9. Part importante de contenu créatif pour le produit
10. Contrôle serré des opérations au niveau local
11. Service personnalisé important
12. Au niveau local, contacts nécessaires pour être en mesure de faire des affaires
13. Barrières à la sortie
14. Facteurs politiques en jeu
15. Lois antimonopoles
16. Nouveauté d'une industrie

Source : Adapté de M.E. PORTER, *Competitive Strategy*, New York, The Free Press, 1980.

des caractéristiques susceptibles de bloquer la concentration. Premièrement, on explique la fragmentation par le fait qu'il n'y a pas de barrières à l'entrée ; il est en effet facile de constituer un quatuor à cordes ou une troupe de théâtre, puisque cela ne requiert pas un investissement de départ très important, contrairement, par exemple, au cas de la personne qui désirerait se lancer dans la fabrication d'automobiles. Deuxièmement, il n'est pas possible non plus d'effectuer des économies d'échelle : de par sa nature même, une œuvre symphonique requiert toujours le même nombre de musiciens et le même temps d'exécution. Troisièmement, le contenu artistique est très important pour l'entreprise ; c'est là, d'ailleurs, ce qui caractérise principalement les entreprises du secteur des arts. Finalement, mentionnons les barrières à la sortie ; en effet, beaucoup d'artistes préfèrent vivre dans la pauvreté plutôt que de renoncer à leur art et ils permettent de ce fait la survie de l'entreprise qui les emploie.

Pour illustrer la fragmentation du secteur des arts, prenons l'exemple du théâtre pour enfants au Québec[15]. En 1980-1981, il y avait 68 entreprises de spectacles pour enfants, dont la majorité en théâtre. Vingt-cinq troupes étaient subventionnées, détenaient 36 % du marché scolaire et donnaient annuellement 877 représentations. Il y avait, de plus, une quarantaine de firmes non subventionnées qui se disputaient 64 % du marché scolaire et donnaient 1559 représentations. On voyait donc beaucoup d'entreprises de petite taille en concurrence.

Les produits substituts aussi étaient nombreux : classes de neige, compétitions sportives, concours littéraires, etc. Le nombre d'acheteurs stagnait puisqu'on connaissait alors une stabilisation du nombre d'écoles et que le budget dont disposaient ces écoles était plus que minimal et continuellement menacé de compressions ; de plus, le peu d'expérience des acheteurs les incitait à utiliser le prix comme principal critère de décision, et chaque école n'accueillait en moyenne que 1,5 troupe par année, ce qui ne permettait pas aux responsables de la décision – qui changeaient d'ailleurs fréquemment – d'acquérir une expertise en la matière. Or, les acheteurs du marché scolaire représentaient tout de même 71 % des ventes des troupes subventionnées.

Dans cet état de forte fragmentation, certains intervenants générèrent une guerre des prix en tentant d'accroître leurs ventes. Cette pression à la baisse sur les prix entraîna un roulement important dans les entreprises non subventionnées (faillites) et une part de revenu autonome plus faible pour les entreprises subventionnées. Ultimement cette situation se traduisit par des salaires très faibles pour le personnel de l'entreprise. Le problème structurel était impossible à résoudre alors et il l'est toujours. En effet, une étude du même secteur, huit ans plus tard, arrive aux même conclusions : les firmes sont toujours aussi nombreuses et la fragmentation sévit encore[16].

Pour survivre, une entreprise implantée dans une industrie fragmentée doit absolument trouver un positionnement précis qui la distingue des autres entreprises concurrentes ; le principe de l'avantage concurrentiel revêt alors une importance capitale.

3.3.4 Le principe de l'avantage concurrentiel

Les pressions exercées par la concurrence au sens large ainsi que la pression de la mondialisation de la concurrence obligent l'entreprise culturelle à miser sur un avantage concurrentiel qui la rende unique aux yeux des consommateurs.

Toute entreprise doit tenter d'acquérir une position de force qui lui permette de se différencier de ses concurrents. Cette position de force sera atteinte grâce à un élément distinctif qui, s'il est perçu positivement par les consommateurs, constituera un avantage concurrentiel. Cet élément peut aller d'une particularité du produit à une façon différente d'utiliser les réseaux de distribution ou un outil de promotion, ou encore à une politique de prix avantageuse, etc. Il s'agit, pour la firme, d'acquérir une position unique, une particularité qui lui permette de surpasser n'importe quelle autre entreprise.

3.4 Le marché et les variables du macro-environnement

Les variables du macro-environnement, aussi appelées « variables incontrôlables », influent de façon continue sur le marché et la vie des organisations. Celles-ci doivent parfois s'adapter à des changements radicaux sans même pouvoir agir sur les causes de ces changements.

On distingue cinq variables principales dans le macro-environnement : l'environnement démographique, l'environnement culturel, l'environnement économique, l'environnement politico-légal et l'environnement technologique.

3.4.1 L'environnement démographique

L'environnement démographique joue un rôle considérable sur le marché, car une variation du nombre de la population peut entraîner une hausse ou une baisse de la demande. La répartition de la population sur un territoire, la variation de l'importance des groupes d'âge, la composition ethnique des différentes communautés, etc. sont toutes des dimensions qui influent sur la stratégie de marketing d'une firme. Par exemple, les adolescents de 15 à 17 ans sont les plus grands consommateurs de musique populaire ; en effet, 50 % d'entre eux disent écouter « très souvent » de la musique par rapport à 25 % chez les plus de 25 ans[17] ; une variation du nombre de jeunes de 15 à 17 ans aura donc une répercussion certaine sur le secteur musical. C'est aussi le cas des produits destinés aux jeunes, qui dépendent du nombre d'enfants de chacune des catégories d'âge ; dans les années 1980, les entreprises de spectacles pour enfants qui s'adressaient aux écoles ont souffert de la baisse du nombre d'élèves de niveau primaire. Celle-ci a en effet provoqué une réduction du nombre d'établissements scolaires et donc un rétrécissement du marché.

3.4.2 L'environnement culturel

Les valeurs d'une société, ce que l'on nomme « environnement culturel », jouent un rôle de premier plan dans la mise en marché d'un produit, car, lorsqu'elles évoluent, elles entraînent un changement d'habitudes chez les consommateurs. Ainsi, ce qui semblait inconcevable pour nos grands-parents peut nous paraître normal aujourd'hui. Par exemple, si auparavant la place de la femme était au foyer et que la famille nombreuse constituait un idéal valorisé, en 1986 environ 60 % des femmes de 18 ans et plus étaient sur le marché du travail. Par ailleurs, les couples ont aujourd'hui peu d'enfants et ils les ont tard, dans la trentaine plutôt que dans la vingtaine. Cet exemple nous permet de déduire que les jeunes couples ont, de nos jours, plus de temps de loisir à consacrer à la consommation de biens culturels, et cela influe sur nos organisations.

3.4.3 L'environnement économique

Les entreprises, tout comme les individus, doivent composer avec leur environnement économique. Inflation, récession, chômage sont des termes fort bien connus. En période de récession, certaines firmes connaissent un rétrécissement de leur marché : moins de consommateurs potentiels ou moins de dollars disponibles par consommateur.

Non seulement cette situation touche l'entreprise culturelle, mais elle produit aussi un impact sur ses commanditaires. L'effet ainsi produit sur le budget qu'une firme consacre aux commandites de manifestations et aux dons à des œuvres de charité est immédiat. Une entreprise qui doit procéder à des compressions budgétaires sabrera d'abord dans ses activités périphériques, et, de fait, le budget consacré aux dons et commandites est bien souvent le premier touché. Des villes entières peuvent disparaître lorsque la conjoncture économique internationale fait baisser le prix de certaines matières premières. Le secteur culturel subit alors des ondes de choc, d'autant plus que la demande culturelle est souvent tributaire du revenu discrétionnaire des consommateurs[18].

3.4.4 L'environnement politico-légal

Les lois et les réglementations constituent une autre variable importante : l'action des parlementaires peut modifier radicalement les données d'une industrie. Par exemple, l'application d'une taxe directe sur le prix des produits culturels peut ralentir la demande. Si les effets sont parfois négatifs, ils peuvent aussi être favorables : les mesures fiscales destinées à stimuler la production cinématographique en sont un bon exemple.

3.4.5 L'environnement technologique

Toutes les industries sont soumises, à des degrés plus ou moins importants, à l'influence de l'environnement technologique. La science accomplit des pas de géant et ses découvertes entraînent des effets considérables dans tous les domaines. L'évolution technologique n'est pas absente du secteur des arts. Dans certains domaines, comme l'audiovisuel, on observe une concurrence continuelle en raison des innovations qui envahissent constamment le marché et qui peuvent transformer radicalement la façon de produire une œuvre ou de la distribuer. À l'autre extrémité, certains secteurs sont moins touchés par le développement technologique ; c'est le cas, notamment, pour les artisans dont l'art consiste à utiliser des méthodes et des moyens souvent très anciens et pour qui l'adoption d'une nouvelle technologie signifierait un produit complètement différent.

Pensons par exemple au développement de l'holographie ou de l'infographie. Dans le domaine de la peinture, la technologie a permis la création de nouveaux pigments synthétiques, plus permanents et plus solubles ; pensons de même aux découvertes sur les liants et les vernis en vue d'obtenir des substances plus malléables et plus fiables pour la conservation des œuvres.

Le secteur du cinéma constitue sans doute un bon exemple des conséquences de la technologie sur un marché. La figure 3.5 illustre l'évolution des différents moyens de visionnement du film[19]. Au départ, le film a été conçu pour être présenté dans une salle munie d'un grand écran, selon un mode de consommation collectif. Puis l'apparition successive de la télévision, de la télévision par câble, de la télévision à péage, de la vidéocassette et de la trans-

Figure 3.5
Les conséquences de la technologie sur le marché du film

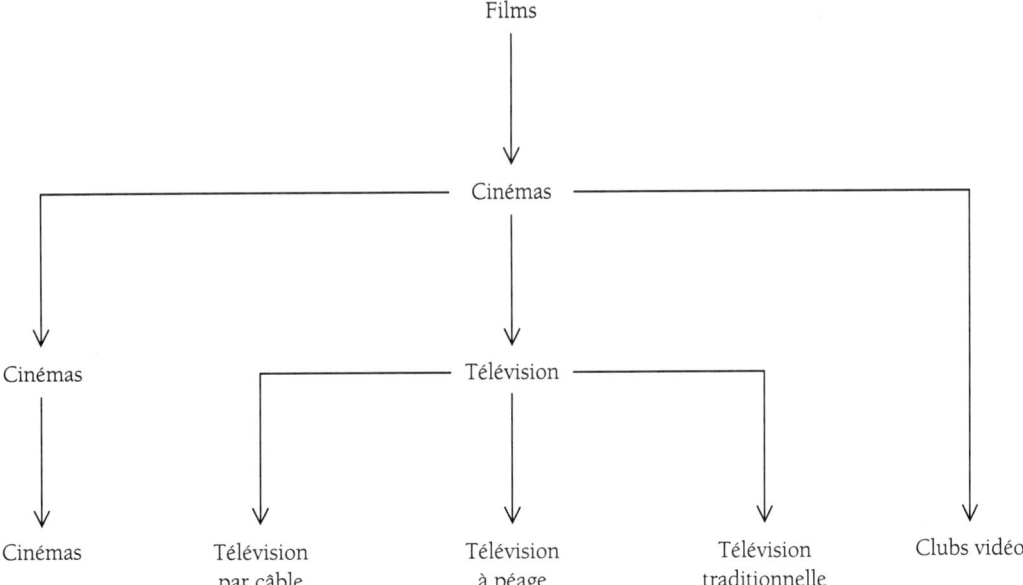

mission par satellite a entraîné, pour le consommateur, un éventail de choix toujours plus grand. Veut-il sortir? Il peut se déplacer vers le cinéma. Ne veut-il qu'une distraction peu coûteuse? Il peut se fier aux canaux de télévision traditionnels. Préfère-t-il voir des films récents sans sortir de chez lui? Il choisit alors de payer un supplément (télévision à péage). Désire-t-il tout à la fois choisir les films et le moment de consommation? Il devient membre d'un vidéoclub. D'un seul choix de consommation qu'il avait en 1950, le consommateur se retrouve aujourd'hui avec cinq possibilités différentes.

Les années 1950 ont été la période d'expansion du petit écran, les années 1960 celle de la télévision par câble, les années 1970 celle de la télévision à péage et, finalement, la généralisation de la vidéocassette a marqué les années 1980. L'industrie cinématographique a dû s'adapter à ces changements; ce qu'elle a fait notamment en acquérant une expertise dans la production de films destinés spécialement à la télévision.

Résumé

Le marché des entreprises culturelles peut être subdivisé en quatre principaux sous-ensembles: le marché de la consommation, le marché des intermédiaires de distribution, le marché de l'État et le marché des commanditaires. Chacun obéit à des motivations différentes et s'intéresse, en fait, à des aspects particuliers du produit. Il est donc pertinent de concevoir des stratégies de marketing différentes pour chacun de ces quatre marchés.

D'après les enquêtes publiées dans plusieurs pays industrialisés, le consommateur d'art jouit d'un revenu et d'une scolarité de niveau élevé. Ce profil correspond en fait aux amateurs d'art dit « savant », la clientèle des arts « populaires » ayant plutôt un faible niveau de revenu et de scolarité.

Les subventions de l'État représentent un pourcentage important du budget de certaines entreprises du domaine culturel: dans les arts d'interprétation, la moyenne canadienne se situe à environ 40 %. Quant au secteur privé, sa contribution au budget des entreprises artistiques s'élève à environ 13 % au Canada; la situation est différente d'une province à l'autre, elle l'est aussi d'un pays à l'autre.

La notion de demande est l'expression, en volume ou en dollars, des achats effectués par les composantes du marché. Cette notion de demande est utile au gestionnaire de marketing pour évaluer adéquatement sa position concurrentielle sur le marché, tant au moment présent que dans ses prévisions.

> La demande sur le marché du loisir a considérablement augmenté au cours des années 1960 à 1980. Les principaux facteurs à l'origine de cette croissance sont les suivants: l'augmentation de la population, la hausse du nombre d'heures consacrées au loisir, l'accroissement des revenus et l'élévation du niveau de scolarité.
>
> La concurrence sur le marché du loisir et des biens culturels est grande et multiforme. Pour survivre, l'entreprise doit acquérir un avantage concurrentiel qui lui permette de résister aux pressions de la concurrence, d'autant que les développements technologiques et la mondialisation des marchés ont comme conséquence d'accroître cette concurrence. De plus, le domaine des arts connaît une situation de fragmentation faisant en sorte qu'un grand nombre d'entreprises qui sont de petite taille sont appelées à le demeurer.

Questions

1. Qu'est-ce qui distingue les notions de demande et de marché?

2. Quelles distinctions faites-vous entre la demande actuelle, la demande prévisionnelle et la demande potentielle?

3. En quoi le fait d'affirmer que le consommateur culturel est scolarisé et jouit d'un revenu élevé ne donne pas une image complète de la réalité?

4. La part des revenus provenant de l'État est différente dans l'entreprise artistique et dans le domaine des industries culturelles. Pourquoi?

5. Quelle est l'importance du secteur privé dans les budgets des entreprises culturelles?

6. Pouvez-vous expliquer l'évolution de la demande sur le marché du loisir depuis les années 1960?

7. Que signifie l'expression «acquérir un avantage concurrentiel»?

8. Quel est l'impact du développement technologique et de la mondialisation de la concurrence sur les entreprises culturelles?

9. Pourquoi le problème de la fragmentation du secteur des arts semble-t-il impossible à résoudre?

Notes et références

1. G. PRONOVOST, *Les comportements des Québécois en matière d'activités culturelles de loisir 1989*, Québec, Les Publications du Québec, 1990, 94 p.
2. En l'absence d'un réseau centralisé de collecte de données sur les ventes réalisées dans chacun des secteurs, il est difficile d'évaluer l'ampleur du marché de la consommation culturelle. On peut toutefois utiliser les résultats provenant d'enquêtes effectuées sur les habitudes des consommateurs et qui permettent d'estimer la taille des marchés ; beaucoup de ces enquêtes sont réalisées au moyen d'entrevues téléphoniques, comme c'est le cas pour celle dont nous avons cité les chiffres. Malheureusement, ces façons de procéder conduisent souvent à une surestimation grossière de la réalité. Voyons comment ces calculs sont effectués.

   On trouve dans un premier temps la taille totale de la population étudiée, de laquelle on retranche les enfants ; on obtient alors un chiffre net représentant le nombre d'adultes susceptibles de consommer des produits culturels. On multiplie ensuite ce chiffre par le pourcentage, basé sur les statistiques établies à l'aide des sondages, correspondant au taux de déclarants qui affirment acheter ces produits culturels. On trouve ainsi le nombre d'individus adultes qui disent consommer des produits culturels. Pour estimer la consommation totale pour un produit culturel, on utilise ce nombre de personnes s'adonnant à une activité précise et on le multiplie par le taux moyen de consommation tel que l'établissent les acheteurs eux-mêmes à l'aide de sondages.

   À titre d'exemple, examinons ce qui se passe du côté du cinéma au Québec. Le nombre de personnes âgées de 15 ans et plus en 1981 au Québec était d'à peu près 5,02 millions. On estimait alors que près de 60 % de ces personnes fréquentaient les cinémas, soit 3,01 millions de personnes. Les calculs effectués à partir de la fréquence moyenne déclarée par chaque répondant indiquent qu'il y aurait eu au Québec 26 millions d'entrées au cinéma, tandis que le Bureau de la statistique du Québec, qui peut calculer très précisément la fréquentation des salles à partir des revenus de celles-ci, indique qu'il n'y a eu en réalité que 13 millions d'entrées ! Les évaluations ont donc surestimé la réalité de 100 %.

   Comme on le voit, il semble y avoir une surestimation de la consommation des produits culturels qui serait tributaire d'indicateurs plus ou moins gonflés ; ces derniers, une fois multipliés entre eux, entraîneraient des résultats presque exponentiellement surévalués.

   Mais cette surestimation ne dépend pas uniquement des indicateurs, elle peut aussi découler de problèmes méthodologiques qui pourraient être dus, par exemple, à une mauvaise définition de l'objet étudié. Ainsi, il est possible que les amateurs de théâtre incluent dans leur taux de fréquentation certaines représentations données par des troupes amateurs, représentations qui ne devraient pas être comptabilisées dans ce chiffre, ou alors qu'ils confondent l'assistance à une projection cinématographique avec celle d'une représentation théâtrale. Il est aussi possible qu'une personne utilise une définition différente de celle qui est généralement reconnue et considère une comédie musicale comme une représentation théâtrale au lieu de la définir comme un spectacle. Il s'ensuit des distorsions qui se répercutent sur l'ensemble de la compilation des statistiques.

Ces exercices d'évaluation ne sont toutefois pas inutiles puisqu'ils permettent d'estimer, au moins grossièrement, la consommation dans certains secteurs pour lesquels il n'existe pas de moyens de mesure fiables; ils permettent aussi, quand on dispose d'études sur plusieurs années, d'étudier les comportements des cohortes dans le temps. Ils sont donc utiles et informatifs dans la mesure où on les utilise et on les interprète avec un certain recul et certaines réserves.

3. Afin d'approfondir ces questions de différences de marché culturel en fonction des pays, nous vous renvoyons aux ouvrages de Throsby et Whithers et de Myerscough.

4. F. COLBERT, « Le loisir, le théâtre et le théâtre d'été », *Jeu, cahiers de théâtre*, n° 42, 1987, p. 37-40.

5. C. MCCAUGHEY, *A Survey of Arts Audience Studies: A Canadian Perspective, 1967-1984*, Ottawa, Research and Evaluation Canada Council, 1984, 76 p.

6. MINISTÈRE DES AFFAIRES CULTURELLES, « Les Québécois et la lecture de livres », *Chiffres à l'appui*, Québec, vol. 1, n° 1, septembre 1983, 6 p.

7. J.M. Davidson SHUSTER, *Supporting the Arts: An International Comparative Study*, Cambridge, Department of Urban Studies and Planning, Massachussetts Institute of Technology, mars 1985, 107 p.

8. J.M. Davidson SCHUSTER, *op. cit.*

9. F. COLBERT, « Le loisir, le théâtre et le théâtre d'été », *Jeu, cahiers de théâtre*, n° 42, 1987, p. 37-40.

10. F. COLBERT, « Le prochain défi de la commercialisation des produits culturels », *Questions de culture*, IQRC, n° 7, 1984, p. 127-138.

11. R. PILON, « L'industrie mondiale des médias et du divertissement : des groupes et des chiffres », *L'état des médias, groupes et stratégies*, sous la direction de Jean-Marie CHARRON, Paris, Éditions Boréal, 1991, 461 p.

12. M.E. PORTER, *The Competitive Advantage of Nations*, New York, The Free Press, 1990, 855 p.

13. G. TREMBLAY, *Vers une société à valeur ajoutée*, allocution du ministre de l'Industrie, du Commerce et de la Technologie lors de sa conférence de presse annuelle, Montréal, 2 décembre 1991, École des Hautes Études Commerciales.

14. M.E. PORTER, *Competitive Strategy*, New York, The Free Press, 1980, 396 p.

15. F. COLBERT, *Le théâtre pour enfants: marché en turbulence*, Montréal, École des Hautes Études Commerciales, 1983, 221 p.

16. F. COLBERT, *Un marché en turbulence: huit ans plus tard*, Montréal, Groupe de recherche et de formation en gestion des arts, École des Hautes Études Commerciales, 1990, 104 p.

17. MINISTÈRE DES AFFAIRES CULTURELLES, « Musique et culture au Québec », *Chiffres à l'appui*, Québec, vol. 5, n° 2, juin 1988, 20 p.

18. On entend par « revenu discrétionnaire » la partie du revenu individuel dont dispose le consommateur après avoir comblé ses besoins primaires et essentiels.

19. F. COLBERT, « Le prochain défi de la commercialisation des produits culturels », *Questions de culture*, IQRC, n° 7, 1984, p. 127-138.

Autres références

BROKENSHA, P. et A. TONKS, *Culture and Community: Economics and Expectations of the Arts in South Australia*, Wentworth Falls, Australia, Social Science Press, 1986, 162 p.

COLBERT, F., « Musées et marché en évolution », *Musées, Actes du colloque Musées et communications – Le musée et ses publics ou l'acceptation de la différence*, vol. 10, n°s 2, 3 et 4, 1987, p. 37-40.

COLBERT, F. et J.-M. BOISVERT, « Le consommateur culturel comme segment de marché de l'offre touristique », *Téoros*, vol. 7, n° 1, mars 1988, p. 17-20.

FÉRAL, J., *La culture contre l'art: essai d'économie politique du théâtre*, Sillery, Presses de l'Université du Québec, 1990, 341 p.

MINISTÈRE DE LA CULTURE ET DE LA COMMUNICATION, *Les pratiques culturelles des Français en 1989*, Paris, La Documentation française, 243 p.

MYERSCOUGH, J., *Facts about the Arts 2*, London, Policy Studies Institute, 1986, 336 p.

PORTER, M.E., *Competitive Strategy*, New York, The Free Press, 1980, 396 p.

STATISTIQUE CANADA, *Les arts d'interprétation*, Ottawa, septembre 1991, catalogue 87-209, 49 p.

STATISTIQUE CANADA, *Les établissements du patrimoine 1988-1989 – Statistiques de la culture*, Ottawa, septembre 1991, catalogue 87-207, 51 p.

THE FORD FOUNDATION, *The Finances of the Performing Arts*, New York, 1974, vol. 2, 117 p.

THROSBY, G.D. et G.A. WITHERS, *The Economics of the Performing Arts*, New York, St. Martin's Press, 1979, 348 p.

Plan

Objectifs	91
Introduction	91
4.1 Individu – produit – situation : la triade de base	93
4.2 La motivation	95
4.3 Les variables individuelles	96
4.3.1 L'implication	96
Le risque fonctionnel	97
Le risque économique	98
Le risque psychologique	98
Le risque social	99
4.3.2 L'expérience	99
4.3.3 Les variables sociodémographiques	101
4.3.4 La personnalité	101
4.3.5 Les bénéfices recherchés	102
4.4 Les principaux processus décisionnels	103
4.4.1 L'attitude	103
4.4.2 Les processus cognitifs	105
4.4.3 Les processus subordonnés	108
4.4.4 Les processus affectifs	109
4.4.5 L'habitude	110
4.4.6 L'achat fortuit	110
4.5 Les variables de situation	111
4.5.1 La période	111
4.5.2 Le temps	111
4.5.3 Les groupes de référence	111
4.5.4 L'économie	111
4.5.5 Le lieu	112
4.6 Le traitement de l'information	112
4.7 Conclusion	112
Résumé	115
Questions	115
Notes et références	116

4

Les comportements des consommateurs

par Jacques Nantel

Objectifs

- Décrire en détail les différents processus de prise de décision sur lesquels se fondent les comportements des consommateurs.
- Présenter les principales variables qui influent sur la structure et la nature de ces processus décisionnels.
- Faire le lien entre ces processus décisionnels et l'information utilisée par les consommateurs.
- Faire le lien entre l'information utilisée par les consommateurs et les stratégies marketing de l'entreprise.
- Discuter de ces concepts dans le contexte de la gestion des arts.

Introduction

Pourquoi est-il important de s'attarder à l'étude des consommateurs et de leurs comportements? N'est-il pas suffisant de décrire son marché en fonction des caractéristiques sociodémographiques des consommateurs qui le composent? La réponse à cette question se trouve dans l'essence même du marketing: comme l'une des fonctions essentielles du marketing est de répondre aux besoins des consommateurs, il est important pour le gestionnaire de bien identifier et de bien comprendre ces besoins; cela lui permettra par la suite soit de créer un produit destiné à répondre à un besoin particulier, soit encore de positionner son produit par rapport à un segment précis de la population. Bien que ce précepte soit simple à énoncer et à comprendre, il est loin d'être facile à mettre en pratique. Afin d'être en mesure de bien répondre aux besoins des consommateurs et de bien positionner son produit, non seulement le gestionnaire doit posséder une bonne description des consommateurs visés, mais il doit également comprendre les raisons qui les poussent à s'intéresser ou non à un produit culturel.

Comme l'aura sans doute remarqué le lecteur avisé, le titre de ce chapitre est « Les comportements des consommateurs » et non, comme on le voit dans la plupart des ouvrages spécialisés dans le domaine : « Le comportement du consommateur ». Ce choix procède de deux aspects fondamentaux.

D'abord, on ne saurait parler du comportement au singulier comme si le seul comportement qui devait nous préoccuper était le comportement d'achat (Qui va à l'opéra et pourquoi? Qui va au cinéma et pourquoi? Qui achète des livres et pourquoi? etc.). En effet, bien que le comportement adopté au moment de la décison d'achat soit fort important, le fait de s'y limiter pousse le gestionnaire à oublier tous les comportements qui se situent en amont et en aval de cette décision et qui sont tout aussi importants. Par exemple, pensons à ce qui explique qu'un consommateur choisisse une sortie au théâtre plutôt qu'un souper au restaurant ; cet exemple illustre bien ce que l'on entend par « concurrence intertype[1] ». Le cas de consommateurs qui achètent des œuvres d'art pour en faire collection de même que l'achat de produits dérivés sont d'autres exemples de comportements qui méritent d'être analysés.

Quant au terme « consommateurs », nous préférons l'utiliser au pluriel car la plupart des marchés sont composés de consommateurs qui n'ont pas des besoins homogènes. Par conséquent, parler du consommateur revient à dire qu'il existe quelque part UN consommateur moyen qui serait représentatif du marché dans son ensemble. À titre d'exemple, dans le cas de la musique, ce consommateur moyen pourrait être un hybride d'amateur de musique de chambre, combiné avec un admirateur de Metallica qui aurait également beaucoup de plaisir à écouter de la musique country. Bref, parler du consommateur au singulier revient à parler de tout le monde et de personne à la fois.

L'analyse des comportements des consommateurs qui est proposée dans ce chapitre part du postulat que ces derniers basent toujours leurs décisions sur une certaine quantité d'informations. Celles-ci sont de deux ordres : internes (expériences antérieures) et externes (nature du produit offert, ce qu'en disent les autres, etc.). À titre d'exemple, le consommateur que l'on invite à s'abonner à une saison à l'opéra basera sa décision tant sur ses acquis à l'égard de ce genre musical (expériences antérieures) que sur l'information qui lui sera fournie (le choix des œuvres, les chanteurs, le prix, ce qu'en disent ses amis et les critiques, etc.). De ce postulat il ressort qu'une entreprise ne saurait faire un marketing efficace que si elle comprend la nature des informations utilisées par les consommateurs de même que la façon dont ces informations sont perçues et utilisées ; c'est là ce que l'on appelle les « processus décisionnels ».

Les processus décisionnels sont en grande partie influencés par trois grands types d'informations : celles liées aux consommateurs eux-mêmes, celles liées à la situation d'achat et enfin celles liées aux produits considérés. Ces trois types de variables constituent ce que l'on nomme la « triade de base ». Une partie importante de ce chapitre s'attarde à l'analyse des processus décisionnels adoptés par les consommateurs ainsi qu'aux diverses formes de traitement de l'information que ces derniers sont susceptibles d'utiliser.

La figure 4.1 illustre les principaux éléments de l'analyse des comportements des consommateurs.

Dans ce chapitre, nous traiterons d'abord de la triade de base « individu – produit – situation », qui détermine la motivation d'un consommateur pour l'achat d'un produit. La notion de motivation constituera d'ailleurs le deuxième sujet de ce chapitre. Nous étudierons ensuite les variables individuelles, puis les principaux processus décisionnels et, enfin, les variables liées à la situation d'achat. Nous examinerons en dernier lieu comment un consommateur traite l'information reçue avant d'effectuer un choix qui se traduit par un comportement d'achat.

4.1 Individu – produit – situation : la triade de base

L'un des principes fondamentaux sur lesquels repose l'étude des comportements des consommateurs est la triade de base individu – produit – situation. Ce principe stipule que l'on ne saurait comprendre la dynamique qui caractérise un marché ou même un segment de ce marché si l'on ne considère pas de façon simultanée le consommateur, le produit qu'il achète et la situation dans laquelle cet achat s'effectue. C'est seulement de cette façon que l'on est en mesure de cerner toute la richesse et toute la complexité des comportements des consommateurs. Ainsi, considérons deux consommateurs, tous deux abonnés depuis des années à une compagnie de théâtre. De prime abord, nous serions tentés, parce qu'ils sont abonnés à la même compagnie, de postuler que ces consommateurs sont semblables et que leurs comportements futurs devraient être similaires. Or, qu'en est-il si le premier est un abonné fidèle parce qu'il aime le répertoire présenté alors que le second s'abonne afin de faire comme son groupe d'amis ? Dans le premier cas, le

Figure 4.1
Les principaux éléments de l'analyse des comportements des consommateurs

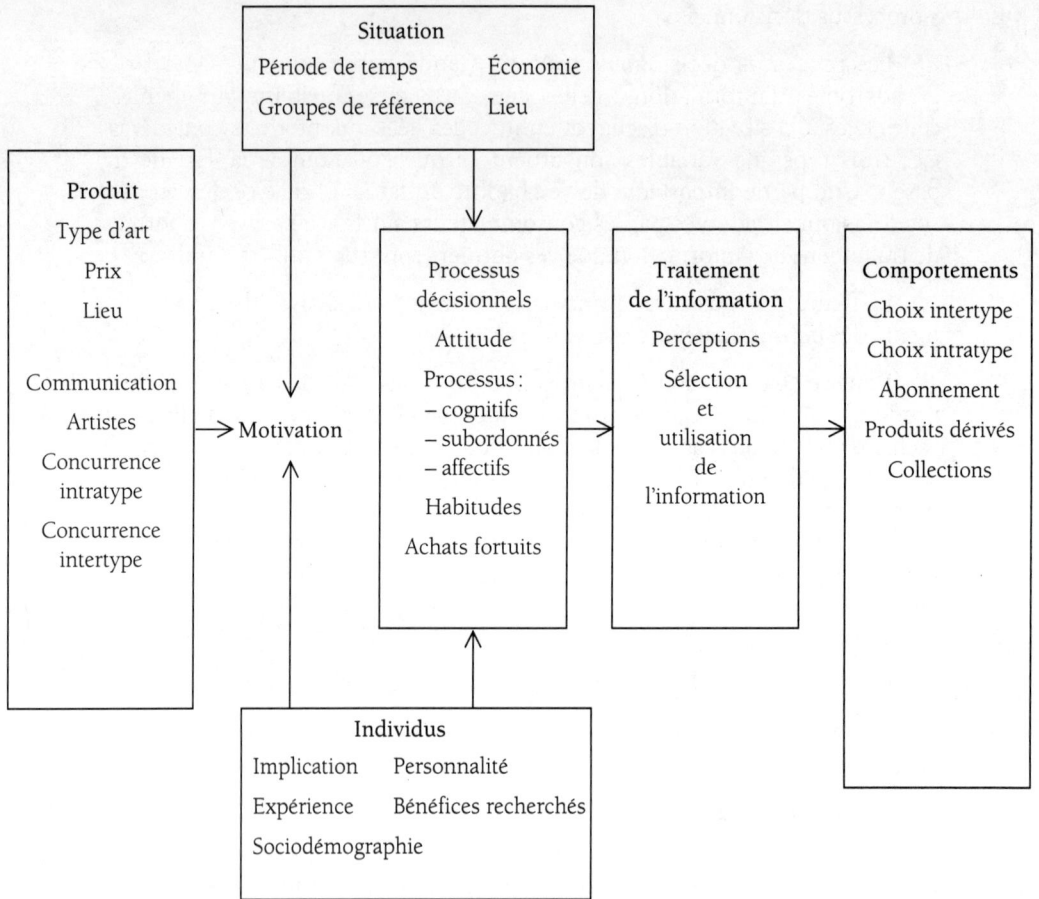

processus décisionnel utilisé par le consommateur a beaucoup à voir avec le choix des pièces. Si plusieurs consommateurs sont ainsi sensibles à cet élément, le gestionnaire de la compagnie de théâtre verra à miser sur cette dimension afin de retenir sa clientèle. Par contre, dans le second cas, si le processus décisionnel est davantage fonction du groupe social auquel appartient le consommateur, alors la stratégie de commercialisation aura moins à voir (dans une certaine mesure) avec le choix des pièces qu'avec le mode de diffusion et la nature de la communication.

On voit qu'entre ces deux exemples la relation consommateur–produit n'est pas la même ; par conséquent, toute stratégie de l'entreprise visant à miser sur cette fidélité ne saurait non plus être la même dans les deux cas. À partir de cet exemple, peut-on alors dire que notre premier consommateur est une personne qui est moins soumise aux influences sociales que ne l'est le second ? Une telle conclusion serait hâtive et peut-être même dangereuse si l'on ne tenait pas compte de toute la situation. Ainsi, il est possible que notre amateur de théâtre choisisse de s'abonner à une compagnie de théâtre (situation 1) en basant sa décision exclusivement sur le répertoire proposé, sans se laisser influencer par son entourage, et qu'il s'en remette totalement au jugement d'une amie quand vient le temps de faire l'acquisition d'un disque (situation 2).

Bref, afin de bien comprendre comment et pourquoi agissent les consommateurs, il devient important de considérer les processus décisionnels qu'ils utilisent de même que les critères qui sont alors considérés. Par ailleurs, ces processus ne sauraient s'expliquer que si l'on considère simultanément l'individu, les produits offerts et la situation dans laquelle cet acte de consommation a lieu. Au cours des pages qui suivent, nous étudierons ces divers éléments. Afin de mieux comprendre la logique de ce chapitre, le lecteur est invité, au début de chaque nouvelle section, à se reporter à la figure 4.1, qui servira de schéma intégrateur.

4.2 La motivation

Dans l'étude des comportements des consommateurs, on ne doit pas perdre de vue le fait que ces derniers n'envisageront l'achat d'un produit que dans la mesure où ils sont poussés à le faire. Cela peut sembler un lieu commun, mais trop souvent l'oubli de cette considération est à la base de bien des frustrations de la part d'artistes et de gestionnaires. La motivation est en effet l'élément déclencheur à la base des comportements des consommateurs.

Lewin[2] est probablement l'auteur qui décrit le mieux le phénomène de la motivation. Pour lui, ce phénomène a pour origine un déséquilibre entre l'état actuel où se trouve un consommateur et un état recherché. Plus fort sera ce déséquilibre, plus forte sera la motivation du consommateur pour l'action. Ce déséquilibre peut avoir comme point d'origine le consommateur lui-même (ainsi, en vieillissant, un consommateur peut ressentir le besoin de lire de la poésie ou avoir davantage de temps à consacrer à des loisirs), une situation donnée (par exemple, le temps des fêtes me pousse à vouloir entendre de la musique de Noël) ou encore la promotion du produit faite par une entreprise (la publicité du spectacle *Phantom of the Opera* pousse le consommateur à se procurer un billet). Bien entendu, et contrairement à ce que l'on pense trop souvent, le consommateur – peu importe les pressions que l'on pourrait exercer sur lui – ne saurait être motivé par n'importe quel stimulus. Son degré de motivation pour un produit est en grande partie fonction de ses expériences antérieures (ses acquis) et de son degré d'implication à l'égard du produit. Ces deux variables, à leur tour, ont une importance capitale sur la nature du processus décisionnel qui sera utilisé.

Par ailleurs, que ce soit pour un produit culturel, ou pour tout autre type de produit ou de service, la complexité du processus décisionnel varie selon les composantes de notre triade individu – produit – situation. Ce qu'il est important de préciser ici, c'est qu'il existe, dans la plupart des cas[3], une forte relation entre la complexité du processus décisionnel et l'étendue du traitement de l'information. En d'autres termes, plus le processus décisionnel est complexe, plus la quantité d'information qu'utilise le consommateur est grande et diversifiée. Pour les gestionnaires de marketing, ce constat est capital puisqu'il suggère que leur composition commerciale est analysée avec plus de soin lorsque le consommateur est motivé et que le processus décisionnel utilisé est complexe. Dans certaines situations, cependant, le gestionnaire de marketing aura intérêt à ce que le consommateur ne soit pas disposé à traiter trop d'information; tel serait le cas d'une entreprise bénéficiant d'une clientèle captive de ses habitudes. À l'inverse, une entreprise pourrait souhaiter que le consommateur traite le plus d'information possible afin qu'il comprenne l'intérêt du produit qu'elle offre en comparaison de ceux de ses concurrents. Dans un tel cas, la motivation du consommateur devient, pour autant qu'elle existe, un précieux atout.

Bien entendu, la motivation du consommateur, de même que la complexité du processus décisionnel utilisé, est fonction de l'interaction des trois variables qui composent notre triade de base. Bien que toutes ces variables soient importantes, nous débuterons par l'étude des caractéristiques individuelles des consommateurs, pour la simple raison que la compréhension de ces caractéristiques facilite celle des autres types de variables.

4.3 Les variables individuelles

Dans le cadre de ce chapitre, nous concentrons notre étude sur l'analyse de cinq variables individuelles : l'implication du consommateur à l'égard des produits offerts, son expérience, ses caractéristiques sociodémographiques, sa personnalité et, enfin, les bénéfices qu'il recherche dans un produit.

4.3.1 L'implication

De toutes les variables liées au consommateur, le degré d'implication à l'égard d'un produit est de loin la plus importante[4]. Bien que les chercheurs[5] qui ont travaillé sur cette notion lui aient donné différentes définitions au fil des années et des courants de recherche, il semble y avoir actuellement consensus sur le fait que le terme puisse être compris dans le sens d'importance ou d'intérêt personnel associé au produit dans une situation donnée. Rotschild[6] propose la définition suivante de l'implication :

> « [...] un état de motivation, de curiosité ou d'intérêt à l'égard d'un produit, lequel se manifeste dans le cadre d'un processus. Cet état résulte de variables externes courantes et de variables internes antérieures. Il entraîne l'adoption de différents processus de recherche, de traitement de l'information et de prise de décision. » (Traduction libre.)

On peut donc concevoir l'implication comme le reflet de l'importance qu'un certain produit revêt pour un individu, dans une situation donnée. L'implication peut être structurelle et/ou conjoncturelle (c'est-à-dire liée à la situation). Ainsi, un consommateur peut percevoir le théâtre comme un produit à très forte implication de façon continue, alors qu'un autre pourra ressentir une telle implication, mais uniquement de façon situationnelle (lors du choix de la seule pièce à laquelle il assistera cette année).

Outre qu'elle soit fonction de l'intérêt qu'un individu porte à un produit ou à une catégorie de produits[7], l'implication est en grande partie fonction du risque que le consommateur associe à l'achat ou à l'utilisation d'un produit ou d'un service. Ainsi, plus le consommateur perçoit que l'achat ou l'utilisation d'un produit comporte des risques, plus son implication à l'égard de ce produit sera grande[8]. En matière de consommation, il existe plusieurs sortes de risques[9]. Ces derniers ne sont pas mutuellement exclusifs ; par ailleurs, chaque type de risque peut fort bien exister de façon indépendante des autres. Les principaux risques qui influent sur l'achat d'un produit sont : le risque fonctionnel, le risque économique, le risque psychologique et, enfin, le risque social.

Le risque fonctionnel

En matière de produits culturels, le risque fonctionnel est l'un de ceux qui ont le plus d'impact sur les comportements des consommateurs. Ce type de risque peut être défini comme la possibilité que le produit ne soit pas à la hauteur des attentes. Ce risque est particulièrement présent dans la consommation de produits culturels, comme d'ailleurs dans celle des services. En général, ce qui caractérise ces deux types de consommation est le fait que, dans les deux cas, le consommateur ne peut faire l'essai du produit avant de l'acheter. Afin de réduire au minimum le risque fonctionnel, le consommateur peut procéder de deux façons. Premièrement, il peut tenter d'obtenir le plus d'information possible sur la pièce de théâtre qu'il s'apprête à voir ou encore sur le livre qu'il désire acheter, par exemple. Pour un consommateur, l'utilisation des comptes rendus de critiques, la publicité (qui souvent reprend ce que les critiques élogieuses ont dit), ou encore l'opinion d'amis sont autant de façons de réduire son risque fonctionnel. Deuxièmement, le consommateur peut miser sur ce qu'il est convenu d'appeler des « valeurs certaines ». Ainsi, pour beaucoup de consommateurs, le dernier film de Spielberg, le nouveau roman de Tremblay ou encore la pièce à l'affiche chez Jean-Duceppe représentent autant de choix qui ne demandent pas un processus complexe de prise de décision, simplement parce qu'étant considérés comme des valeurs certaines, ces produits culturels ne représentent pas un risque fonctionnel élevé. Ces exemples illustrent de quelle façon la présence d'un risque fonctionnel influe sur la nature du processus décisionnel utilisé. Dans le premier cas, le consommateur réduira le risque en recherchant une plus grande quantité d'information ; dans le second cas, le consommateur se met à l'abri d'un risque fonctionnel élevé en recourant à certaines valeurs sûres qu'il connaît déjà, et il n'aura donc pas à rechercher autant d'information. Bref, plus le risque perçu est élevé, plus le degré d'implication est élevé et, par conséquent, plus le consommateur a tendance à opter pour un processus décisionnel visant à réduire ce risque.

Le risque économique

De toutes les formes de risque, le risque économique est le plus simple à comprendre. Dans ce cas, plus un produit est coûteux, plus son achat est précédé d'un processus décisionnel complexe. Bien entendu, cette relation peut être grandement atténuée par le revenu dont dispose un consommateur. Dans le cas des produits culturels, le risque économique n'a pas uniquement trait au coût d'achat du produit lui-même, mais il peut aussi être fonction de l'ensemble des frais occasionnés (déplacement, gardiennage, etc.). Combiné au risque fonctionnel, le risque économique explique en partie pourquoi certains consommateurs préfèrent désormais louer des cassettes vidéo plutôt que d'aller voir un spectacle ou un film.

Le risque psychologique

Le risque psychologique est particulièrement présent dans la consommation des produits culturels. Il peut se définir comme le risque lié à un achat ou à une consommation ne correspondant pas à l'image que le consommateur aime avoir de lui-même. Pensons à un consommateur qui, de peur d'affronter certaines pulsions qui pourraient être latentes en lui, pourrait préférer s'abstenir d'assister à des scènes de violence au cinéma ; ou encore, à une personne qui, en raison d'une condition physique moins bonne, pourrait préférer ne plus assister aux spectacles de ballet. Tout comme pour les autres formes de risque, la présence du risque psychologique a pour effet d'accroître la complexité des processus décisionnels utilisés par les consommateurs.

Le risque social

Alors que le risque psychologique est lié à l'image de soi, le risque social est plutôt fonction de l'image que les autres ont de nous. Ainsi, certaines personnes peuvent s'abonner à l'opéra pour faire partie d'un certain groupe de référence plutôt que par amour de ce genre musical. À l'inverse, certains consommateurs peuvent se priver du plaisir d'assister à des manifestations culturelles simplement parce qu'ils craignent d'être mal jugés par leurs amis ou collègues. Bien entendu, un tel risque n'existe pas pour tous les consommateurs : le risque social n'est présent que dans les cas où la consommation est visible et où les consommateurs sont sensibles à leur environnement.

4.3.2 L'expérience

Tout comme l'implication, l'expérience que possède un consommateur à l'égard d'un produit a un effet considérable sur la complexité des processus décisionnels utilisés. Plus l'expérience est grande, plus le processus décisionnel peut être court. Tel est le cas de l'amateur des films de Lelouch ou de la groupie de Roch Voisine, pour qui un nouveau lancement veut dire automatiquement un achat. Bien entendu, cette relation n'est vraie que dans la mesure où les expériences antérieures ont été satisfaisantes ; dans le cas inverse, l'expérience contribue aussi à accélérer le processus décisionnel, mais, cette fois, de façon négative. Bien entendu, dans le cas des produits culturels, qui sont souvent très différents les uns des autres, l'expérience n'a pas, par définition, le même sens que pour d'autres produits. Pour beaucoup de consommateurs, c'est justement l'effet de « nouveauté » qui sera recherché. Dans ces cas, il va de soi que l'expérience antérieure joue beaucoup moins. Par contre, même si, à titre d'exemple, le consommateur recherche du nouveau de la part d'un artiste peintre, d'un dramaturge ou d'un cinéaste, il n'en demeure pas moins qu'il s'attend à une certaine forme de continuité. Combien d'auteurs qui ont voulu changer de genre littéraire ont souffert de ce besoin de continuité du public ? Le film *Misery*, basé sur le roman de Stephen King[10], n'illustre-t-il pas à merveille ce phénomène ?

Si l'expérience agit sur la complexité des processus décisionnels utilisés par les consommateurs, c'est en grande partie parce que ces derniers classent leurs expériences antérieures afin d'en arriver à établir des sous-ensembles de possibilités qui sont connues ou inconnues, retenues ou rejetées. La figure 4.2 présente le modèle de classification des possibilités proposé par Brisoux-Laroche[11].

Ce modèle est particulièrement intéressant, car il illustre bien comment des consommateurs en viennent à se former des habitudes en matière de consommation de produits culturels. À cet égard, certains producteurs savent bien tabler sur la notion des possibilités évoquées lorsqu'ils répètent

Figure 4.2
Le modèle de classification des possibilités

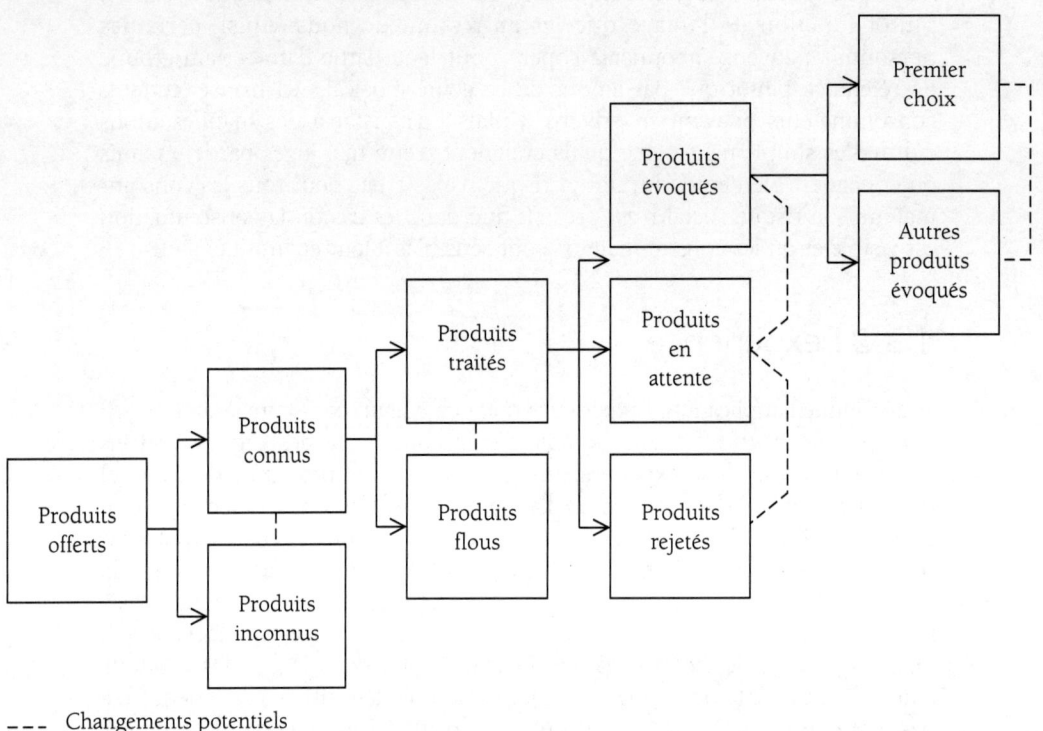

- - - Changements potentiels
de classification dans le temps

la même recette, élaborant ainsi des séries telles que *Star Treck*, la collection Harlequin ou encore les *Contes pour tous*. Pour le consommateur, cette classification des produits constitue une façon particulièrement efficace de gérer son processus décisionnel et, dans le cas où il doit faire un choix entre divers produits culturels, d'en arriver plus rapidement et plus efficacement à une décision. Cette tendance qu'ont certains consommateurs à préférer des produits connus à d'autres qui le sont moins ne saurait être généralisée à tous. Cependant, le nombre de consommateurs qui prennent leur décision d'achat de cette façon est suffisamment important pour expliquer la pérennité de certains produits culturels.

À la limite, lorsqu'il s'agit d'un produit à forte implication et que l'expérience qu'en a le consommateur est à la fois importante et satisfaisante, il se crée chez celui-ci une prédisposition affective[12] si forte qu'elle agit sur ses perceptions, de sorte qu'il voit dans ce produit plus de mérite que celui-ci n'en a objectivement. C'est ce qui explique le phénomène des inconditionnels et des groupies. Dans la section 4.4, où nous examinerons plus en détail les processus décisionnels, nous reviendrons sur ces prédispositions affectives en abordant la notion d'attitude.

4.3.3 Les variables sociodémographiques

Parmi les variables qui peuvent avoir une influence sur la nature des processus décisionnels, l'ensemble des caractéristiques sociodémographiques est probablement la plus connue. Nous avons déjà abordé, au chapitre précédent, la relation entre ces variables et le type de produit culturel consommé. Nous reviendrons plus en détail sur cet aspect au prochain chapitre, qui traitera de la segmentation des marchés. Précisons que si des variables sociodémographiques telles que l'âge, le revenu, le cycle de vie de la famille, le sexe et l'éducation ont un impact non négligeable sur les comportements des consommateurs, c'est parce que ces variables déterminent l'intensité des risques existants (ainsi, le revenu influe sur la perception du risque économique) de même que le degré d'expérience (lien âge–expérience). Bref, si les variables sociodémographiques manifestent bien la tendance qu'ont les consommateurs à préférer certains produits culturels, il faut souvent aller au-delà de ces variables afin d'en expliquer le pourquoi.

4.3.4 La personnalité

De toutes les variables qui ont trait à l'étude des comportements des consommateurs, la personnalité est certes la plus séduisante, mais également la moins concluante sur le plan scientifique. Ainsi, on aimerait croire que telle personne, vu sa personnalité, a davantage d'intérêt pour le rock alors qu'une autre préfère l'opéra, ou encore que certains consommateurs préfèrent des valeurs sûres alors que d'autres recherchent l'innovation et l'inusité. Bien que ces hypothèses soient intéressantes sur le plan théorique, elles sont rarement confirmées par des résultats empiriques[13].

Néanmoins, bien que la plupart des traits de personnalité ne permettent pas d'expliquer de façon exhaustive les comportements des consommateurs, certains traits offrent néanmoins un intérêt. Ainsi, Snyder[14] suggère que certains consommateurs ont davantage tendance à se comporter en fonction des attentes de leurs pairs alors que d'autres ont davantage tendance à agir en fonction de leurs propres prédispositions. Cette caractéristique, liée à la personnalité de l'individu, a un effet important sur la perception du risque social et, par conséquent, exerce une influence sur la nature du processus décisionnel qui sera utilisé.

4.3.5 Les bénéfices recherchés

On peut vouloir acheter ou consommer un produit culturel pour diverses raisons telles que l'exotisme, un besoin de détente, un enrichissement culturel ou encore un simple besoin d'évasion. Pour beaucoup de produits, la nature du processus décisionnel utilisé est en grande partie fonction des bénéfices recherchés. Ainsi, hésitant entre quatre films et une pièce de théâtre, une consommatrice pourrait établir son choix en comparant entre elles ces cinq possibilités. Pour ce faire, cette consommatrice pourrait utiliser les diverses caractéristiques de chaque film et de la pièce, de même que les bénéfices qu'elle recherche par cette sortie. Nous reviendrons sur cet exemple de façon plus détaillée lorsque nous parlerons des divers processus décisionnels, à la prochaine section. Les bénéfices recherchés dans l'utilisation d'un produit peuvent varier d'un consommateur à l'autre et d'une situation à l'autre. À cet égard, ils sont intimement liés au risque fonctionnel. Steinberg et al.[15] ont proposé, pour le domaine des arts de la scène, une typologie des principaux bénéfices recherchés dont voici une liste partielle : l'enrichissement culturel, la relaxation, la stimulation intellectuelle, la stimulation émotionnelle, l'approbation par les pairs, l'excitation, le divertissement, l'éducation, le prestige social, le développement des enfants.

Le concept de bénéfices recherchés permet aux gestionnaires de mieux comprendre la structure des processus décisionnels utilisés par les consommateurs et, par le fait même, leur indique de quelle façon utiliser les éléments de la composition commerciale. Néanmoins, l'analyse des bénéfices recherchés par les consommateurs n'est valable que dans la mesure où ces derniers considèrent de tels bénéfices. Bien que cela puisse sembler une évidence, les processus décisionnels, comme nous le verrons plus loin, ne procèdent pas nécessairement de la considération de tels bénéfices. De plus, il arrive que les consommateurs ne soient pas en mesure d'exprimer clairement les bénéfices qu'ils recherchent.

En règle générale, les consommateurs considéreront les bénéfices que peut offrir une activité culturelle lorsque leur niveau d'implication est élevé. De plus, afin que soient considérés de tels bénéfices, le consommateur doit avoir la capacité et le temps de gérer l'information reliée à la décision. Finalement, le consommateur doit procéder à une prise de décision qui soit cognitive et structurée. Ce dernier point est particulièrement important dans le cas de produits culturels, qui, très souvent, contrairement à d'autres types de produits, s'adressent davantage aux sens et à la partie affective et hédoniste de l'être qu'à sa composante cognitive. Dans de tels cas, le processus décisionnel est davantage holistique (évaluation globale du produit culturel) et se base sur des bénéfices souvent difficiles à identifier et à mesurer. À titre d'exemple, Holbrook et Schindler[16] ont démontré qu'en matière de musique les consommateurs, peu importe les évaluations cognitives relatives à différents genres, préfèrent le type de musique qui les a marqués lorsqu'ils avaient entre 15 et 20 ans.

Bref, dans le domaine des arts et de la culture – et c'est l'un des grands défis liés à la commercialisation des produits culturels –, les processus décisionnels utilisés par les consommateurs sont souvent teintés d'aspects hautement affectifs.

4.4 Les principaux processus décisionnels

À partir des divers éléments que nous venons d'examiner, nous sommes maintenant en mesure de procéder à une discussion des divers types de processus décisionnels qui peuvent expliquer pourquoi un consommateur décide d'acheter ou de consommer un produit culturel. Rappelons que la compréhension de ces processus est importante pour le gestionnaire, puisque c'est en se servant de tels processus que les consommateurs évaluent les divers produits offerts. Pour un gestionnaire, meilleure sera sa compréhension de ces processus, meilleures seront ses stratégies de marketing. La figure 4.3 décrit les principaux processus décisionnels utilisés de même que certaines des variables qui les caractérisent.

Pour permettre de mieux comprendre la nature de chacun des processus décisionnels présentés dans cette figure, nous allons maintenant procéder à une description de chacun d'eux.

4.4.1 L'attitude

Le processus décisionnel constitué par l'attitude se caractérise à la fois par une grande expérience et une forte implication à l'égard d'un produit culturel ou d'une catégorie de produits culturels. C'est ainsi, comme nous l'avons déjà mentionné, que se forment les groupes d'admirateurs et d'inconditionnels. Bien entendu, un tel processus ne saurait se manifester que s'il s'agit d'un produit à forte implication[17], si l'attitude s'est formée à partir d'expériences satisfaisantes (ou très négatives dans le cas d'une attitude négative) et si le contexte social de même que la personnalité du consommateur[18] permettent que l'attitude agisse comme processus décisionnel. Ce dernier point est important puisqu'il explique, par exemple, pourquoi un inconditionnel de Depardieu pourrait, s'il était entouré de personnes qui n'aiment pas ce comédien et s'il était d'une nature plus complaisante, décider d'aller voir un autre film. L'attitude représente un mécanisme particulièrement efficace qui permet au consommateur, à partir de ses expériences positives et de la confiance en son jugement qui en découle[19], d'en arriver à une décision, de façon simple, rapide et efficace.

Figure 4.3
Les principaux processus décisionnels

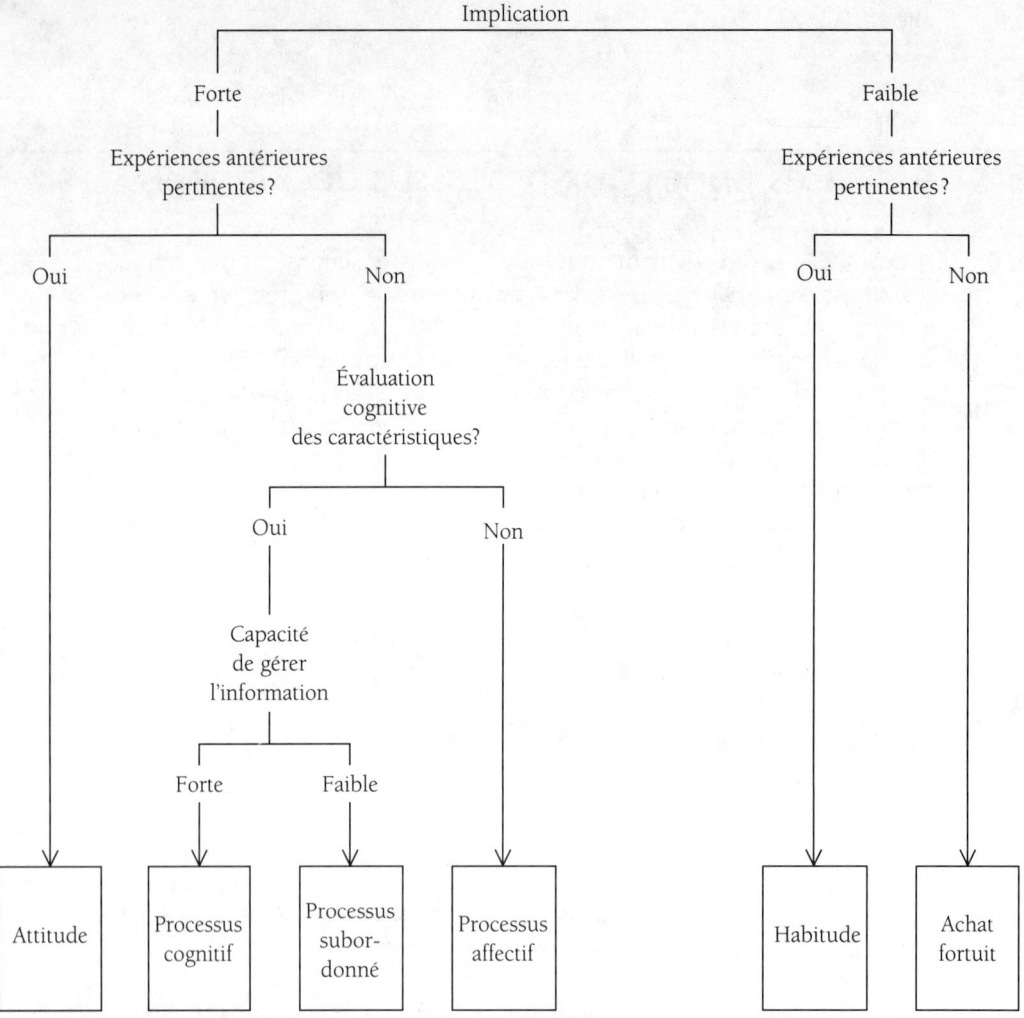

Pour une organisation ou un artiste qui en bénéficie, l'attitude positive d'un consommateur est un actif précieux puisque ce type de processus décisionnel résiste particulièrement au changement. Autrement dit, comme il est difficile de faire changer une attitude qui se serait formée à partir d'expériences antérieures, ce mécanisme joue en faveur de l'organisation/produit qui en bénéficie et constitue en même temps une barrière face aux autres produits. Cette pérennité du mécanisme de l'attitude s'explique en grande partie par le fait que celle-ci biaise les perceptions de celui qui la possède.

Mentionnons que s'il existe des attitudes à l'égard de produits perçus dans leur ensemble (OSM, TNM, etc.), il peut aussi en exister à l'égard de composantes d'un produit culturel (tel comédien, tel auteur, telle troupe, tel metteur en scène, telle salle de spectacle, etc.). Cette précision est importante puisque, pour comprendre une attitude, il faut d'abord comprendre comment celle-ci a été formée. La plupart des attitudes se forment à partir d'expériences antérieures qui, comme nous le verrons plus loin, peuvent avoir pour origine un processus subordonné, un processus cognitif ou encore un processus affectif. Bien entendu, ces processus sont rarement d'un seul type mais représentent le plus souvent une combinaison de plusieurs types. Dans bien des cas, cependant, une attitude peut être liée à un mécanisme d'apprentissage dont l'origine est difficile à déterminer (par exemple, il est difficile de savoir pourquoi une consommatrice déteste le jaune). L'un de ces mécanismes est le conditionnement classique par le biais duquel un stimulus neutre, associé à un stimulus ayant une charge affective, acquiert lui-même cette charge affective. En publicité, ce concept est fort utilisé; c'est le cas notamment lorsqu'une vedette bien connue est utilisée afin de vendre un produit. L'association qui s'établit entre la vedette ayant une charge affective et le produit (stimulus neutre) favorise ce dernier. En matière de produits culturels, de telles associations sont souvent à l'origine de la formation d'attitudes. Tel est, entre autres, le cas de productions qui, parce qu'elles sont associées à un événement spécial (Noël, une sortie avec une personne chère, un spectacle présenté lors d'une fête particulière, etc.), y gagnent en prestige ou en renommée.

4.4.2 Les processus cognitifs

Dans le cas de produits à forte implication, lorsque le consommateur ne dispose que de peu d'expérience à l'égard d'un produit, il aura davantage tendance à utiliser des processus décisionnels cognitifs. À la fois plus longs et plus complexes, ces processus impliquent l'évaluation de diverses caractéristiques du produit offert. Afin de comprendre ce que l'on entend par des processus cognitifs, revenons à l'exemple de la section 4.3.5, c'est-à-dire celui de la consommatrice qui devait choisir, pour une sortie, entre quatre films et une pièce de théâtre. Pour effectuer son choix, la consommatrice avait considéré divers bénéfices qu'elle jugeait importants pour cette sortie. En pondérant chaque caractéristique selon l'importance qu'elle lui accorde et en évaluant chaque choix en fonction de ces caractéristiques, notre consommatrice pourrait, objectivement – et de façon rationnelle – en arriver à un choix optimal. Cette approche, en grande partie élaborée par Fishbein[20], est connue en marketing sous le nom de « modèle linéaire compensatoire de prise de décision[21] ». Comme l'illustre le tableau 4.1, une telle approche prescrit une démarche autant exhaustive que précise.

Tableau 4.1
Exemple d'un modèle linéaire compensatoire de prise de décision

	Prix du spectacle	Réputation des comédiens	Capacité de faire rire	Emplacement du théâtre ou du cinéma
Importance relative des critères	2	4	5	3
Film 1	3	1	2	5
Film 2	3	2	5	3
Film 3	3	5	1	4
Film 4	3	3	3	3
Théâtre	1	4	3	1

1 = peu important – très mauvais
5 = très important – très bon

Si notre consommatrice utilise un tel processus décisionnel, sa décision se formulera alors comme suit :

$$Mj = \sum_{i}^{n} Iij \times Eij$$

où :

Mj = évaluation du spectacle j ;
n = nombre de critères considérés ;
Iij = importance du critère i pour la marque j ;
Eij = évaluation du critère i pour la marque j.

Dans le cas d'un modèle linéaire compensatoire, le choix qui sera retenu sera celui qui maximisera la valeur de Mj. Dans le cas présent, les résultats obtenus en appliquant le modèle sont les suivants :

```
Film 1   = 6 +  4 + 10 + 15 = 35
Film 2   = 6 +  8 + 25 +  9 = 48
Film 3   = 6 + 20 +  5 + 12 = 43
Film 4   = 6 + 12 + 15 +  9 = 42
Théâtre  = 2 + 16 + 15 + 13 = 36
```

À partir de ces résultats, notre consommatrice devrait choisir le deuxième film. Ce choix s'explique en grande partie par la capacité du film à faire rire, un bénéfice particulièrement recherché par cette consommatrice à cette occasion.

Le modèle conjonctif est aussi, comme le modèle linéaire compensatoire, un modèle simple qui vise à décrire la structure des processus décisionnels utilisés par les consommateurs. Dans ce modèle, le consommateur détermine un seuil minimal acceptable pour chaque critère considéré. Si l'un des choix demeure sous ce seuil, il est d'emblée rejeté. Par exemple, si, pour un consommateur, le prix d'un billet de spectacle ne doit pas dépasser 50 $, tout produit dont le prix du billet serait supérieur à 50 $ sera automatiquement rejeté peu importe ses qualités quant aux autres critères considérés. Il en irait de même pour une consommatrice qui détesterait un comédien; elle refuserait alors de voir un film dans lequel jouerait ce comédien, et ce, peu importe le scénario, le metteur en scène ou encore les critiques positives relatives au film.

En pratique, le fait de savoir que la majorité des consommateurs ciblés utilisent un modèle conjonctif plutôt qu'un modèle linéaire compensatoire peut être d'une importance capitale pour un gestionnaire. Par exemple, dans le cas où ce dernier saurait qu'un groupe important de consommateurs potentiels utilisent un modèle conjonctif et qu'un prix de billet de plus de 50 $ les ferait rejeter le produit, il pourrait, soit tenter de modifier, s'il le peut, la structure du processus décisionnel, soit encore modifier le prix du billet de sorte qu'il soit inférieur à 50 $. Dans la première hypothèse, le gestionnaire viserait à faire adopter un modèle linéaire compensatoire à sa clientèle, en tentant de persuader les consommateurs que le fait, par exemple, de voir sur scène tel acteur célèbre vaut le prix du billet (donc compensation); cependant, comme les processus décisionnels adoptés par les consommateurs sont particulièrement difficiles à modifier, le gestionnaire aurait peut-être intérêt à modifier son prix ou à offrir à ce type de clientèle un certain rabais (exemple: fauteuil situé dans une section moins chère). Il est important de mentionner que les processus décisionnels sont rarement soit entièrement linéaires compensatoires, soit entièrement conjonctifs ou encore entièrement d'un autre type; la plupart des processus sont de forme hybride. Ainsi, il n'est pas rare de voir un consommateur amorcer son processus avec un modèle conjonctif afin d'éliminer certains choix pour ensuite poursuivre avec un modèle linéaire compensatoire afin d'en arriver à sa décision finale.

L'identification et la compréhension de ces processus constituent un formidable levier pour le gestionnaire soucieux de toucher une clientèle donnée. Connaissant les attributs utilisés par les consommateurs de même que leur importance relative, le gestionnaire marketing est alors à même d'ajuster les éléments de sa composition commerciale.

Bien entendu, la compréhension des processus cognitifs complexes ne saurait être utile au gestionnaire que dans la mesure où les consommateurs utilisent de tels processus. Or, il est intéressant de constater que, dans le domaine des arts et des produits culturels, tel n'est pas toujours le cas[22]. À cet égard, vu l'aspect unique et novateur de certains produits culturels, vu le fait que beaucoup de consommateurs ont plus ou moins de difficulté à évaluer des produits culturels de manière cognitive et, surtout, vu la très forte composante affective qui caractérise les processus décisionnels pour de tels produits, les gestionnaires doivent considérer des mécanismes additionnels de prise de décision s'ils veulent comprendre les comportements des consommateurs ; ces mécanismes sont les processus subordonnés et les processus affectifs.

4.4.3 Les processus subordonnés

Il arrive qu'un consommateur ayant une forte implication à l'égard d'un produit culturel désire, en raison du peu d'expérience pertinente dont il dispose, utiliser un processus cognitif de prise de décision. Dans de tels cas, si le consommateur n'a pas, ou ne s'attribue pas, la compétence requise pour traiter toute l'information nécessaire – ou ne croit pas en avoir le temps –, il optera généralement[23] pour un processus subordonné de prise de décision. On distingue trois principaux types de processus subordonné, suivant que les décisions sont basées sur l'imitation, sur la recommandation ou sur la déférence (*compliance*). Dans tous ces cas, on notera que le processus décisionnel (ou une partie du processus décisionnel) est subordonné à une tierce personne. Pour que le mécanisme fonctionne, il va de soi que cette tierce personne doit être crédible aux yeux du consommateur concerné.

Souvent, cette source de référence ou d'imitation est un ami ou un parent du consommateur. C'est ainsi que l'on peut expliquer l'influence du groupe de référence, qui, pour beaucoup de produits culturels, est déterminant dans le comportement d'achat.

Dans d'autres cas, la source d'influence est plutôt une personne jugée particulièrement compétente en la matière ; dans le domaine des arts et des produits culturels, c'est là qu'intervient l'influence de la critique[24]. Parfois, étant donné la nature de l'information à traiter et les limites de sa capacité ou de sa volonté d'évaluer cette information, le consommateur s'appuie entièrement sur l'autorité d'un critique qu'il perçoit comme un expert dans le domaine. Bien entendu, c'est là un comportement extrême mais qui existe néanmoins. Ainsi, le fait d'être inscrit sur la liste des *best-sellers* publiée dans les journaux à grand tirage assure une carrière plus longue à un livre. Pour beaucoup de consommateurs, cependant, l'opinion du critique sera moins décisive. Dans certains cas, la critique ne sera qu'un des éléments considérés à l'intérieur d'un processus cognitif complexe (modèle linéaire compensatoire, conjonctif, etc.). Dans d'autres cas, l'utilisation de la critique s'inscrira dans un mécanisme hybride. C'est ainsi que les recommandations des critiques peuvent être utilisées afin de limiter le choix du consommateur à un nombre plus restreint d'activités culturelles, le choix final s'effectuant alors à partir d'autres considérations. Le mécanisme hybride peut aussi fonctionner de manière inverse, amenant le consommateur à évaluer par lui-même diverses possibilités pour n'en conserver que quelques-unes, le choix final étant alors fonction de la critique.

Si l'on fait un parallèle avec d'autres types de produits à forte implication (automobile, maison, etc.) où il existe des avis d'experts, on réalise à quel point la critique est importante dans le domaine des arts, par la diffusion qu'elle reçoit. Ce phénomène s'explique en grande partie par la nature même des produits culturels qui – nous l'avons déjà mentionné – sont plus difficiles à évaluer et comportent davantage de risques.

4.4.4 Les processus affectifs

Jusqu'à présent, les principaux processus décisionnels que nous avons vus ont présenté le consommateur comme un être cognitif qui analyse les diverses caractéristiques d'un produit afin d'optimiser sa consommation. Si cette conception, fondée sur une vision utilitariste des processus décisionnels utilisés par les consommateurs, est prédominante en marketing, il n'en demeure pas moins que d'autres approches, tels les processus affectifs, doivent aussi être considérées. À cet égard, Holbrook et Hirschman[25] suggèrent que certains produits ne sont pas achetés en fonction d'attributs objectifs ou de fonctions spécifiques mais constituent davantage une expérience globale (*experiential view*) visant à apporter une gratification hédonique. En tant que processus décisionnel, l'expérience globale table bien davantage sur des composantes affectives (amour, haine, joie, ennui, fatigue, etc.) que sur des composantes cognitives telles que l'évaluation d'attributs ou de bénéfices. Selon Holbrook, ces processus décisionnels sont particulièrement utilisés par les consommateurs de produits culturels. Becker[26] suggère par ailleurs que, du point de vue des mécanismes d'évaluation utilisés par les consommateurs, les processus affectifs caractérisent davantage le domaine de l'art, alors que les processus cognitifs sont plus utilisés dans le cas des produits d'artisanat. Bien que la plupart des processus décisionnels ne soient ni entièrement cognitifs ni entièrement affectifs mais plutôt une combinaison des deux[27], il n'en demeure pas moins important pour le gestionnaire de bien saisir cette dimension affective.

Zajonc[28] est probablement le chercheur qui s'est le plus attardé à l'analyse des processus affectifs de prise de décision. Pour lui, l'acquisition de préférences peut tout aussi bien découler d'un processus cognitif (par exemple, après avoir comparé 10 voitures sur 8 attributs, Mme T décide d'acheter une Mazda) que d'un processus affectif (Mlle V adore la musique de Vivaldi). Dans ce dernier cas, le processus d'acquisition de préférences est constitué d'une série d'expériences plus ou moins conscientes qui ont pour effet de provoquer chez la consommatrice une sensation de plaisir. Pour le gestionnaire, les paramètres utilisés dans de tels processus sont difficiles à cerner puisque, par définition, le consommateur peut difficilement les expliquer. Ainsi, pour les gestionnaires qui visent un groupe de consommateurs en quête de certaines formes de plaisir, la méthode dite « d'essai et d'erreur » représente souvent la seule stratégie de marketing possible. C'est en ce sens que la stratégie marketing constitue davantage un art qu'une science.

4.4.5 L'habitude

Pour le consommateur, l'habitude constitue un autre mécanisme de prise de décision. Un peu comme dans le cas de l'attitude, elle permet au consommateur de prendre rapidement une décision. Cependant, à l'inverse de l'attitude, l'habitude est caractérisée par un processus de faible niveau d'implication. Un exemple nous aidera à comprendre cette distinction. Mme X a une attitude à la fois forte et positive à l'égard du jus d'orange Minute Maid; chaque semaine, elle en achète de façon mécanique. Mme F, quant à elle, fait de même, mais son degré d'implication est moindre. Imaginons la situation où l'épicerie fréquentée par Mmes X et F n'ait pas la marque Minute Maid. Dans le cas de Mme X, on peut s'attendre à un comportement qui reflétera sa forte implication à l'égard du produit; elle pourrait chercher à s'approvisionner ailleurs, ne rien acheter et attendre ou encore prendre une autre marque mais, bien entendu, après avoir analysé les caractéristiques des autres produits offerts. Dans le second cas, celui de Mme F, il est fort possible que la substitution se fasse de façon beaucoup plus mécanique.

Bref, pour le consommateur, l'habitude constitue une façon simple et routinière de procéder au choix d'un produit ou d'une catégorie de produits dont l'achat ou la consommation ne présente que très peu de risques. La plupart des produits culturels étant des produits à forte implication, l'habitude est un mécanisme de prise de décision moins usuel.

4.4.6 L'achat fortuit

Caractérisé par un degré peu élevé d'implication et d'expérience, le processus décisionnel de l'achat fortuit est à la base des achats sans conséquence et imprévus. Dans de tels cas, l'emplacement du produit, les couleurs de l'emballage, un coupon-rabais, etc. sont autant d'artifices qui poussent à la consommation. On peut rencontrer ce processus chez certains clients des clubs vidéo. Pour ces consommateurs, la location d'une cassette est un acte à faible implication; par conséquent, leur processus décisionnel peut être aussi simple que de prendre, parmi les nouveautés, le titre qui leur semble le plus familier.

4.5 Les variables de situation

Comme on l'a vu à la figure 4.1, les processus décisionnels, de même que les stratégies de traitement de l'information qui s'y rattachent, sont influencés, entre autres, par certaines variables de situation. Les principales variables de situation sont la période (jour, mois, saison, etc.) où s'effectue l'achat, le temps dont dispose le consommateur pour procéder à cet achat, la présence ou l'absence de groupes de référence, l'économie, de même que le lieu où se prend la décision.

4.5.1 La période

La période au cours de laquelle s'effectue un achat a une influence sur la nature du processus décisionnel. Ainsi, les propriétaires de magasins constatent que la présence ou l'absence de neige en décembre influe sur la propension des consommateurs à consommer. *Casse-Noisette* est particulièrement couru au temps des fêtes ; qu'en serait-il en d'autres temps ?

4.5.2 Le temps

Le temps dont dispose le consommateur pour prendre une décision influe également sur le processus décisionnel qu'il adopte. Lorsque ce temps est court, le consommateur utilise davantage les processus subordonnés et ceux qui se fondent sur l'expérience antérieure.

4.5.3 Les groupes de référence

La présence ou l'absence de groupes de référence influe aussi sur le processus décisionnel. Dans le cas où un consommateur sensible aux signaux de son environnement doit prendre une décision, la présence d'un groupe de référence ou d'une personne ayant sur lui une certaine influence augmentera sa tendance à utiliser un processus subordonné.

4.5.4 L'économie

L'environnement économique joue aussi un rôle important. Ainsi, en période de récession ou lorsqu'il est plus sensible à la situation économique, le consommateur a davantage tendance à utiliser un processus cognitif de prise de décision où le prix du produit gagne en importance.

4.5.5 Le lieu

Finalement, l'environnement physique du consommateur est un autre élément qui influence le choix d'un processus de prise de décision. Ce dernier facteur est particulièrement important puisqu'il suggère que, selon qu'il y a présence ou absence de certains stimuli affectifs et/ou cognitifs, le consommateur utilise des processus soit cognitifs, soit affectifs.

4.6 Le traitement de l'information

Comme nous l'avons déjà mentionné au début de ce chapitre, tout processus décisionnel est basé sur un minimum d'information ; par conséquent, une des fonctions clés du marketing est d'offrir au consommateur des informations[29] qui puissent s'adapter tant à la nature qu'à la structure du processus décisionnel qu'il utilisera. Bien entendu, plus le consommateur a d'expériences pertinentes à l'égard d'un produit ou d'une catégorie de produits, moins sa recherche externe d'informations sera grande et, par conséquent, moins il sera sensible à une sollicitation de marketing. C'est le cas notamment de la situation avec laquelle devrait composer une nouvelle compagnie de théâtre visant les abonnés d'un théâtre déjà établi.

Le tableau 4.2 décrit le lien qui existe entre les divers processus décisionnels que nous avons examinés et les différentes formes de traitement de l'information ainsi que les principales stratégies de marketing qui peuvent y être liées.

4.7 Conclusion

Comme on peut le voir au tableau 4.1, une bonne compréhension des processus décisionnels qu'utilisent les consommateurs dans leur acte d'achat d'un produit nous informe quant à leur façon de traiter l'information reçue et, par conséquent, permet au gestionnaire de mieux choisir ses stratégies de commercialisation. Bien entendu, cette compréhension des processus décisionnels utilisés par les consommateurs ne peut être acquise que dans la mesure où le gestionnaire s'attarde à l'analyse des diverses variables qui influent sur ces processus, variables qui ont été décrites tout au long du présent chapitre et qu'illustre la figure 4.1.

Comme l'aura remarqué le lecteur avisé, nous n'avons pas couvert dans ce chapitre les variables présentées dans la première case de la figure 4.1,

Tableau 4.2
Les principales formes de traitement de l'information et les stratégies qui en découlent

Processus décisionnel	Étendue du traitement de l'information	Nature de l'information	Type d'information externe recherchée	Principales stratégies marketing
Attitude	Restreinte	Surtout interne, fondée sur l'expérience	Attributs et bénéfices du produit qui viennent renforcer l'attitude (biais perceptuel)	Pour l'entreprise qui bénéficie de l'attitude positive : conforter cette attitude et veiller à préserver la satisfaction
				Pour les autres entreprises : introduire un élément de dissonance dans le processus du consommateur de façon à raviver les risques perçus. Pour le consommateur, cette stratégie entraînera l'utilisation de l'un des autres processus décisionnels, ce qui devrait, par la suite, permettre au gestionnaire d'élaborer une stratégie plus adéquate
Processus cognitif	Large	Surtout externe	Attributs visant à maximiser l'aspect utilitaire du service ou du produit convoité	Présenter au consommateur l'information sur les attributs considérés, et ce, dans la séquence où ces attributs sont utilisés
Processus subordonné	Limitée	Surtout externe	Référence ou avis d'une source jugée crédible par le consommateur	Miser sur les mécanismes d'imitation, de référence ou encore de déférence (par exemple, 10 000 spectateurs ont déjà applaudi...)

Tableau 4.2 (suite)
Les principales formes de traitement de l'information et les stratégies qui en découlent

Processus décisionnel	Étendue du traitement de l'information	Nature de l'information	Type d'information externe recherchée	Principales stratégies marketing
Processus affectif	Limitée	Externe	Impressions et émotions visant à produire une réaction somatique (plaisir, joie, peur, etc.)	Utiliser principalement une stratégie de communication qui soit basée sur le symbolisme du produit et sur l'émotion qu'il véhicule (Les extraits de films présentés au début d'un programme constituent un exemple de cette stratégie)
Habitude	Restreinte	Interne, surtout basée sur l'expérience	Recherche passive d'information ; le consommateur ne la cherche pas	Pour l'entreprise qui bénéficie de cette habitude : tenter de garder le consommateur passif et veiller à ce que le produit ou service soit disponible ; certaines émissions de radio ou de télévision misent sur ce phénomène. Pour les autres entreprises : introduire un élément de dissonance dans le processus du consommateur de façon à raviver les risques perçus ; pour le consommateur, cette stratégie entraînera l'utilisation de l'un des autres processus décisionnels, ce qui devrait, par la suite, permettre au gestionnaire d'élaborer une stratégie plus adéquate
Achat fortuit	Limitée	Externe	L'information n'est pas activement recherchée	L'information donnée doit attirer le consommateur qui risque de ne pas la rechercher de façon active ; il s'agit ici de créer en quelque sorte l'événement

soit les variables liées au produit. Ces dernières, qu'elles soient liées à notre propre stratégie de commercialisation ou encore à celles de nos concurrents, influent, bien entendu, sur les comportements des consommateurs. Si nous ne nous étendons pas davantage sur ces variables hautement stratégiques, c'est simplement parce que leur analyse constitue le sujet des autres chapitres de ce volume. Quant à la case portant sur les comportements, le lecteur aura compris que, tout au long de ce chapitre, nous en avons traité par le biais des divers éléments dont il a été question.

Résumé

Le consommateur, comme l'être humain en général, base ses comportements sur une certaine quantité d'informations, celles-ci étant traitées suivant des processus décisionnels particuliers. Ces processus sont fonction de la triade de base individu – produit – situation. Parmi les variables qui ont une forte influence tant sur la nature que sur la structure des processus décisionnels, on note le degré d'implication du consommateur à l'égard du produit offert de même que ses expériences antérieures.

Le gestionnaire doit avoir une bonne compréhension des processus de traitement de l'information utilisés lors de l'achat de son produit. S'il y ajoute un bonne compréhension des déterminants de ces processus, il sera mieux en mesure d'optimiser sa stratégie de mise en marché. Cette compréhension lui permettra, entre autres :

1) de mieux segmenter ses marchés ;
2) de mieux positionner ses produits tant face à ses concurrents que par rapport aux segments visés ;
3) de faire un choix plus adéquat concernant les modes de diffusion et les réseaux de distribution ;
4) d'établir une structure de prix qui ne soit pas uniquement basée sur ses coûts ou sur les prix des concurrents, mais davantage sur la perception des consommateurs visés ;
5) finalement, d'établir une stratégie de communication qui permette de donner aux consommateurs l'information qu'ils recherchent, et ce, sous la forme la plus adéquate.

Questions

1. Vous êtes le nouveau responsable du marketing d'un musée d'arts décoratifs. Au cours des deux dernières années, le nombre de visiteurs a considérablement chuté. En tenant compte du degré d'implication de votre produit, quelles actions marketing pouvez-vous entreprendre afin d'améliorer la position de l'entreprise dans le marché ?
2. Pouvez-vous comparer le processus linéaire compensatoire au processus conjonctif ?

3. Pourquoi est-il important pour le gestionnaire de bien connaître le processus décisionnel adopté par les consommateurs qu'il vise?

4. Qu'est-ce qui distingue une décision d'achat à forte implication d'une décision à faible implication de la part du consommateur? Appuyez votre réponse d'exemples de produits culturels relevant de chaque catégorie.

5. Quels sont les avantages et les désavantages de l'utilisation des variables sociodémographiques comme déterminants des comportements des consommateurs?

6. Quels éléments expliquent l'influence des groupes de référence sur certains consommateurs?

7. Quel est le rôle joué par les attitudes dans le processus décisionnel? Appuyez votre réponse d'un exemple.

8. Comment les variables liées aux situations influent-elles sur les processus de traitement de l'information et sur les processus de prise de décision?

9. Quelles sont les conséquences de la perception sélective pour un gestionnaire chargé de concevoir une publicité pour une nouvelle pièce de théâtre?

Notes et références

1. La concurrence intratype est formée de tous les produits similaires qui répondent à un même besoin. La concurrence intertype, pour sa part, est formée de tous les produits qui répondent à un même besoin, que ces produits soient similaires ou non.
2. K. LEWIN, «Field Theory and Learning», dans *Field Theory and Social Science*, New York, Harper and Row, 1951.
3. J. BETTMAN, E.J. JOHNSON et J. PAYNE, «Consumer Decision Making», dans T. ROBERTSON et H. KASSARDJIAN, *Handbook of Consumer Behavior*, Prentice-Hall, 1991.
4. C.W. PARK et B. MITTAL, «A Theory of Involvement in Consumer Behavior: Problems and Issues», dans *Jagdish Sheth Research in Consumer Behavior*, vol. 1, Jai Press inc., 1985, p. 201-232.
5. J. NANTEL et R. ROBILLARD, «Le concept de l'implication dans l'étude des comportements des consommateurs: une revue de la littérature», Cahier de recherche 90-01, Montréal, École des Hautes Études Commerciales, 1990.
6. M.L. ROTHSCHILD, «Perspectives on Involvement: Current Problems and Future Directions», dans T. KINNEAR (dir.), *Advance in Consumer Research*, Provo, Utah, Association for Consumer Research, vol. 11, 1984, p. 216-217.
7. G. LAURENT et J.-N. KAPFERER, «Measuring Consumer Involvement Profiles», *Journal of Marketing Research*, vol. 22, février 1985, p. 41-53.

8. C. INGENE et M.A. HUGHES, « Risk Management by Consumers », *Jadish Sheth Research in Consumer Behavior*, vol. 1, Jai Press inc., 1985, p. 103-158; D.F. COX, « Risk Taking and Information Handling in Consumer Behavior », Boston, Harvard University, 1967.
9. P. PETER et M. RYAN, « An Investigation of Perceived Risk and Brand Level », *Journal of Marketing Research*, vol. 13, mai 1976, p. 184-188.
10. S. KING, *Misery*, Paris, Albin Michel, 1989.
11. J. BRISOUX et M. LAROCHE, « A proposed Consumer Strategy of Simplification for Categorizing Brands », dans J.D. SUMMER et R.D. TAY LOUIS (dir.), *Evolving Marketing Tought for 1980*, Proceedings of the Annual Meeting of the Souther Marketing Association, Carbondale, 1980, p. 112-114.
12. Cette notion de prédisposition affective est en bonne partie ce qu'entend Fazio dans sa définition de l'attitude. Voir à cet égard R.H. FAZIO, « How Do Attitudes Guide Behavior », dans S. RICHARD et H. TORY (dir.), *Handbook Motivation & Cognition, Foundations of Social Behavior*, The Guilford Press, 1986.
13. H. KASSARDJIAN et M.J. SHEFFET, « Personality and Consumer Behavior », dans H. KASSARDJIAN et T. ROBERTSON (dir.), *Perspectives in Consumer Behavior*, Prentice-Hall, 1992.
14. M. SNYDER, « When Believing Means Doing: Creating Links Between Attitudes and Behavior », dans M.P. ZANNA *et al.*, *Consistency in Social Behavior*, The Ontario Symposium, vol. 2, Hillsdale, New Jersey, LEA, 1982.
15. M. STEINBERG, G. MIAOULIS et L. DAVID, « Benefit Segmentation Strategies for the Performing Arts », dans E. WALKER *et al.*, *An Assessment of Marketing Tought and Practice*, AMA Series No. 48, 1982.
16. M. HOLBROOK et R.M. SCHINDLER, « Some Exploratory Findings on the Development of Musical Tastes », *Journal of Consumer Research*, vol. 16, juin 1989, p. 119-124.
17. R.H. FAZIO, « How Do Attitudes Guide Behavior? », dans S. RICHARD et H. TORY (dir.), *Handbook Motivation & Cognition, Foundations of Social Behavior*, The Guilford Press, 1986.
18. M. SNYDER, « When Believing Means Doing: Creating Links Between Attitudes and Behavior », dans M.P. ZANNA *et al*, *Consistency in Social Behavior*, The Ontario Symposium, vol. 2, 1982.
19. Ce mécanisme, présenté par Katz dans « The Functional Approach to the Study of Attitudes », *Public Opinion Quarterly*, 1960, 24 163-204, est discuté par Fazio (voir note 17).
20. M. FISHBEIN et I. AJZEN, *Belief, Attitude, Intention, and Behavior: An Introduction to Theory and Research*, Reading, Massachusetts, Addison-Wesley, 1975.
21. J. BETTMAN, E.J. JOHNSON et J. PAYNE, « Consumer Decision Making », dans T. ROBERTSON et H. KASSARDJIAN, *Handbook of Consumer Behavior*, Prentice-Hall, 1991.
22. M.B. HOLBROOK et E.C. HIRSCHMAN, « The Experiential Aspects of Consumption: Consumer Fantasies, Feeling, and Fun », *Journal of Consumer Research*, vol. 9, 1982, p. 132-140.
23. R.W. OLSHAVSKY, « Perceived Quality in Consumer Decision Making: An Integrated Theoretical Perspective », dans J. JACOBY et J. OLSON (dir.), *Perceived Quality – How Consumer Views Stores and Merchandise*, Lexington, Massachusetts, Lexington Books, p. 3-29.

24. B. LAPLANTE ET P. LAVOIE, « La critique et son public : enquêtes », *Jeu, cahiers de théâtre*, vol. 48, n° 3, 1988, p. 94-110.
25. M. HOLBROOK et E.C. HIRSCHMAN, « The Experiential Aspects of Consumption : Consumer Fantaisies, Feelings, and Fun », *Journal of Consumer Research*, vol. 9, 1982, p. 132-140.
26. H. BECKER, « Arts and Crafts, *American Journal of Sociology*, vol. 83, n° 4, 1978, p. 862-889.
27. P. ANAND, M. HOLBROOK et D. STEPHEN, « The Formation of Affective Judgments : The Cognitive-Affective Model Versus the Independence Hypothesis », *Journal of Consumer Research*, vol. 15, décembre 1988, p. 386-391.
28. R.B. ZAJONC et H. MARKUS, « Affective and Cognitive Factors in Preferences », *Journal of Consumer Research*, vol. 9, septembre 1982, p. 123-131.
29. Par « information », on entend ici tant la publicité que la nature même du produit, son prix de même que l'endroit où il est offert.

Plan

Objectifs 121

Introduction 121

5.1 Les fonctions de la segmentation 123

5.2 Les études de marché et la segmentation 124

5.3 La définition des segments 125

    5.3.1 La variation de la réponse à la pression marketing d'un segment à l'autre 125

        La dichotomie acheteurs — non-acheteurs 126

        Le volume d'achat ou la fréquence de consommation 126

        Le degré de fidélité à l'égard d'un produit ou d'une marque 126

        Le taux de satisfaction exprimé par le consommateur 128

        La marque (ou le type de produit) préférée 129

    5.3.2 La description des segments 129

        Les descripteurs géographiques 130

        Les descripteurs sociodémographiques 131

        Les descripteurs psychographiques 133

        Les descripteurs liés aux bénéfices recherchés 135

    5.3.3 La quantification des segments 138

    5.3.4 La rentabilité des segments 139

    5.3.5 La stabilité des segments dans le temps 139

5.4 Les techniques de segmentation 140

    5.4.1 La segmentation *a priori* 140

    5.4.2 La segmentation *a posteriori* 141

5.5 Les profils opérationnels des segments 141

5.6 Le positionnement marketing 142

    5.6.1 Le positionnement par rapport aux segments 142

    5.6.2 Le positionnement par rapport aux concurrents 145

Résumé 147

Questions 147

Notes et références 148

5

La segmentation et le positionnement

par Jacques Nantel

> ## Objectifs
>
> - Bien comprendre le concept de la segmentation et son application dans le contexte de la gestion des arts.
> - Faire la distinction entre les bases de segmentation et les descripteurs de segmentation.
> - Saisir l'importance, pour le gestionnaire du domaine des arts, du concept de la segmentation.
> - Comprendre la notion de positionnement tant envers les concurrents qu'en fonction de segments visés.

Introduction

De tous les principes de base du marketing, la segmentation est probablement celui qui est le plus fondamental. C'est aussi, malheureusement, l'un des moins bien compris. Comme nous l'avons vu dans les chapitres précédents, une entreprise vise à ce que son offre corresponde le plus possible aux besoins du marché.

Plusieurs définitions du marché ont été proposées, mais toutes se rejoignent sur un point : un marché est composé d'unités de consommation ayant des besoins similaires. Il est important de noter que nous parlons ici de besoins similaires, et non de besoins homogènes. Considérons, à titre d'exemple, le marché du livre. Nous pourrions dire, de prime abord, que ce marché est composé de consommateurs ayant tous en commun un intérêt pour la lecture, qui se manifeste par le fait d'acheter des livres. Bien que cette description soit juste, nous conviendrons facilement qu'elle n'est pas particulièrement utile à un gestionnaire. En fait, il serait souhaitable de considérer les sous-groupes qui composent ce marché, lesquels pourraient être décrits par de nombreuses variables telles que le type de livre recherché (roman, biographie, science-fiction), la raison de l'achat (étude, loisir, enrichissement personnel, visibilité sociale), etc.

En somme, il est toujours possible (mais pas nécessairement souhaitable) de faire l'analyse d'un marché en le « brisant » en segments, chacun étant caractérisé par une demande homogène et présentant par rapport aux autres une demande hétérogène. Ainsi, nous pourrions brièvement définir la segmentation comme l'action de séparer en sous-groupes les unités composant un marché, de sorte que chaque groupe soit caractérisé par des besoins homogènes, tandis que les divers sous-groupes se distinguent les uns des autres par des besoins hétérogènes. Afin de bien comprendre la réalité qui caractérise le principe de la segmentation, voici quelques exemples.

Considérons l'abondant marché des journaux et magazines mensuels. De toute évidence, ceux-ci ne visent pas tous la même clientèle. Pourtant, de façon fondamentale, ils tentent tous de répondre à des besoins similaires, soit s'informer et se divertir. Ce qui caractérise ces publications, c'est qu'elles tentent de répondre de la façon la plus adaptée possible aux différents besoins de certaines parties de la population. Ainsi, des périodiques comme *Time*, *L'actualité* ou *Voir* n'atteignent pas nécessairement les mêmes personnes. Nous pourrions dire, de façon très intuitive, que le premier s'adresse davantage à une clientèle anglophone intéressée par l'information internationale, que le deuxième vise une clientèle francophone intéressée par l'information à caractère principalement national et que le troisième est davantage orienté vers les personnes qui s'intéressent à la vie culturelle au Québec, principalement à Montréal. Cet exemple, quoique très sommaire, nous permet de visualiser ce que l'on entend par « segmentation de marché ».

Considérons maintenant le marché des spectacles sur scène. Bien entendu, on peut le diviser en catégories selon le genre de spectacle : opéra, théâtre, spectacle d'humour, etc. Si une telle classification se justifie du point de vue du producteur, il est possible qu'elle n'ait aucune pertinence en ce qui a trait aux segments visés : pour les consommateurs, il est fort possible qu'il y ait plus en commun entre *La Traviata* de Verdi et *Le Cid* de Corneille qu'entre cette dernière œuvre et *Broue*. Autrement dit, les deux premiers spectacles risquent de s'adresser à un même segment, différent de celui visé par le troisième. Dans une telle optique, il n'est pas surprenant de voir que des manifestations sportives telles que le hockey au Forum, de par la similarité des segments visés, soient de sérieux concurrents pour certains spectacles.

5.1 Les fonctions de la segmentation

La segmentation de marché est probablement l'un des outils les plus puissants de l'arsenal du marketing. Elle peut remplir deux grandes fonctions. En premier lieu, l'application du principe de la segmentation force l'entreprise à faire une analyse systématique des différentes formes de besoins qui composent son marché. C'est donc dire que cette fonction de la segmentation amène les entreprises à faire des études de marché fouillées afin de déterminer le degré d'homogénéité de la demande. À cet égard, il est important de préciser qu'une entreprise ne peut pas vraiment «segmenter» son marché. Au départ, un marché est ou n'est pas composé de segments. Ce qui peut être accompli, par contre, c'est une étude aussi méticuleuse que possible de la composition du marché. En fonction des résultats de cette analyse, le spécialiste en marketing de l'entreprise pourra alors décider de s'attaquer au marché dans son ensemble ou, s'il a réussi à déceler des segments distincts, il pourra décider de s'attaquer, de façon spécifique, à un ou à plusieurs segments du marché.

La stratégie découlant de l'analyse de la structure du marché constitue la deuxième fonction de la segmentation: il s'agit du positionnement de produit. Nous aurons l'occasion de traiter plus en détail de cet aspect à la fin du présent chapitre. Pour l'instant, précisons qu'il existe deux formes de positionnement de produit. La première, appelée «différenciation du produit», vise à définir la position que devrait avoir le produit d'une entreprise par rapport aux produits concurrents. Le phénomène des théâtres d'été est un exemple intéressant de différenciation de produit: jouant souvent le même répertoire, ces théâtres se différencient par leur site, ou encore par les forfaits (repas, couchers, etc.) qu'ils offrent. Dans de tels cas, il faut remarquer que le segment visé par tous ces théâtres est souvent le même, de sorte que chaque entreprise tentera, à la limite, d'en faire un peu plus que les autres afin d'attirer la clientèle. La seconde forme de positionnement est celle qui, pour l'instant, nous intéresse davantage: il s'agit de la position qu'occupe un produit par rapport à un segment de marché. Cette forme de positionnement est intimement liée au principe de la segmentation. Elle vise à offrir au consommateur appartenant à un segment en particulier un produit qui puisse répondre à ses besoins de la façon la plus adéquate possible. En somme, elle vise à définir son ou ses produits selon les besoins exprimés par un ou plusieurs segments. Un exemple de tels positionnements est fourni par le nombre, la variété et la diversité des ensembles musicaux qui se produisent au Québec.

Ainsi, des ensembles tels que I Musici, Arion, la Société de musique contemporaine du Québec ou l'Orchestre symphonique de Montréal (OSM) ne visent pas tous le même public ; dans le cas de l'OSM, on va même jusqu'à offrir plusieurs combinaisons de concerts afin d'atteindre différents segments.

5.2 Les études de marché et la segmentation

Comme nous l'avons vu jusqu'à présent, le principe de la segmentation est un principe qui, conceptuellement, peut paraître simple. Cependant, en pratique, la difficulté surgit lorsque l'on cherche à définir les segments. Comme c'est là le point de départ de la segmentation, nous nous attarderons, pour une partie importante de ce chapitre, à décrire les différentes approches de définition des segments de marché. Précisons au départ, et au risque de nous répéter, qu'une entreprise ne décide pas de « segmenter » son marché. Tout ce qu'elle peut faire, c'est de voir si le marché est segmenté (s'il existe différentes formes de besoins). Ce n'est qu'après avoir bien saisi la structure du marché de l'entreprise que le spécialiste en marketing décidera de la stratégie de marketing à adopter. À cet égard, il faut souligner l'importance d'une lecture adéquate de la structure de son marché, puisqu'une mauvaise analyse peut aisément engendrer deux types d'erreurs qui, se trouvant à la base même de l'action stratégique de la firme, risquent de lui être fatales.

La première erreur consiste à postuler que le marché est segmenté alors qu'en réalité il est homogène. Une telle lecture risque de pousser l'organisation à élaborer de nombreux produits alors qu'un seul aurait été suffisant.

Bien entendu, la seconde erreur serait de considérer que le marché est homogène alors qu'en réalité il est composé de divers segments. Une telle lecture du marché pousse souvent une entreprise à offrir un produit qui plaît à tous et à personne en même temps. Comme le produit n'est pas vraiment adéquat pour quiconque, il se fait souvent déclasser par d'autres produits mieux adaptés aux besoins respectifs des segments visés.

Inversement, le fait de bien définir la structure du marché visé aidera le spécialiste à mieux établir sa stratégie de marketing. Nous reviendrons, à la fin du chapitre, sur diverses stratégies possibles. Pour l'instant, nous nous contenterons d'en faire une brève description.

Dans le cas d'un marché où les besoins sont largement homogènes, une entreprise peut opter pour une stratégie de marketing non différencié. Dans un tel cas, son offre se limitera à un seul produit ou à un seul type de produit, offert à l'ensemble des consommateurs. C'est le cas de l'Opéra de

Montréal, qui, vu le nombre relativement limité d'amateurs d'opéra dans cette ville, doit limiter sa programmation à une partie du répertoire, celui qui plaît à la majorité.

Par contre, dans le cas d'un marché où la demande n'est pas homogène, une entreprise peut alors adopter l'une ou l'autre des deux stratégies suivantes. D'une part, elle peut décider de s'attaquer à plusieurs segments en offrant plusieurs produits : c'est ce que nous appelons le « marketing à positionnements multiples » (ou « marketing différencié »). C'est le cas de la radio de Radio-Canada, qui, avec ses bandes AM et FM anglaises et françaises, vise quatre segments souvent différents. D'autre part, il se peut qu'une entreprise se concentre sur un seul segment et en capte ainsi une part importante ; c'est en quelque sorte la stratégie élaborée par le Théâtre d'aujourd'hui Anonymus qui est le seul au Québec à se spécialiser dans la création de nouveaux textes québécois. Ce type de stratégie, qui caractérise beaucoup d'organismes culturels, est dit de « marketing concentré ».

5.3 La définition des segments

Comme nous venons de le voir, pour être efficace, une stratégie de marketing doit être basée sur une très bonne compréhension de la structure du marché visé. Autrement dit, pour pouvoir mettre sur pied une stratégie optimale, le spécialiste en marketing doit, en premier lieu, se poser deux questions : Le marché est-il composé de segments ? Si oui, quels sont ces segments ? Bien entendu, les réponses à ces questions doivent être telles qu'elles permettent au gestionnaire d'élaborer de meilleures stratégies.

Il existe cinq conditions essentielles à la définition de segments :
1) La réponse à la pression marketing (actuelle ou potentielle) présente dans un marché doit varier d'un segment à l'autre ;
2) Le segment doit pouvoir être décrit de façon à guider les stratégies de l'entreprise ;
3) Le segment doit être mesurable et quantifiable ;
4) Le segment doit être rentable ;
5) Le segment doit être relativement stable dans le temps.

5.3.1 La variation de la réponse à la pression marketing d'un segment à l'autre

Pour pouvoir affirmer qu'un marché est composé de segments, il faut d'abord s'assurer que tous les consommateurs n'ont pas les mêmes besoins et, par conséquent, que ces besoins s'expriment par des comportements différents. C'est ainsi que, dans la plupart des marchés, les consommateurs ne réagissent pas tous de la même façon aux produits qui leur sont offerts. Nous définirons[1] comme des bases de segmentation les différentes manières de diviser un marché afin de regrouper les diverses réponses des consommateurs aux pressions marketing. Mentionnons que plus une base de segmentation reflète les comportements des consommateurs, plus elle sera utile à l'élaboration de stratégies. Les principales bases de segmentation sont au nombre de cinq : la dichotomie acheteurs – non-acheteurs, le volume d'achat, la fidélité, la satisfaction et, enfin, la marque (ou le type de produit) préférée.

La dichotomie acheteurs – non-acheteurs

La classification des consommateurs la plus élémentaire est la dichotomie acheteurs – non-acheteurs. À la limite, nous pourrions dire que cette dichotomie est le reflet de deux segments, chacun offrant une réponse différente à la pression marketing. Nous pouvons donc dire que tous les marchés sont composés d'au moins deux segments. Le fait de percevoir le marché de cette façon peut aider à la création de nouveaux produits ; ainsi, au Québec, le théâtre d'été s'est développé en grande partie parce que, avec un produit différent, on a attiré au théâtre un public qui n'y venait pas.

Le volume d'achat ou la fréquence de consommation

Par analogie avec la dichotomie acheteurs – non-acheteurs, nous pourrions, pour un produit culturel donné, diviser le marché en fonction du volume d'achat ou de la fréquence relative d'achat. Le tableau 5.1 illustre cette répartition en ce qui a trait au marché canadien du théâtre.

Comme on peut le constater au tableau 5.1, il existe une variation importante de la demande entre les différents produits concurrents de même qu'à l'intérieur de la demande pour chacun des produits (en ce qui a trait à la fréquence d'achat). Nous pouvons donc dire que, selon le volume (la fréquence) d'achat, le marché du théâtre est segmenté. Ce constat seul, si nous ne savons pas qui fréquente tel ou tel type de théâtre ni pour quelles raisons, ne saurait nous être très utile. C'est pourquoi, comme nous le verrons plus loin, une deuxième composante de la segmentation, les descripteurs, est nécessaire afin de pouvoir pleinement parler de stratégie marketing.

Le degré de fidélité à l'égard d'un produit ou d'une marque

Le marché peut être divisé d'une troisième façon : selon le degré de fidélité que manifestent les consommateurs à l'égard d'un produit culturel donné,

Tableau 5.1
Illustration d'une base de segmentation en fonction de la fréquence : le marché du théâtre au Canada

Type d'activité culturelle	Pourcentage des Canadiens qui ont assisté à une pièce au cours des six derniers mois	Pourcentage des Canadiens qui ont assisté à plus de trois pièces au cours de la dernière saison	Pourcentage des Canadiens qui ont assisté à une ou deux pièces au cours de la dernière saison	Pourcentage des Canadiens qui n'ont assisté à aucune pièce au cours de la dernière saison
Théâtre-drame	24 %	40 %	46 %	14 %
Théâtre-comédie	27 %	26 %	53 %	21 %
Théâtre d'avant-garde	10 %	18 %	49 %	33 %

Source : *Profil des Canadiens consommateurs d'art 1990-1991 ; constats*, Les Consultants Cultur' inc. et Decima Research, mai 1992.

voire à l'égard d'une compagnie ou d'une troupe en particulier. Ainsi, la volatilité (ou encore la constance) dont font preuve les consommateurs dans leurs habitudes d'achat est bien souvent une excellente base de segmentation, car cela favorise la catégorisation des consommateurs en fonction de leur sensibilité respective aux différentes pressions marketing. Dans le domaine des produits culturels, l'abonnement et, en particulier, la fidélité dans l'abonnement constituent des bases qui permettent de mieux comprendre la nature des comportements des consommateurs. Le tableau 5.2 donne une indication, pour différents types d'arts d'interprétation, de la proportion des spectateurs qui possèdent un abonnement, de même que du taux de fidélité à l'abonnement. Comme le démontre ce tableau, le comportement des consommateurs en matière d'arts d'interprétation varie d'un type d'art à l'autre. On notera que le marché des amateurs d'opéra est un marché qui bénéficie d'un segment de consommateurs fidèles particulièrement étendu ; ainsi, 62 % des spectateurs y sont abonnés avec une rotation maximale du tiers (21 % d'anciens abonnés / 62 % d'abonnés). Tel n'est pas le cas dans le domaine du théâtre de comédie, où le taux d'abonnement est de 39 % avec un taux de rotation des deux tiers (26 % / 39 %). Compte tenu de ces différences majeures quant à la structure des segments qui composent leurs marchés respectifs, ces deux types de produits ne sauraient être gérés de la même façon. Dans le cas de l'opéra, on devra consacrer une partie

Tableau 5.2
Mode de paiement de spectateurs canadiens pour divers arts d'interprétation

Arts d'interprétation	Pourcentage d'abonnés réguliers	Pourcentage de spectateurs qui ne sont pas abonnés mais qui l'ont déjà été	Pourcentage de spectateurs jamais abonnés
Ballet	42 %	26 %	32 %
Danse contemporaine	37 %	26 %	37 %
Théâtre-drame	57 %	17 %	25 %
Théâtre-comédie	39 %	26 %	35 %
Théâtre d'avant-garde	25 %	25 %	49 %
Musique symphonique	67 %	16 %	17 %
Musique classique contemporaine	58 %	24 %	19 %
Opéra	62 %	21 %	17 %
Musique de chambre	58 %	24 %	19 %

Source : *Profil des Canadiens consommateurs d'art 1990-1991 ; constats*, Les consultants Cultur' inc. et Decima Research, mai 1992, p. 260.

importante du temps de gestion à veiller à ce que les abonnés soient satisfaits des opéras présentés, alors que dans le cas d'une compagnie de théâtre une partie importante du temps de gestion sera consacrée à vendre des abonnements.

Le taux de satisfaction exprimé par le consommateur

Une quatrième façon de concevoir des segments est de considérer la variation dans le taux de satisfaction exprimé par les consommateurs. Bien entendu, cette évaluation n'est pas indépendante des trois premières, puisque le fait d'acheter ou non un produit, le volume d'achat ou la fréquence de consommation et, enfin, le degré de fidélité à l'égard d'un produit sont des variables directement ou indirectement reliées au degré de satisfaction exprimé par les consommateurs[2]. Néanmoins, cette dernière base de segmentation est particulièrement intéressante lors du lancement de produits dérivés, puisque ceux-ci sont avant tout destinés aux consommateurs qui sont satisfaits du produit original. L'analyse de la clientèle en fonction de son taux de satisfaction permet aussi la création et le positionnement de nouveaux produits pour répondre aux besoins des consommateurs qui se déclarent insatisfaits des produits actuellement offerts sur le marché.

La marque (ou le type de produit) préférée

Finalement, une dernière façon de concevoir la segmentation d'un marché est de procéder à l'analyse des variations de préférence à l'égard de différents produits ou marques. Cette approche est particulièrement bien adaptée lorsque plusieurs marques rivales s'affrontent sur le marché (par exemple, diverses salles de cinéma ou différentes compagnies de théâtre). De plus, contrairement aux autres, une telle approche n'est pas limitée à un ensemble de produits existants mais peut s'étendre aux variations dans la nature de la demande pour un produit hypothétique. Ainsi, prenons le cas d'une salle de spectacle qui voudrait se spécialiser dans le répertoire oriental ; il lui est serait utile de procéder à une étude de marché afin de vérifier si la demande est suffisante pour ce produit. Bref, il lui faudrait définir un segment qui soit suffisamment grand pour assurer la viabilité de son projet. Lors d'une telle étude, le nouveau produit (sous sa forme complète, sous la forme d'idées, ou même sous la forme d'évocations) pourrait être présenté à des consommateurs à qui l'on demanderait de l'évaluer. Au besoin, l'évaluation serait faite par comparaison avec des produits culturels relativement analogues avec lesquels les consommateurs sont déjà familiarisés.

5.3.2 La description des segments

La définition d'un segment à partir de la variation existant dans la demande est une étape essentielle de la segmentation ; si, au départ une telle variation n'existe pas, on ne peut, en toute logique, parler de segmentation. Cependant, bien qu'essentielle, cette opération est loin d'être suffisante. En effet, il serait tautologique, aux fins de planification stratégique, de définir les segments uniquement en fonction du profil de consommation qui les caractérise. Autrement dit, avancer qu'un marché est composé de non-acheteurs, d'acheteurs fidèles ou de gros acheteurs n'est pas faux, mais se limiter à une telle classification n'est pas non plus particulièrement utile. C'est pourquoi il est essentiel de trouver, pour ces segments, ce que l'on appelle des « descripteurs ».

Essentiellement, un descripteur est une variable qui caractérise un segment. Il a pour fonction première de répondre aux questions « Qui ? » et « Pourquoi ? », telles les suivantes : Qui sont les consommateurs qui vont au théâtre et quels sont ceux qui n'y vont pas, et pourquoi ? Qui sont les consommateurs abonnés à l'opéra, quels sont ceux qui achètent leur billet à l'unité, et pourquoi ? Pourquoi certaines personnes vont-elles souvent au théâtre alors que d'autres n'y vont qu'à l'occasion ? Qui sont les consommateurs prêts à prendre des risques avec des œuvres d'avant-garde et quels sont ceux qui ne le sont pas ?

Bref, les descripteurs servent, en quelque sorte, à caractériser et à quantifier les segments. En principe, il existe presque autant de descripteurs que notre imagination peut en concevoir. En pratique, cependant, nous avons tendance à nous limiter à ceux qui, par le passé, se sont révélés probants. Pour simplifier, nous les regroupons en quatre grandes catégories : les descripteurs géographiques, les descripteurs sociodémographiques, les descripteurs psychographiques et ceux qui sont liés aux bénéfices recherchés.

Les descripteurs géographiques

L'un des descripteurs les plus utilisés pour définir des segments est la géographie. Ce type de descripteur part du postulat que, pour plusieurs sortes de produits, il existe des différences dans la nature de la demande, lesquelles s'expliquent en grande partie par la situation géographique des consommateurs. Ces différences géographiques sont bien souvent le reflet de disparités culturelles, climatiques ou environnementales. En réalité, ce qui fait l'intérêt des descripteurs géographiques, c'est qu'ils permettent de concevoir et de visualiser le profil des consommateurs. Garreau, un ancien éditeur du *Washington Post*, a ainsi divisé l'Amérique du Nord en neuf grandes régions, chacune, selon lui, constituant une nation[3]. Selon cet auteur, les différences culturelles d'une région à l'autre (le Québec constitue l'une des neuf régions) influent sur les profils de consommation. Le tableau 5.3 illustre la capacité d'explication de descripteurs géographiques. Dans le cas des spectacles sur scène, on voit que la propension à aller voir de tels spectacles ne varie pas beaucoup d'une ville à l'autre (83,6 % vs 90,8 %) ; par contre, la dépense en dollars, elle, varie beaucoup, allant d'une moyenne par déclarant à Montréal de 355,42 $ (295/0,83) à 488,76 $ pour Toronto (435/0,89). Cette variation semble suggérer qu'en matière de spectacles les Torontois sortent davantage et/ou payent plus cher leurs billets.

Les descripteurs géographiques se révèlent, dans beaucoup de cas, des outils adéquats pour la définition et l'estimation des segments qui composent un marché. Malgré le fait qu'ils soient faciles à utiliser, et peut-être à cause de ce fait, les descripteurs géographiques ne sont pas dépourvus de problèmes. Le principal tient justement au fait que beaucoup de gestionnaires tiennent pour acquis que leur marché est segmenté et que cette segmentation peut être décrite avantageusement par des variables géographiques. Ainsi, dans le domaine des produits culturels, il n'est pas rare d'utiliser la distinction : grandes villes vs régions. Cette distinction ne saurait être exacte que dans la mesure où le marché urbain, pour le produit culturel en question, est caractérisé par une demande dont la nature est différente de celle des

Tableau 5.3
Dépense moyenne par ménage pour divers produits dans certaines villes du Canada

Produits	MONTRÉAL		TORONTO		WINNIPEG		VANCOUVER	
	Dépense annuelle moyenne	Pourcentage des ménages ayant acheté	Dépense annuelle moyenne	Pourcentage des ménages ayant acheté	Dépense annuelle moyenne	Pourcentage des ménages ayant acheté	Dépense annuelle moyenne	Pourcentage des ménages ayant acheté
Spectacles sur scène	295 $	83,6 %	435 $	89,1 %	278 $	88,3 %	338 $	90,8 %
Boissons alcoolisées	583 $	81,5 %	708 $	82 %	643 $	81 %	553 $	84 %
Billets de loterie	184 $	77 %	159 $	66,4 %	111 $	67 %	124 $	70 %

Source : STATISTIQUE CANADA, *Dépenses des familles au Canada 1990*.

régions. Dans beaucoup de cas, ce qu'implique une telle expression, c'est que, faute de moyens ou afin de ne pas disperser inutilement leurs efforts, les gestionnaires préfèrent se limiter à une certaine partie du territoire. En soi, il peut sembler que l'erreur ne relève que de la terminologie. Cependant, si une entreprise confond non seulement les termes mais aussi les concepts, l'erreur risque d'être beaucoup plus grave, pouvant aller jusqu'à diminuer l'efficacité des stratégies.

Les descripteurs sociodémographiques

On entend par « descripteurs sociodémographiques » l'ensemble des variables qui décrivent la composition d'une société. Parmi celles-ci, on trouve, entre autres : l'âge, le sexe, le taux de scolarisation, le revenu, l'appartenance ethnique, le nombre d'enfants, la langue, la religion, le type d'habitation, la profession.

Les descripteurs sociodémographiques sont probablement ceux qui sont le plus souvent utilisés en segmentation. Leur pouvoir descriptif, qui permet aux entreprises de personnaliser plus aisément le profil de leur clientèle, les rend très attrayants. Outre qu'ils décrivent les segments en des termes faciles à comprendre, ces descripteurs, du fait qu'ils s'appuient sur les recensements nationaux, permettent d'évaluer plus facilement le potentiel d'un marché. Les données fournies par Statistique Canada sont souvent d'une grande utilité. Ainsi, le tableau 5.4 présente le profil de consommation des Canadiens en matière de spectacles sur scène (théâtre, concert, etc.). Les données sont ventilées en fonction de la taille et du genre de ménage. Comme l'illustre ce tableau, non seulement la propension à assister à des spectacles varie d'un type de ménage à l'autre, mais la dépense réelle par ménage déclarant est également fonction tant du type que de la taille des ménages. À titre d'exemple, comparons la catégorie « personne seule » à la catégorie « trois adultes ». Comme on peut le voir, la dépense moyenne par adulte déclarant varie de 302 $ dans le premier cas (239 $ / 79,1 %) à 145 $ dans le second (416 $ / 95,2 % / 3).

Tableau 5.4
Profil de consommation en matière de spectacles sur scène : ventilation selon la taille et le genre de ménage

Type de ménage		Dépense moyenne par ménage	Pourcentage des ménages ayant dépensé
Une personne	Une personne seule	239 $	79,1 %
Deux personnes	Total	359 $	88,9 %
	Deux adultes	369 $	89,2 %
Trois personnes	Total	361 $	92,4 %
	Deux adultes et un enfant	311 $	91,6 %
	Trois adultes	416 $	95,2 %
Quatre personnes	Total	427 $	94,6 %
	Deux adultes et deux enfants	371 $	95,1 %
	Trois adultes et un enfant	526 $	93,3 %
	Quatre adultes	506 $	96,1 %
Cinq personnes	Total	471 $	96,6 %
	Deux adultes et trois enfants ou plus	361 $	95,5 %
Autres	Un adulte et un enfant ou plus	218 $	81,6 %
	Autres ménages	538 $	97,2 %

Note : Les personnes ayant 16 ans ou plus sont désignées comme « adultes ».
Source : STATISTIQUE CANADA, *Dépenses des familles au Canada 1990*, catalogue 62-555.

Bien que faciles à utiliser, le descripteurs sociodémographiques ne sont cependant pas sans problèmes. Un des reproches le plus souvent formulés à leur égard a trait à leur incapacité de pouvoir bien décrire les segments caractérisant certains marchés, notamment en ce qui concerne la discrimination intermarques.

De façon plus précise, Winter[4] formule trois critiques majeures à l'endroit de ces descripteurs. Premièrement, la grande facilité d'utilisation de ces derniers pousse souvent les gestionnaires à les utiliser alors qu'en réalité ils ne reflètent pas toujours adéquatement le marché. Deuxièmement, ces descripteurs ne remplissent que partiellement la fonction que doit remplir un descripteur : s'ils peuvent souvent décrire « qui » achète un produit, ils peuvent rarement en expliquer le « pourquoi ». Ainsi, ne pouvant pas vraiment dire pourquoi un segment adopte un certain comportement sur le marché, ils ne peuvent être d'une très grande utilité dans l'élaboration de la stratégie marketing de l'entreprise. Par exemple, il n'est pas faux de dire que l'âge et le sexe sont de très bons descripteurs pour définir les segments qui composent le marché des magazines mensuels. Nous savons que le magazine *Coup de pouce* s'adresse à des femmes âgées de 30 à 50 ans[5]. Cependant, beaucoup de magazines s'adressent à ce segment sans pour autant avoir le même contenu rédactionnel ou sans connaître le même succès. En somme, nous pouvons dire que les descripteurs sociodémographiques, bien que pouvant être fort utiles pour « personnifier » le ou les segments visés, ne sont souvent pas suffisants pour donner à un spécialiste en marketing toute l'information dont il a besoin pour bien établir sa stratégie marketing. D'autres sortes de descripteurs leur servent souvent de compléments, comme c'est le cas pour les descripteurs géographiques.

Les descripteurs psychographiques

Nous connaissons tous des personnes qui, dès qu'un nouveau produit se présente, décident de l'acheter, ou encore d'autres qui sont très préoccupées par l'image sociale qu'elles projetteront si elles vont à telle ou telle manifestation. Il ne fait aucun doute que, pour certains produits, ces personnes ont un profil de consommation différent de la moyenne. Pourtant, nous ne saurions attribuer ces comportements à leur âge, à leur sexe ou encore à leur revenu, pas plus qu'au fait qu'elles habitent telle ou telle région. Bref, pour beaucoup de produits, les variations de préférence ou de choix ne peuvent s'expliquer uniquement par des descripteurs sociodémographiques ou par des descripteurs géographiques, mais sont fonction de variables davantage liées aux valeurs et aux opinions de certains consommateurs. C'est ce type de descripteurs que l'on appelle « descripteurs psychographiques ».

Proposés à l'origine par Lazer[6] puis considérablement développés par Wells[7], les descripteurs psychographiques peuvent se décomposer en deux grandes catégories. La première est liée à la personnalité et tire ses origines de travaux accomplis en psychologie, notamment ceux d'Allport[8], de Cattel[9] et de Murray[10]. En marketing, on se sert de certains tests de personnalité pour classer les consommateurs en catégories aptes à décrire des différences de comportement. Ainsi, plusieurs recherches ont tenté de décrire l'usage de divers produits en fonction de traits de personnalité. Tucker et Painter[11] ont constaté, par exemple, que les hommes qui acceptaient plus facilement les nouvelles modes vestimentaires étaient relativement plus sociables et avaient plus d'influence sur leur entourage que la moyenne. À l'inverse, ils ont constaté que ceux qui avaient tendance à consommer plus de médicaments contre les maux de tête avaient moins d'influence et étaient émotionnellement moins stables. Dans la même veine, beaucoup de recherches, telles que celles de Robertson et Myers[12], ont été faites en utilisant les traits de personnalité pour regrouper les individus en fonction de la rapidité avec laquelle ils adoptent un nouveau produit.

La seconde catégorie de descripteurs psychographiques est mise en évidence par l'analyse des styles de vie. Ce type d'analyse part du postulat que l'on peut regrouper des individus en fonction des activités qu'ils exercent, des opinions qu'ils adoptent et des intérêts qu'ils manifestent. Pour ce faire, une combinaison de questions traitant de ces aspects est soumise aux consommateurs (ce genre de test est souvent appelé AOI pour : activités, opinions, intérêts). Les questions touchent des sujets multiples et variés, allant des activités de magasinage et de loisir aux opinions concernant l'économie et la politique. Utilisant un questionnaire général ou des questionnaires adaptés à la problématique de certains produits en particulier, on a réalisé plusieurs analyses de styles de vie. À l'aide de différentes analyses statistiques, on regroupe les consommateurs en offrant des profils AOI relativement homogènes. Ces profils sont ensuite testés afin de voir s'ils permettent de bien décrire les différences existant dans les niveaux de demande (généralement évalués selon la préférence à l'égard de différentes marques concurrentes).

Dans la plupart des cas, les profils psychographiques sont constitués à partir de questionnaires que l'on distribue au hasard ou encore que l'on envoie aux personnes composant un échantillon de consommateurs. Ces questionnaires sont très longs. Ils comportent, en règle générale, une section décrivant le profil de consommation par rapport à de nombreux produits, le profil de consommation média, le profil sociodémographique et, enfin, le profil psychographique, qui, lui, est basé sur une série de questions ayant trait aux valeurs des consommateurs à leurs activités, à leurs intérêts et à leurs opinions.

Mentionnons cependant que la segmentation psychographique, basée sur les valeurs et les AOI, comporte cependant certaines faiblesses importantes[13]. La première de ces faiblesses est le manque de définitions claires et l'absence de cadre théorique valable. La seconde est en fait un corollaire de la première: comme on n'a pas de cadre théorique adéquat, les questions qui servent à constituer les profils sont souvent le fruit de l'imagination des chercheurs; si on change les questions, on modifie automatiquement les profils et l'appartenance des individus à ces profils. La troisième faiblesse a trait à la façon dont sont formés ces profils. Ceux-ci sont constitués à partir d'une analyse typologique (*cluster analysis*). Or, de toutes les techniques multidimensionnelles, cette dernière est sans nul doute la moins robuste: une simple variation dans l'algorithme, dans la façon dont la matrice de proximité est constituée, ou même une variation de capacité d'un ordinateur à l'autre peuvent entièrement changer la configuration des profils. La quatrième faiblesse de ce type d'analyse réside dans la longueur des questionnaires utilisés. On l'a vu, uniquement pour la partie ayant trait aux variables psychographiques, un questionnaire peut comporter plus de 300 questions. Dans le cas du Consumer Mail Panel, le sondage dans son ensemble comporte plus de 860 questions. Ce facteur soulève le problème de la représentativité des répondants; en d'autres termes, les consommateurs qui sont prêts à consacrer plus d'une heure à un tel sondage sont-ils représentatifs de la population en général? Bien que ce type de problème puisse être associé à l'ensemble des sondages, il devient encore plus crucial dans le cas d'enquêtes visant à établir le profil psychographique de la société. Finalement, la dernière faiblesse, mais non la moindre, de cette approche réside dans son peu de pouvoir de discrimination. À cet égard, le nombre d'études où le taux de consommation d'un produit ou d'une marque est à peu près le même d'un style de vie à l'autre est particulièrement important.

Les descripteurs liés aux bénéfices recherchés

De toutes les formes de descripteurs, ceux qui sont basés sur les bénéfices recherchés sont ceux qui décrivent le mieux les comportements d'achat. Ce sont, en effet, ceux qui répondent le mieux à la question suivante: «Pourquoi existe-t-il, sur un marché, différents niveaux de demande?» Partant du principe que toutes les personnes n'achètent pas une même sorte de produit pour les mêmes raisons, cette approche tente de regrouper les consommateurs qui recherchent les mêmes bénéfices dans une même sorte de produit. Afin de mieux comprendre ce qui caractérise ce type de descripteurs, prenons un exemple. En 1989, lors d'une étude menée par le ministère des Affaires culturelles du Québec, 2900 répondants âgés de 15 ans et plus furent sondés à propos de leurs comportements en matière d'activités culturelles de loisir[14]. Dans ce sondage, l'une des questions posées visait à comprendre les raisons présidant au choix d'un spectacle. Le tableau 5.5 présente, en pourcentage, la ventilation des bénéfices recherchés qui furent mentionnés en premier lieu.

Tableau 5.5
Raisons présidant au choix d'un spectacle

Raisons	Pourcentage des mentions
Le renom	26,9 %
Aime la musique	13,9 %
Publicité sur le spectacle	9,8 %
Se délasser, se détendre	8,2 %
La critique	7,6 %
Conseil des parents ou amis	6,8 %
Pour sortir avec des parents ou amis	4,9 %
Selon le goût	4,7 %
Voir les vedettes de la télé	3,5 %
Pour l'artiste, le spectacle	3,8 %
Aime le théâtre	2,7 %
Aime les spectacles d'humour	2,6 %
En raison de la salle (proximité, lieu, etc.)	1,1 %
Aime la danse	0,5 %
Abonnement	0,5 %
Autres	7,5 %

Source : G. PRONOVOST, *Les comportements des Québécois en matières d'activités culturelles de loisirs*, Québec, Les Publications du Québec, 1989, p. 54.

Les chiffres présentés au tableau 5.5 illustrent à quel point les consommateurs utilisent des critères différents. Or chacun de ces critères peut représenter un bénéfice recherché par les consommateurs ; le marché peut ainsi être divisé en autant de segments qu'il y a de bénéfices recherchés. D'un point de vue stratégique, cette façon de segmenter un marché est particulièrement importante, car c'est souvent ainsi que s'édifie la notion de positionnement marketing.

Dans le domaine des produits culturels, plusieurs études ont été réalisées afin de définir les segments de consommateurs d'art. Pour leur part, Steinberg, Miaoulis et Lloyd[15] ont ainsi défini sept segments dont quatre décrivent les consommateurs qui ne vont pas au spectacle (les consommateurs à la recherche de sécurité, les hédonistes, les pragmatiques et, enfin, ceux tournés vers leurs enfants), alors que trois segments décrivent les consommateurs qui vont au spectacle (les aspirants à la culture, les consommateurs à la recherche de divertissement et, enfin, les consommateurs à la recherche d'une expérience esthétique). Au Canada, une étude similaire[16] a permis de regrouper les consommateurs d'art en huit segments selon les bénéfices recherchés. Ces groupes sont : les dévoués, qui comptent pour 8 % des consommateurs interrogés, les croyants, 17 %, les pratiquants, 14 %, les conditionnels, 18 %, les non-engagés, 14 %, les non-impliqués, 17 %, les *pop-rockers* insouciants, 6 % et, enfin, les débranchés, qui comptent pour 6 %. Dans le domaine des produits culturels, comme dans tous les autres domaines, plus une segmentation par bénéfices est reliée à un produit ou à une forme de produit en particulier (théâtre, ballet, opéra, etc.), plus elle est utile aux gestionnaires. En d'autres termes, meilleure est la compréhension des bénéfices exacts que recherchent les consommateurs, meilleures seront les stratégies élaborées.

Cette forme de segmentation, qui fut initialement présentée par Haley[17], demeure fort utile pour les entreprises soucieuses de se tailler une place sur le marché. Son principal avantage vient du fait qu'elle permet de bien déterminer les raisons qui expliquent les différents niveaux de préférence pouvant exister dans un marché. En ayant une telle « lecture » du marché, une entreprise peut alors tenter de correspondre aux bénéfices recherchés par le consommateur en ajoutant certains éléments aux caractéristiques de son produit.

Nous venons de voir quatre grandes façons de décrire des segments. Il va de soi qu'il existe d'autres types de descripteurs, mais ceux présentés dans ce chapitre sont ceux qui nous semblent les plus pertinents à l'analyse du marché des produits culturels. Bien entendu, une segmentation de marché peut s'effectuer en utilisant une combinaison de descripteurs. En pratique, la décision la plus importante d'une segmentation de marché est le choix du ou des descripteurs. Autrement dit, comment choisit-on un type de descripteur plutôt qu'un autre ? En apparence, la réponse à cette question est simple, puisqu'il s'agit simplement de choisir l'ensemble des descripteurs pouvant le mieux décrire les différents niveaux de demande que l'on rencontre sur le marché. En pratique, cependant, il n'est pas toujours aussi simple de déterminer ces descripteurs. C'est pourquoi une excellente connaissance du marché visé est essentielle à toute étude de segmentation. À partir de cette base, une entreprise pourra alors tenter de diviser son marché selon certains descripteurs, visant ainsi à découvrir la structure du marché et, partant, certaines occasions favorables.

Il est important de mentionner que beaucoup d'entreprises semblent procéder à rebours dans leurs études de segmentation. Ainsi, plutôt que de commencer par l'analyse des différents niveaux de demande pour leur produit, elles commencent par segmenter leur marché à partir de descripteurs pour ensuite voir si les groupes ainsi formés offrent des niveaux de demande différents. En soi, il n'y a rien de répréhensible à une telle approche, à la condition que l'on confirme l'existence de différences réelles dans les niveaux de demande. Dans bien des cas, la connaissance, même intuitive, qu'a le gestionnaire de son marché peut rendre une telle approche souhaitable. Cependant, la faiblesse de celle-ci se manifeste dans les cas où il n'existe pas vraiment de niveaux de demande différents. Un gestionnaire risque de tester beaucoup de descripteurs avant de se rendre compte qu'aucun ne parvient à faire ressortir des différences notables dans le comportement des consommateurs. Bien plus, certains gestionnaires risquent de se convaincre que les descripteurs utilisés sont adéquats, alors qu'ils ne décrivent absolument pas une réalité du marché. De tels cas forcent les entreprises à adapter leur offre à des segments qui, fondamentalement, ne sont pas différents les uns des autres.

Dans le domaine des produits culturels, où la création tient un rôle de premier plan, il arrive rarement que l'on adapte un produit aux exigences d'un segment et certes encore moins aux exigences de la moyenne des segments. Par contre, il demeure important, une fois l'œuvre achevée, de s'interroger sur les caractéristiques du segment qui pourrait davantage s'y intéresser.

5.3.3 La quantification des segments

Ce n'est pas tout de décrire le profil respectif de chacun des segments qui composent un marché, encore faut-il pouvoir en évaluer la taille. La quantification des segments, c'est-à-dire l'évaluation précise du nombre de personnes que comprend chaque segment de même que le potentiel de revenus de celui-ci, devient alors la troisième condition d'une segmentation efficace. L'évaluation des segments est plus simple lorsque la segmentation se fait avec des descripteurs sociodémographiques. Une fois le ou les segments définis en ces termes, il est relativement aisé, à l'aide de données secondaires (généralement en consultant les données de Statistique Canada), d'évaluer le nombre d'individus ou d'entreprises qui les composent. Par contre, il en est autrement lorsque les segments sont décrits à partir de variables psychographiques ou liées aux bénéfices recherchés. Dans de tels cas, le spécialiste en marketing doit souvent entreprendre des études de marché en utilisant des échantillonnages scientifiques afin d'être en mesure d'évaluer le nombre d'individus qui composent un segment.

Les segments formés doivent être non seulement quantifiables, mais également utiles. Une segmentation n'est utile que dans la mesure où le gestionnaire en arrive à pouvoir concevoir un programme de marketing différent et efficace pour chacun des segments définis. À cet égard, les variables sociodémographiques, comme nous l'avons déjà mentionné, ne sont pas particulièrement utiles, car, bien qu'elles aident à personnifier un segment, elles sont limitées quant à leur capacité d'expliquer les comportements. C'est pourquoi les descripteurs liés aux bénéfices recherchés, de même que ceux liés à l'usage, sont probablement les plus utiles.

La combinaison de ces deux derniers critères nous révèle l'un des paradoxes des études de segmentation. Bien souvent, lorsqu'un descripteur permet de quantifier facilement des segments, ces mêmes segments ne sont pas toujours utiles pour l'établissement de stratégies très raffinées. C'est souvent le cas, notamment, des descripteurs sociodémographiques. À l'inverse, lorsque des descripteurs tels que ceux liés aux bénéfices recherchés fournissent des segments utiles, ceux-ci sont cependant faibles sur le plan de la quantification. C'est pourquoi la segmentation idéale se fait souvent à partir d'une combinaison de plusieurs descripteurs.

5.3.4 La rentabilité des segments

Pour qu'une segmentation soit efficace, une quatrième condition est essentielle : la rentabilité des segments. En règle générale, si une entreprise s'intéresse à un segment en particulier, c'est qu'elle y voit un certain bénéfice. Comme nous l'avons déjà mentionné, on ne parle de segments que si l'on parvient à déceler et à décrire des groupes ayant des besoins différents. Ces besoins s'expriment généralement par des degrés différents de consommation, d'intérêt, de préférence ou de satisfaction à l'égard de certains produits. Or, ces différents niveaux de demande peuvent à leur tour s'exprimer selon la probabilité d'achat. En multipliant la probabilité d'achat par le nombre d'individus qui composent le segment et par l'achat moyen espéré, on obtient alors le revenu espéré par segment. Comme l'adaptation de la stratégie marketing d'une entreprise à un segment précis représente généralement des dépenses additionnelles (reconfiguration du produit ou du service, adaptation de la publicité et du réseau de distribution, etc.), on doit s'assurer que les revenus générés par un segment seront supérieurs aux coûts engendrés pour l'atteindre. Cette considération pousse quelquefois les entreprises à agréger des segments relativement similaires afin d'assurer la rentabilité de leur démarche. Bien entendu, la dynamique qui opère dans le cas des marchés culturels est quelque peu différente, puisque les revenus de l'entreprise ne viennent pas uniquement des consommateurs, mais aussi des organismes qui accordent des subventions et des commanditaires.

5.3.5 La stabilité des segments dans le temps

Finalement, la cinquième condition à l'établissement d'une segmentation efficace est l'assurance (ne serait-elle que relative) que les segments soient stables pour une période assez longue, afin de permettre à l'entreprise de rentabiliser l'investissement supplémentaire que pourrait lui occasionner une stratégie marketing adaptée. Si les besoins du marché évoluent rapidement, il est possible qu'une forme de segmentation, quelque temps après sa création, ne soit plus adéquate. C'est souvent le cas, notamment, des segmentations qui utilisent comme descripteurs les bénéfices recherchés et, en particulier, dans les secteurs qui évoluent rapidement tels que la mode. Dans de tels cas, le gestionnaire doit non seulement s'assurer de l'existence et de la rentabilité des segments, mais aussi tenter d'en évaluer la pérennité.

5.4 Les techniques de segmentation

Ayant étudié les conditions essentielles à la segmentation d'un marché, voyons maintenant de quelle façon, en pratique, les spécialistes en marketing s'y prennent pour définir les segments susceptibles de composer leur marché. Au chapitre des techniques de segmentation, notons qu'il y a deux grandes catégories : les techniques dites de « segmentation *a priori* » et celles dites de « segmentation *a posteriori* ».

5.4.1 La segmentation *a priori*

Lorsqu'il utilise la technique de segmentation *a priori* (aussi appelée « approche par désagrégation du marché »), le gestionnaire pose l'hypothèse qu'un ou plusieurs descripteurs, qu'il peut déterminer, peuvent être adéquats pour expliquer des variations des besoins, des préférences ou des comportements décelées sur son marché. On peut générer ces hypothèses de plusieurs façons, allant de la pure intuition à l'utilisation de données secondaires, en passant par une série de groupes de discussion organisés auprès des clientèles. Se basant sur les résultats de cette première étape, le gestionnaire peut alors postuler que le marché est segmenté et que ces segments peuvent être décrits en fonction des variables qu'il a retenues. Une analyse scientifique du marché doit alors être effectuée. Divisant le marché en fonction des descripteurs retenus, le gestionnaire pourra ainsi voir s'il y a vraiment différents niveaux de demande. Si tel est le cas, il pourra alors décider de s'attaquer à un ou à plusieurs segments parmi ceux qui répondent aux cinq conditions présentées plus haut.

L'approche de segmentation *a priori* offre comme principal avantage une démarche analytique simple. En soi, il s'agit tout simplement de tester certaines hypothèses. Par exemple, si l'on croit que les niveaux de demande pour un nouvel orchestre symphonique à Montréal pourraient varier en fonction de l'âge des consommateurs de même qu'en fonction des bénéfices recherchés tels que la nouveauté du répertoire offert, il sera facile de tester cette hypothèse. Par contre, le désavantage de cette approche provient du fait que, dans certains cas, il est possible de reconnaître la présence de différents niveaux de demande sans que ces niveaux puissent être expliqués par les descripteurs que le gestionnaire avait retenus. Dans une telle situation, ce dernier doit alors formuler de nouvelles hypothèses quant à la nature des descripteurs qui pourraient expliquer ces différences et doit tester à nouveau ces hypothèses.

5.4.2 La segmentation *a posteriori*

Dans le cas de la segmentation *a posteriori* (aussi appelée « approche par agrégation »), le gestionnaire part également d'une certaine connaissance de la structure du marché. Cette connaissance est encore basée sur certaines recherches ou sur l'intuition. Dans ce cas, cependant, elle n'a pas à être formulée sous forme d'hypothèses strictes quant à la nature des descripteurs pouvant expliquer la structure de la demande. Les techniques de segmentation *a posteriori* ne partent avec presque aucun postulat quant aux descripteurs pouvant aider à la formation de segments. Dans ces approches, on utilise une étude de marché qui sonde les clients sous de multiples facettes incluant la plupart des bases et des descripteurs de segmentation. Puis, à l'aide de certaines techniques multidimensionnelles telles que l'analyse typologique, l'analyse discriminante ou le MDS (*multi dimensional scaling*), on constitue des groupes d'individus, dont chacun offre une certaine homogénéité interne dans son niveau de demande et une certaine hétérogénéité par rapport aux autres groupes. Par la suite, on analyse et on compare les groupes ainsi formés afin de s'assurer qu'ils représentent réellement des besoins et des comportements différents. Si tel est le cas, on les décrit à partir de certains des descripteurs utilisés dans l'étude. Cette approche a comme avantage de permettre au gestionnaire de trouver certaines façons innovatrices de définir ses segments sans être contraint par des schèmes de pensée préétablis. Son désavantage, par contre, est qu'elle est souvent beaucoup plus longue et beaucoup plus coûteuse qu'une approche *a priori* qui donnerait des résultats probants dès sa première phase. Mais elle est particulièrement utile pour les segmentations utilisant des descripteurs psychographiques, des descripteurs liés aux bénéfices recherchés ou encore des descripteurs liés à l'usage.

5.5 Les profils opérationnels des segments

Qu'ils aient été composés selon la méthode *a priori* ou selon la méthode *a posteriori*, les segments résultant d'une étude de segmentation doivent répondre aux cinq conditions mentionnées plus haut. À partir du moment où un marché est brisé en segments 1) qui représentent différents niveaux de demande, 2) qui peuvent être ou qui sont décrits en utilisant des «qui?» et des «pourquoi?», 3) qui peuvent être ou qui sont utiles et quantifiables, 4) qui peuvent être ou qui sont rentables et 5) qui offrent une certaine stabilité temporelle, nous pouvons parler du profil opérationnel de ces segments. Le marché des produits culturels répond à ces conditions, de sorte que le défi pour le gestionnaire qui travaille dans ce domaine n'est pas tant de définir ces segments que de trouver, pour un produit culturel donné, le ou les segments appropriés. Une fois cette étape réalisée, c'est par le positionnement marketing que le gestionnaire réussira à implanter sa stratégie.

5.6 Le positionnement marketing

Si la segmentation de marché est un concept analytique, le positionnement de produit ou, de façon plus générale, le positionnement marketing procède quant à lui davantage d'un concept stratégique. Autrement dit, une fois la structure du marché bien comprise, l'entreprise peut décider du positionnement stratégique dont elle veut se doter. À cet égard, deux types de positionnement, qui ne sont pas mutuellement exclusifs, sont alors possibles: le positionnement par rapport à un ou à plusieurs segments et le positionnement par rapport à des concurrents.

La figure 5.1 illustre de quelle façon une entreprise décide du positionnement stratégique de ses produits. Comme on peut le voir, les deux principaux facteurs qui guident la décision de l'entreprise sont, d'une part, la structure du marché, c'est-à-dire les segments qui le composent, et, d'autre part, le positionnement qu'occupent déjà les concurrents.

5.6.1 Le positionnement par rapport aux segments

Comme nous l'avons déjà mentionné au début de ce chapitre, une entreprise peut vouloir adapter sa stratégie aux besoins d'un seul segment. Une telle stratégie, appelée «stratégie de marketing concentré», est particulièrement recommandée pour les organismes culturels, qui, vu leurs ressources limitées et la particularité de leur mission, ont tout avantage à viser un segment en particulier. Un tel positionnement doit s'effectuer à partir d'une très bonne compréhension des descripteurs de segmentation qui peuvent expliquer les préférences et les comportements des consommateurs. Dans certains cas, ce positionnement s'effectue en fonction de segments définis selon des variables sociodémographiques. Tel est, entre autres, le cas des troupes de théâtre qui se spécialisent dans le théâtre pour enfants ou pour adolescents. Dans d'autres

Figure 5.1
Le positionnement de produits

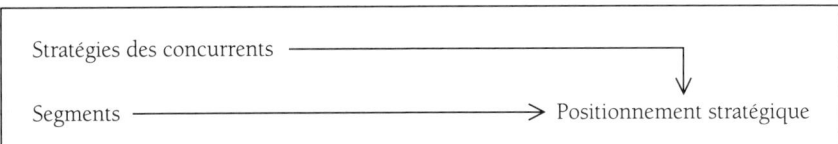

cas, ce positionnement s'effectue en fonction de considérations géographiques. Tel est le cas des spectacles *off-Broadway*, ou, plus près de nous, du TPQ (Théâtre populaire du Québec), dont la mission est de présenter du théâtre, en tournée, dans les différentes régions du Québec. Dans la majorité des cas, cependant, les organismes culturels se positionnent en fonction de segments définis selon les bénéfices recherchés par les consommateurs. À cet égard, Nantel et Colbert[18], à partir d'une étude portant sur divers produits culturels, ont fait ressortir les principaux bénéfices recherchés par les consommateurs de ce type de produit. Pour ce faire, des consommateurs montréalais ont été invités à former des paires, selon le degré d'association qu'ils voyaient entre 16 produits culturels et 13 adjectifs, ces derniers ayant été choisis à partir du vocabulaire communément utilisé par les critiques de spectacles des quotidiens montréalais.

La figure 5.2 présente la carte perceptuelle des principaux bénéfices recherchés par les consommateurs de spectacles. Comme on peut le voir, les bénéfices désignés se divisent en quatre grandes catégories selon deux axes principaux. Sur l'axe horizontal, on trouve une classification des bénéfices recherchés qui permet d'opposer les aspects « divertissant » et « enlevant » aux aspects « ajoute à ma culture », « enrichissant » et « prestigieux », alors que l'axe vertical permet d'opposer l'aspect « reposant » à l'aspect « excitant ». On remarquera que le bénéfice « change les idées » se situe au centre du graphique, ce qui veut dire que ce bénéfice est commun et essentiel à toutes les formes de produits culturels. À partir de cette classification, on peut définir, de façon sommaire, quatre segments fondés sur les bénéfices recherchés. Nous avons les consommateurs qui recherchent des activités reposantes et enrichissantes, ceux qui recherchent des activités reposantes et divertissantes, ceux qui recherchent des activités excitantes et enrichissantes et, enfin, ceux qui recherchent des activités excitantes et divertissantes. Bien entendu, un même consommateur peut, comme nous l'avons vu au chapitre précédent, rechercher un type de bénéfices dans certaines circonstances alors que dans d'autres circonstances il en recherchera un autre. D'ailleurs, certains consommateurs préfèrent limiter leurs choix aux activités offrant systématiquement les mêmes bénéfices, alors que d'autres recherchent au contraire une variété de ces bénéfices. Toutes ces possibilités font ressortir la nature tantôt complémentaire, tantôt concurrentielle de divers produits cul-

Figure 5.2
Le positionnement des principaux bénéfices recherchés par les consommateurs en matière de produits culturels

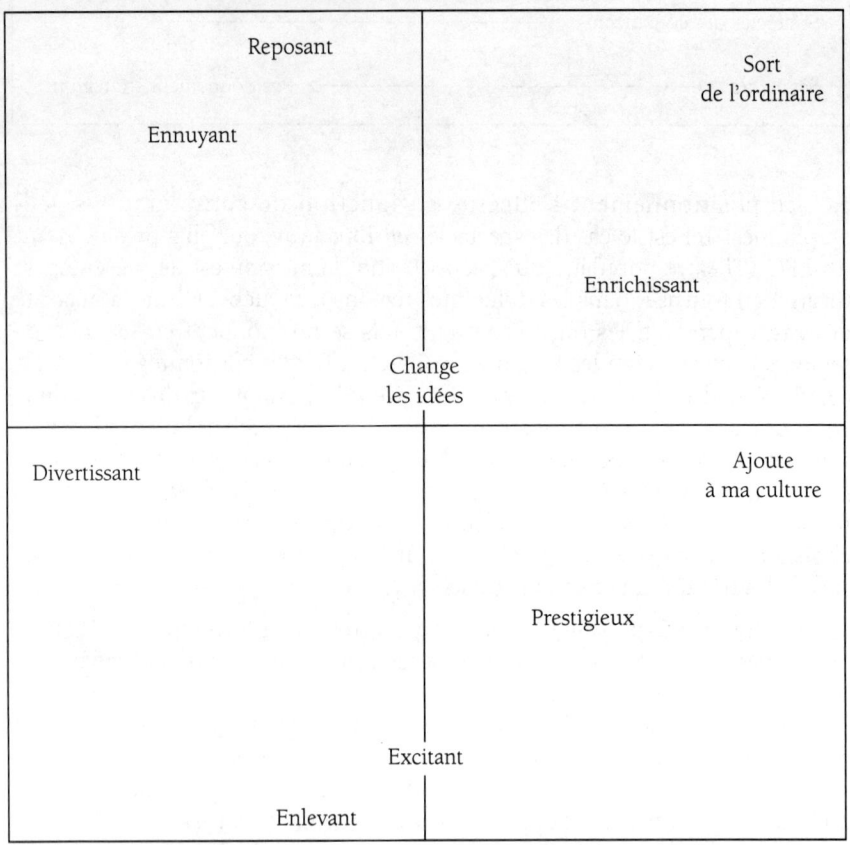

turels. Ainsi, par rapport à des consommateurs qui désirent concentrer leurs activités culturelles, divers producteurs dont les produits offrent des bénéfices similaires pourraient vouloir s'associer afin d'offrir une combinaison d'activités. À l'inverse, pour un segment de consommateurs qui désirent diversifier la nature de leurs sorties, une association de produits offrant des bénéfices différents pourrait être plus intéressante.

Par rapport à ces bénéfices et donc par rapport aux quatre segments définis, les 16 produits analysés ont été positionnés. C'est ce positionnement qui est illustré à la figure 5.3. Comme on peut le voir, certains produits, telles la musique populaire et les comédies musicales, semblent offrir des bénéfices similaires. Par ailleurs, la danse classique et les spectacles de monologuistes et de comiques semblent, quant aux bénéfices offerts, aux antipodes.

Par ailleurs, le positionnement d'un produit culturel en fonction des bénéfices qu'il offre et, partant, en fonction des segments qu'il vise, permet au gestionnaire de déceler les produits qui sont ses principaux concurrents et éventuellement ses alliés possibles.

Les exemples qui précèdent font ressortir à quel point toute stratégie de positionnement est tributaire d'une compréhension raffinée des attributs et des bénéfices recherchés par les consommateurs. Sans une telle compréhension, le positionnement devient un exercice théorique qui ne saurait appuyer les stratégies de l'entreprise. Cela implique, comme nous l'avons vu au chapitre précédent, qu'il est important de bien comprendre sur quels critères les consommateurs fondent leurs préférences et leurs choix.

Une fois les attributs établis, le positionnement peut s'effectuer à partir des perceptions, des préférences ou encore même des comportements. D'un point de vue technique, ce positionnement pourra alors s'effectuer en utilisant diverses approches statistiques. Cependant, au-delà de la forme de positionnement qui sera retenue, le gestionnaire doit garder à l'esprit que cet exercice ne saurait être profitable que dans la mesure où il lui donne des indications quant à la façon d'optimiser la commercialisation de son produit. Or cette optimisation ne peut s'accomplir que dans la mesure où l'on sait sur quels attributs ou bénéfices on doit agir.

5.6.2 Le positionnement par rapport aux concurrents

Le fait de mieux comprendre les segments visés par un produit culturel améliore la capacité de positionner ce produit. Cependant, dans bien des cas, plusieurs produits culturels peuvent, à un même moment, s'adresser aux mêmes segments, et ce, en fonction des mêmes bénéfices. C'est alors qu'entre en jeu le positionnement par rapport aux concurrents, aussi appelé « différenciation de produit ». Dans de tels cas, le gestionnaire doit offrir à sa clientèle un bénéfice supplémentaire faisant en sorte que son produit se distingue de celui du concurrent. La gestion de l'image de certaines vedettes est un exemple intéressant de ce phénomène par lequel on crée l'événement, tentant ainsi de démarquer une vedette par rapport à une autre.

À l'inverse de la différenciation, certaines entreprises tentent plutôt d'associer leur produit à un produit existant ; cette stratégie permet de bénéficier de l'image du concurrent. Ainsi, il y a quelques années, lorsque fut créé le TMN (Théâtre du même nom), il va sans dire que la référence au TNM

Figure 5.3
Le positionnement de 16 produits culturels selon les principaux bénéfices recherchés par les consommateurs montréalais

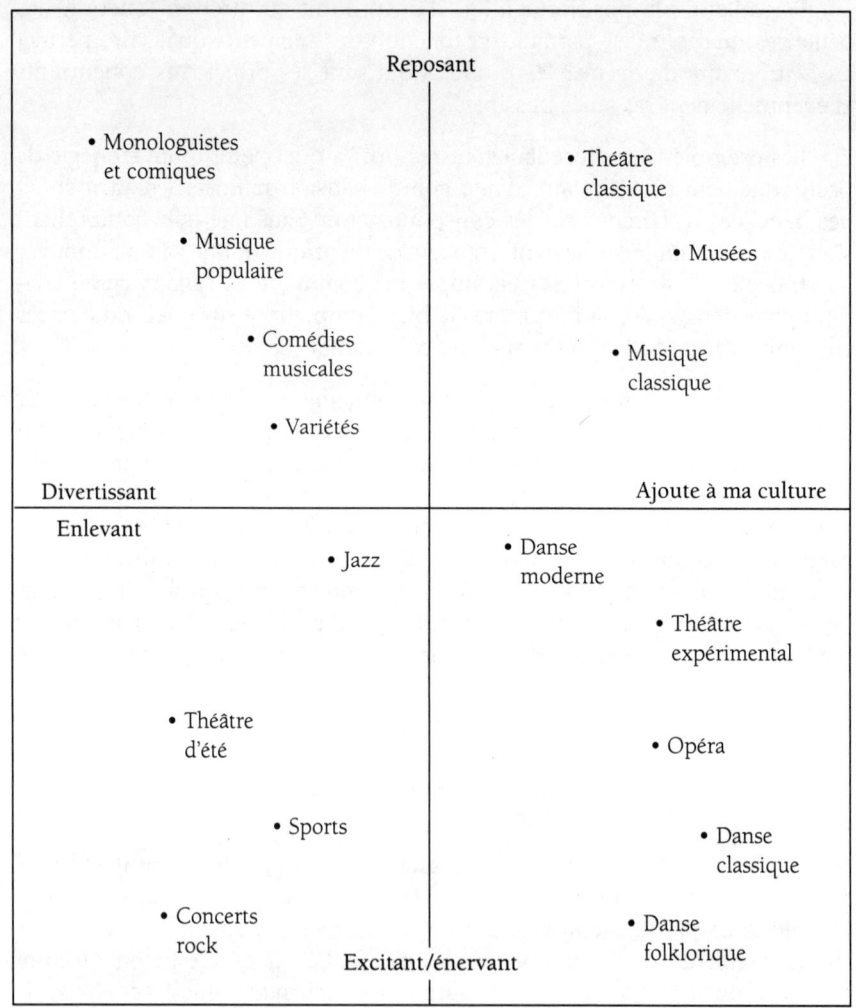

Source : J. NANTEL et F. COLBERT, «Positioning Cultural Arts Products in the Market», *Journal of Cultural Economics*, vol. 16, n° 2, 1992, p. 63-71.

(Théâtre du Nouveau Monde) était tout à fait désirée. La même chose semble avoir été voulue par le Cirque du tonnerre, un nom qui positionnait le concept le plus proche possible du Cirque du soleil. De la même manière, lors d'une étude récente[19] sur le positionnement des principaux théâtres montréalais dans l'esprit des consommateurs, deux compagnies, le Rideau Vert et le TNM, sont apparues comme étant très proches l'une de l'autre. Un tel positionnement, s'il s'adresse aux besoins de la majorité des consommateurs, n'est pas nécessairement mauvais pour autant que le marché puisse supporter deux concurrents jugés relativement semblables.

Résumé

La segmentation joue un rôle important au sein des stratégies marketing d'une organisation culturelle. Étant donné que l'on ne segmente pas un marché, mais que l'on définit plutôt des segments, il convient de considérer le rôle respectif des bases et des descripteurs de segmentation.

La segmentation *a priori* et la segmentation *a posteriori* constituent les deux grandes catégories de techniques de segmentation.

Sur un plan plus pratique, la segmentation implique la description de profils opérationnels des segments et l'adaptation de la théorie aux stratégies marketing. À cet égard, la notion de positionnement marketing entre en jeu.

Bref, la segmentation constitue une assise idéale pour la planification stratégique. Cependant, elle n'est pas en elle-même une strartégie, constituant plutôt l'aboutissement d'une analyse sérieuse et approfondie du marché.

Questions

1. Quelles sont les deux principales fonctions de la segmentation ?
2. Quelles sont, pour une entreprise, les conséquences d'une mauvaise analyse des structures du marché ?
3. Pour une nouvelle troupe de théâtre, quel est l'intérêt des concepts de segmentation et de positionnement ?
4. Que représente le marketing à positionnements multiples ?
5. Pouvez-vous décrire brièvement les cinq conditions requises pour la définition de segments ?
6. Pouvez-vous décrire brièvement les six bases de segmentation utilisées en marketing ?
7. En tant que directeur du marketing pour un nouvel orchestre symphonique à Montréal, vous décelez plusieurs segments dans le marché.

Si vous décidez d'adopter une stratégie à positionnements multiples, quelles seront les conséquences sur vos décisions marketing?

8. Quelles sont les limites de l'utilisation des descripteurs sociodémographiques pour les gens de marketing?

9. Pour un éditeur, quels sont les avantages à utiliser les descripteurs liés aux bénéfices recherchés? Citez des exemples précis de bénéfices recherchés par différents groupes de consommateurs pour le type de produit concerné.

10. Pourquoi est-il souvent préférable d'utiliser une combinaison de descripteurs lorsqu'on décrit un segment de marché?

11. Quelle est la différence entre la segmentation *a priori* et la segmentation *a posteriori*? Quels sont les avantages et les inconvénients de chaque type de segmentation?

12. Dans quelles circonstances est-il préférable d'utiliser une stratégie marketing globale? Illustrez votre réponse par un exemple.

Notes et références

1. Y. WIND, «Issues and Advances in Segmentation Research», *Journal Marketing Research*, août 1978, p. 317-337; G.L. LILIEN et P. KOTLER, *Marketing Decision Making: A Model Building Approach*, New York, Harper and Row, 1983.
2. G.A. CHURCHILL et C. SURPRENANT, «An Investigation Into the Determinants of Consumer Satisfaction», *Journal of Marketing Research*, n° 19, novembre 1982, p. 491-504.
3. J. GARREAU *The Nine Nations of North America*, New York, Avon, 1981.
4. F.W. WINTER, «Market Segmentation: A Tactical Approach», *Business Horizon*, janvier-février 1987, p. 57-63.
5. PRINT MEASUREMENT BUREAU, 1992.
6. W. LAZER, «Life Style Concepts and Marketing: Toward Scientific Marketing», Proceedings of the AMA Winter Conference, Boston, 1963, p. 130-139.
7. W.D. WEELS, «Life Style and Psychographics: Definitions, Uses and Problems», *Life style and psychographics*, Chicago, American Marketing Association, 1974, p. 317-363.
8. G.W. ALLPORT, *Pattern and Growth in Personality*, New York, Rinehart and Winston, 1961.
9. R.B. CATTEL, *Personality and Mood*, San Francisco, Questionnaire Jossey Bass Publishers, 1973.
10. H.A. MURRAY, «Historical Trends in Personality Research», dans H.P. DAVIS et J.C. BRENGELMAN (dir.), *Perspective in Personality Research*, New York, Springer, 1960.
11. W.T. TUCKER et J.J. PAINTER, «Personality and Product Use», *Journal of Applied Psychology*, vol. 45, octobre 1961, p. 325-339.

12. T.S. ROBERTSON et J.J. MYERS, « Personality Correlates of Opinion Leadership and Innovative Buying Behavior », *Journal of Marketing Research*, vol. 6, mai 1969, p. 164-168.
13. Voir à cet égard : « The Blood Bath in Market Research », *Business Week*, février 1991, p. 72-74 ; J. NANTEL, « La segmentation, un concept analytique plutôt que stratégique », *Gestion, revue internationale de gestion*, vol. 14, n° 3, septembre 1989, p. 76-82 ; H.H. KASSARDJIAN et M.J. SHEFFET *« Personality and Consumer Behavior : An Update*, dans T. ROBERTSON et H.H. KASSARDJIAN (dir.), *Perspective in Consumer Behaviors*, 4ᵉ édition, Glenview, Illinois, Scotts, Foresman and Company, 1989.
14. G. PRONOVOST, *Les comportements des Québécois en matière d'activités culturelles de loisir*, Québec, Les Publications du Québec, 1989.
15. M. STEINBERG, G. MIAOULIS et D. LLOYD, « Benefit Segmentation Strategies for the Performing Arts », dans B.J. WALKER (dir.), *An Assessment of Marketing Tought and Practices*, Chicago, American Marketing Association, 1982, p. 289-293.
16. *Profil des Canadiens consommateurs d'arts 1990-1991/B8H/ ; constats*, Les consultants Cultur'inc., Decima Research, mai 1992.
17. R.I. HALEY, « Benefit Segmentation : A Decision Oriented Research Tool », Journal of Marketing, vol. 32, juillet 1968, p. 30-35.
18. J. NANTEL et F. COLBERT, « Positioning Cultural Arts Products in the Market », *Journal of Cultural Economics*, vol. 16, n° 2, 1992, p. 63-71.
19. J. NANTEL et F. COLBERT, « Le positionnement d'une compagnie de théâtre et les actions stratégiques pouvant en découler », Montréal, École des Hautes Études Commerciales, Chaire de gestion des arts, Actes de la Première conférence internationale sur la gestion des arts, 1991, p. 301-310.

Plan

Objectifs	151
Introduction	151
6.1 Définition	152
6.2 La fixation des prix	153
6.2.1 Les acteurs de l'entreprise	154
6.2.2 Les objectifs poursuivis	155
Les objectifs reliés aux profits	155
Les objectifs reliés aux ventes	155
Les objectifs reliés au maintien de l'équilibre concurrentiel	157
Les objectifs reliés à l'image de l'entreprise	157
6.2.3 Les méthodes adoptées	157
La méthode basée sur le client	157
La méthode basée sur la concurrence	158
La méthode basée sur les coûts	158
6.3 Le calcul des coûts et de la rentabilité	159
6.4 La contribution de l'État et des commanditaires	161
6.5 La notion d'élasticité	161
Encadré 6.1 Différents seuils de rentabilité selon certaines hypothèses de prix	162
6.6 Le prix et la segmentation des marchés	166
6.7 Les stratégies de prix	168
6.7.1 L'écrémage et la pénétration	168
6.7.2 Les réductions de prix	169
6.7.3 Le prix de prestige	170
6.8 La Loi de Baumol	171
Résumé	174
Questions	175
Notes et références	175
Autres références	176

6

La variable prix

Objectifs

- Comprendre les composantes de la variable prix.
- Examiner les catégories d'objectifs reliés à la variable prix.
- Décrire les principales méthodes de fixation des prix
- Comprendre la notion d'élasticité.
- Discuter des stratégies de prix les plus courantes.
- Familiariser le lecteur avec la Loi de Baumol.

Introduction

Dans ce chapitre, nous tenterons d'abord de définir la variable prix du point de vue du consommateur. Nous nous intéresserons ensuite à la façon dont les entreprises fixent les prix des produits qu'elles mettent en marché, en considérant les facteurs qui interviennent dans la prise de décision, les objectifs d'entreprise reliés au prix et, finalement, certaines méthodes qui facilitent le processus décisionnel.

Nous effectuerons aussi un bref rappel des diverses façons de calculer les coûts et la rentabilité d'un produit, et ce, dans le contexte spécifique des entreprises culturelles du secteur des arts, qui, pour une importante majorité, sont des organismes sans but lucratif recevant l'aide de l'État et de commanditaires. Nous soulignerons ici la part de l'État dans la fixation du prix que le consommateur paye pour avoir accès au produit culturel.

Par la suite, nous expliquerons la notion économique d'élasticité, qui établit un rapport entre la variation de la demande et celle du prix, et nous appliquerons le concept aux autres variables de la composition commerciale.

Partant de l'idée que la courbe de la demande pour un produit générique est une combinaison de courbes plus petites représentant chacune un segment du marché, nous établirons une relation entre la variable prix et la segmentation des marchés. Nous terminerons en présentant les stratégies de prix les plus usuelles et en résumant le célèbre paradoxe qui est maintenant appelé « Loi de Baumol ».

6.1 Définition

A priori, le prix est le montant d'argent que le consommateur doit payer pour acheter un produit. On y inclut évidemment ici les taxes applicables. Du point de vue du consommateur, le prix à payer ne se limite toutefois pas à cette définition. De fait, on doit y ajouter, d'une part, l'effort que le consommateur devra fournir pour se procurer le produit et, d'autre part, les dépenses associées à l'effort fourni et à la consommation même du produit. Ainsi, une sortie au théâtre oblige le consommateur non seulement à débourser la somme représentant le prix du billet, mais aussi à fournir l'effort de se procurer ce billet avant le spectacle, à se rendre au lieu de présentation à la bonne heure et à y passer toute la soirée. Il est facile de penser que le spectateur devra, de plus, payer un stationnement ou un titre de transport, qu'il consommera peut-être une boisson à l'entracte, qu'il prendra un repas au restaurant avant ou après le spectacle, et que, s'il a des enfants, il devra les faire garder pendant son absence. Des études[1] réalisées sur le sujet démontrent que les dépenses associées à la sortie culturelle doublent, dans la plupart des cas, le prix du billet.

Pour le consommateur, le prix d'une activité culturelle contient les trois éléments présentés dans la figure 6.1, et le responsable de la mise en marché doit toujours avoir cette réalité en tête lorsqu'il élabore et met en place ses stratégies.

Si on comprend aisément l'effort fourni par le consommateur dans une dimension objective – temps, durée ou difficulté de déplacement, par exemple –, on peut aussi concevoir cet effort dans une dimension plus subjective. L'effort psychologique à fournir peut équivaloir à prendre un risque : le risque social d'être identifié à un groupe plutôt qu'à un autre, le risque de ne pas comprendre, le risque d'être choqué, le risque de ne pas aimer. Le risque est l'incertitude quant à la satisfaction de ses attentes et est donc tributaire de la perception individuelle. Il varie de ce fait en fonction de chacun.

Figure 6.1
Les trois éléments de la variable prix

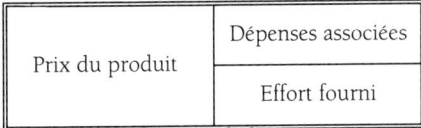

Plus le consommateur connaît et comprend le produit, plus son risque diminue, puisqu'il peut l'évaluer suivant son appréciation personnelle. Moins il connaît le produit, plus il doit se fier à des sources d'information externes pour évaluer son risque. Ainsi, une pièce classique présentée à la Place des Arts, lieu de prestige reconnu, dont le metteur en scène et les interprètes sont connus, représente un risque moins grand qu'un spectacle de création présenté dans un théâtre parallèle par une troupe d'avant-garde qui n'a reçu aucune critique et que personne ne connaît dans l'entourage du consommateur. Pourtant, en fonction de ses critères personnels, ce consommateur aurait très bien pu ne pas apprécier la pièce classique, moins risquée parce que connue, et être agréablement surpris par la création inconnue qui présentait un risque plus grand.

Le risque, dimension psychologique de l'effort à fournir et composante du prix à payer, est donc un élément à ne pas négliger dans l'élaboration de la stratégie de mise en marché d'un produit culturel.

6.2 La fixation des prix

Du point de vue de l'entreprise, fixer un prix, c'est donner un signal au marché sur la valeur du produit offert et c'est aussi fixer l'effort qu'elle doit effectuer pour atteindre son seuil de rentabilité et ainsi déterminer le niveau du risque financier qu'elle prend.

L'opération est parfois difficile et la difficulté varie sensiblement selon les entreprises et selon les conditions des marchés à l'intérieur desquels elles font affaire ; nous distinguons ici trois niveaux de difficultés.

Un premier niveau est celui où la décision est relativement facile à prendre ; c'est le cas, par exemple, lorsque le niveau de prix est fixé par une instance extérieure comme le gouvernement, ou lorsque la firme n'a d'autre choix que de suivre la politique de prix du leader du marché.

Il y a aussi le cas où la variation des prix doit s'effectuer à l'intérieur d'une fourchette très limitée ; cette situation existe lorsque les consommateurs sont bien informés sur les prix de l'ensemble des concurrents et qu'ils sont très sensibles à une variation de prix.

Enfin, la situation la plus complexe se produit quand le gestionnaire doit effectuer un choix entre beaucoup d'options; c'est dans cette situation que la décision de prix requiert des analyses fines et des considérations très réfléchies.

6.2.1 Les acteurs de l'entreprise

La décision doit prendre en considération l'ensemble des acteurs de l'entreprise: les consommateurs, les concurrents, les membres du circuit de distribution, les gouvernements et même, dans certains cas, les commanditaires. La réaction de chacun des acteurs n'est pas toujours facile à prévoir. La fixation du prix pour un produit ne peut donc pas s'effectuer au moyen d'une simple formule; elle résulte plutôt d'une multitude de compromis. Le prix fixé pourrait donc être exprimé ainsi: « le meilleur prix possible compte tenu des circonstances[2] ».

Lorsque certains acteurs sont susceptibles de réagir fortement, la gestion de la variable prix revêt une importance d'autant plus cruciale: quand les consommateurs ou les membres du circuit de distribution peuvent déplacer leur fidélité en masse ou que les concurrents peuvent entreprendre des actions dangereuses de riposte, la variable prix doit alors être considérée avec circonspection.

Il en va de même lors de la modification du prix d'un produit: une baisse de prix pourrait recevoir un accueil positif chez les consommateurs mais négatif chez les membres du circuit de distribution, qui verraient ainsi leurs possibilités de profits diminuer.

Un gouvernement peut aussi réagir à une variation de prix ou peut même l'imposer. À titre d'exemple, souvenons-nous du geste du ministère des Affaires culturelles du Québec lors de l'abolition, en 1992, de la taxe (municipale) d'amusement (taxe de 10 % ajoutée au prix du billet), survenue en même temps que l'imposition d'une taxe de vente provinciale de 4 % applicable à tous les biens et services. Il faut se rappeler que le gouvernement fédéral venait d'imposer, quelque temps auparavant, une taxe de 7 % sur les biens et services, et que les entreprises culturelles avaient été forcées d'ajouter celle-ci aux prix de leurs produits. La taxe d'amusement était depuis longtemps incorporée au prix du billet de spectacle; en remplaçant cette taxe non visible de 10 % par une taxe également non visible de 4 % sans modifier le prix du billet, les entreprises culturelles avaient la possibilité de réaliser un gain supplémentaire, léger mais appréciable. Or, sous la pression des médias, le ministère des Affaires culturelles a incité les organismes qu'il subventionnait à réduire le prix de leurs billets de manière que le consommateur final profite de la baisse de taxe.

Le prix véhicule en soi un message et contribue indéniablement à l'image de l'entreprise. Avant de considérer une modification du prix d'un produit, une firme doit donc toujours se demander si l'objectif qu'elle poursuit par cette variation ne pourrait être atteint d'une façon plus efficace en changeant une autre des variables de la composition commerciale.

6.2.2 Les objectifs poursuivis

Si l'objectif de la variable prix doit concorder avec ceux des autres variables de la composition commerciale, il doit aussi reposer sur une politique de l'entreprise, politique découlant des objectifs plus généraux de cette dernière.

Filion[3] classe ces objectifs en quatre catégories principales, selon qu'ils sont reliés aux profits, aux ventes, au maintien de l'équilibre concurrentiel ou à l'image de l'entreprise (*voir figure 6.2*).

Les objectifs reliés aux profits

Les entreprises du domaine des arts cherchent généralement à fixer leur prix aussi bas que possible de façon à favoriser la consommation chez le public. Plusieurs visent surtout à équilibrer revenus et dépenses sans nécessairement chercher à générer des profits. Par contre, les entreprises à but lucratif cherchent sans aucun doute à générer un certain niveau de profits afin de satisfaire les actionnaires.

Une façon de décider du niveau de prix à fixer consiste à calculer le rendement sur investissement que la firme désire atteindre. Ce dernier se calcule simplement en établissant un rapport entre le profit et le capital investi. Ainsi, un profit de 25 000 $ sur un capital investi de 100 000 $ génère un rendement sur investissement de 25 %. Cette façon de fixer un objectif de profit permet notamment au gestionnaire de choisir les produits qu'il faudra lancer en fonction du potentiel de rentabilité que chacun représente. Cette mesure permet aussi de comparer le rendement de plusieurs divisions dans le cas d'entreprises de grande taille ; c'est aussi, pour les personnes ou les entreprises qui cherchent des occasions de placer des capitaux, une façon de sélectionner une possibilité d'investissement parmi plusieurs.

Les objectifs reliés aux ventes

Une entreprise peut avoir comme objectif un accroissement de sa part de marché. En baissant ses prix et en réduisant ainsi sa marge de profit, la

Figure 6.2
Les catégories d'objectifs reliés au prix

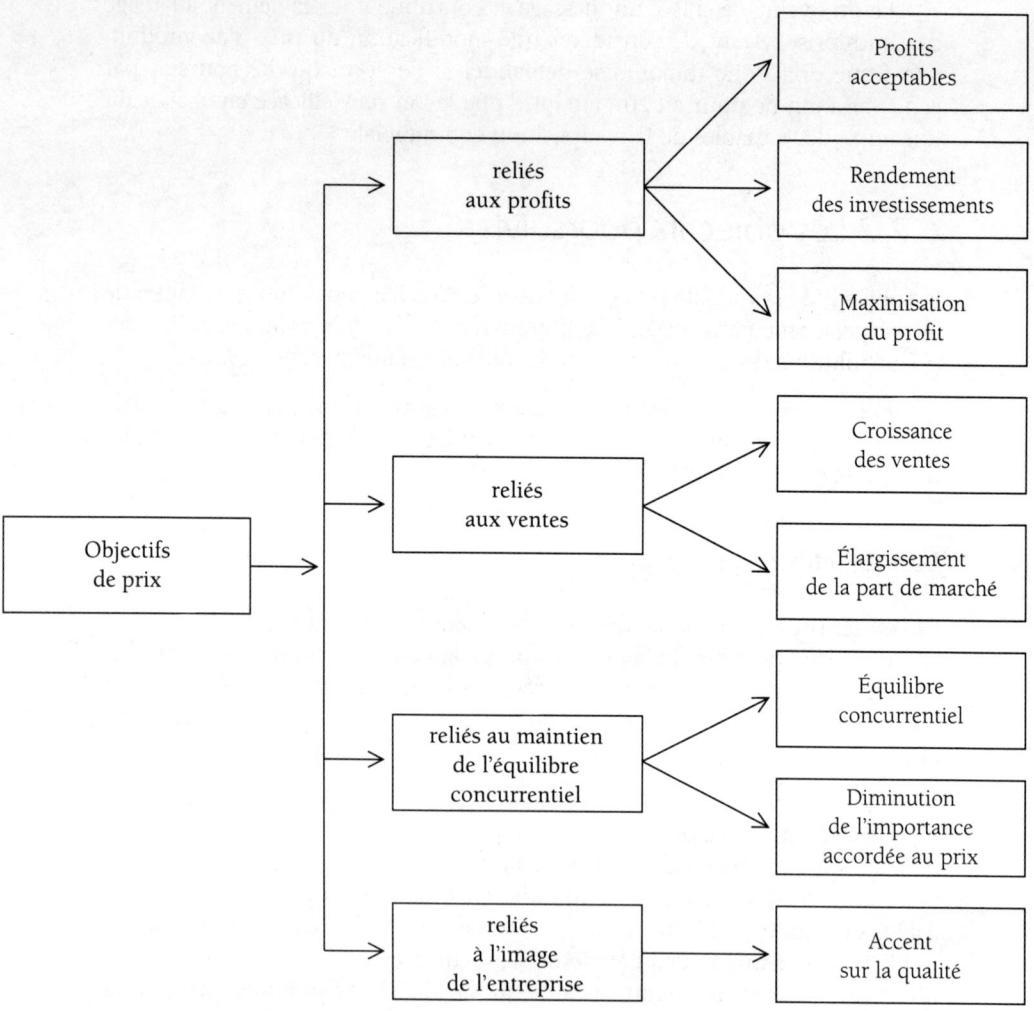

firme peut espérer s'approprier une partie de la clientèle de ses concurrents, donc accroître ses ventes, et, par là, sa part de marché. C'est une stratégie qui, évidemment, peut entraîner une riposte de la part des concurrents qui abaisseront à leur tour le prix de leurs produits. Dans les secteurs à forte concurrence où le consommateur est indifférent quant à la marque à choisir, une telle stratégie de la part d'un concurrent entraîne souvent une guerre de prix qui se fait au détriment de tous et dont le consommateur finit par profiter.

Les objectifs reliés au maintien de l'équilibre concurrentiel

Dans les secteurs arrivés à la maturité de leur cycle de vie, les entreprises voudront parfois maintenir l'équilibre concurrentiel et éviter une guerre de prix. Les différents concurrents dans le marché aligneront alors leurs prix sur le leader de ce marché et compteront sur des stratégies liées aux autres variables de la composition commerciale pour maintenir leur part de marché.

C'est la situation que l'on trouve dans le secteur des arts d'interprétation, où les différentes entreprises fixent le prix de leurs billets au même niveau que toutes les autres entreprises de la même catégorie, le prix maximal étant habituellement celui de la firme la plus grosse ou la plus prestigieuse du secteur.

Les objectifs reliés à l'image de l'entreprise

Une entreprise fixe parfois son prix à un niveau reflétant l'image qu'elle veut projeter dans le public. Comme nous l'avons déjà mentionné, le prix peut représenter une dimension hautement symbolique aux yeux du consommateur ; une firme qui désire projeter une image de qualité voudra alors fixer son prix à un niveau reflétant cette préoccupation ; au contraire, une entreprise qui cherche à projeter l'image d'un produit accessible à la majorité décidera d'un prix plus bas. Il est évident que, dans tous les cas, cet objectif d'image sera atteint dans la mesure où le niveau de prix concorde effectivement avec les politiques touchant les autres variables de la composition commerciale, et dans la mesure où le consommateur perçoit ce niveau de prix de la même façon que le producteur.

6.2.3 Les méthodes adoptées

Aux objectifs reliés à la fixation des prix s'allient différentes méthodes susceptibles d'aider le gestionnaire dans sa décision. Nous en considérerons trois : la méthode basée sur le client, celle basée sur la concurrence et celle basée sur les coûts.

La méthode basée sur le client

Pour être fidèle à la théorie du marketing, nous devrions dire que le meilleur niveau de prix est celui que le consommateur est prêt à payer. De fait, c'est le consommateur qui est le dernier juge en matière de prix. Pour une entreprise, déterminer un prix plus bas que ce que le client est disposé à payer implique qu'elle se prive de revenus dont elle aurait pu bénéficier ; au contraire, fixer un prix plus élevé que ce que le client est prêt à payer est susceptible de faire perdre des ventes à l'entreprise. La façon la plus sûre de connaître le prix que le consommateur est prêt à payer pour un produit consiste à lui poser la question d'une façon ou d'une autre ; c'est le type de problème que l'on peut résoudre par la recherche commerciale.

Par contre, la méthode basée sur le client souffre d'une contrainte majeure ; en effet, les prix fixés par la concurrence mettent un frein à la liberté que possède une firme en cette matière. Même si le consommateur dit qu'il serait disposé à payer un prix supérieur pour un produit, si les concurrents établissent leur prix à un niveau sensiblement inférieur, l'entreprise doit en tenir compte sous peine de perdre des ventes et de voir sa part de marché diminuer.

La méthode basée sur la concurrence

En optant pour la méthode basée sur la concurrence, une entreprise fixe son prix en tenant compte de celui établi par les autres entreprises du secteur. Cette méthode a l'avantage d'être simple et peu coûteuse, puisqu'elle exclut le recours à la recherche commerciale. Elle a par ailleurs l'inconvénient de laisser à autrui le soin de définir ce que le consommateur est disposé à payer pour le produit ; c'est là ne pas tenir compte des caractéristiques distinctives de son produit et peut-être rater l'occasion de mieux le positionner en utilisant la variable prix. Évidemment, dans la mesure où les consommateurs perçoivent que les produits en concurrence sont semblables, et qu'il n'est pas possible de modifier cette perception, fixer le prix en fonction de la concurrence devient la méthode la plus appropriée, et ce, d'autant plus que les consommateurs sont sensibles à une modification de prix ; il est d'ailleurs important, dans un tel contexte, de suivre l'évolution des prix sur le marché afin de réagir rapidement à une modification de prix de la part des concurrents.

La méthode basée sur les coûts

La méthode basée sur les coûts est une méthode simple consistant à fixer un prix qui permette de générer un profit unitaire à un niveau que la firme considère comme juste ; elle implique le calcul du prix coûtant de chaque unité fabriquée, à quoi l'on ajoute un montant qui constitue la marge de profit.

Comme nous l'avons déjà mentionné, le principal avantage de cette méthode est sa simplicité. Les principaux inconvénients sont, d'une part, qu'elle ne tient pas compte de la réaction des consommateurs, et que, d'autre part, elle peut s'avérer difficile d'utilisation dans les cas où, par exemple, les coûts unitaires varient directement en fonction du niveau de production (économies d'échelle en fonction de la quantité fabriquée) ou, encore, dans les cas où il est difficile de répartir certains des coûts supportés par l'entreprise entre les divers produits qu'elle fabrique.

Le gestionnaire utilise habituellement l'une des trois méthodes que nous venons de décrire pour fixer le niveau du prix de ses produits, tout en prenant en considération les principes généraux qu'impliquent les deux autres méthodes. Par exemple, une décision de prix ne sera pas prise uniquement en fonction de la concurrence ; la firme vérifiera ses coûts et s'interrogera sur la réaction probable des consommateurs.

Il n'existe pas d'étude exhaustive qui nous permette de savoir, pour chaque secteur culturel, quelle méthode est la plus utilisée par les gestionnaires. Une telle étude réalisée dans le secteur muséal[4] indique toutefois que, chez les entreprises de ce secteur, la méthode basée sur la concurrence est la plus populaire (environ 50 % des répondants), tandis que les deux autres sont utilisées à peu près à parts égales (25 % chacune). L'étude indique aussi que même si l'établissement opte pour une méthode en particulier, d'autres facteurs reliés aux deux autres méthodes sont effectivement pris en considération.

6.3 Le calcul des coûts et de la rentabilité

Quelle que soit la méthode de fixation des prix utilisée, le gestionnaire doit toujours tenir compte du total des frais engagés pour la fabrication de son produit.

On peut dire, de façon simplifiée, que deux types de frais entrent dans le calcul du coût total d'un produit : les frais fixes et les frais variables. Les frais fixes sont ceux dont le montant est indépendant du nombre d'unités fabriquées : le loyer, les salaires du personnel permanent, les assurances générales et tous les autres coûts qui ne sont pas liés au niveau d'activité de l'entreprise. Les frais variables sont ceux dont le montant varie de façon directement proportionnelle au nombre d'unités fabriquées ; les matières premières utilisées pour éditer un livre, les frais de transport associés à l'ajout de villes supplémentaires lors d'une tournée théâtrale sont deux exemples de frais variables.

Par ailleurs, il est important de savoir qu'il peut parfois être difficile de classer certains coûts dans l'une ou l'autre des catégories de frais. En effet, certains frais varient non pas de façon directement proportionnelle au niveau d'activité de la firme, mais plutôt en fonction de paliers atteints par la production d'unités du produit. C'est ainsi que le responsable d'une salle de cinéma ajoute du personnel supplémentaire au guichet ou à l'accueil non pas à chaque nouveau spectateur, mais toutes les fois que le nombre d'entrées prévu dépasse un certain niveau ; par exemple, il utilisera une personne au guichet quand le nombre de spectateurs par soir sera inférieur à 500, deux personnes lorsque le nombre d'entrées se situera entre 500 et 1000, et trois personnes au-delà de 1000 spectateurs.

Lorsque l'on connaît les frais fixes et les frais variables qui composent le coût total du produit, on peut calculer le seuil de rentabilité, qui est un concept important dans toute décision de prix.

Le seuil de rentabilité pour un produit dépend à la fois du nombre d'unités vendues et du prix de vente par unité, et tient aussi compte de la répartition et du niveau des frais fixes et des frais variables. Il s'obtient en divisant le total des frais fixes par la marge brute ou contribution marginale; celle-ci représente simplement le prix de vente par unité moins les frais variables par unité. Ce concept peut être exprimé sous la forme d'un graphique (*voir figure 6.3*).

Dans l'exemple de la figure 6.3, si le total des frais fixes est de 50 000 $, le prix de vente de 50 $ et le coût variable par unité de 25 $, le seuil de rentabilité sera de 2000 unités :

Figure 6.3
Calcul du seuil de rentabilité

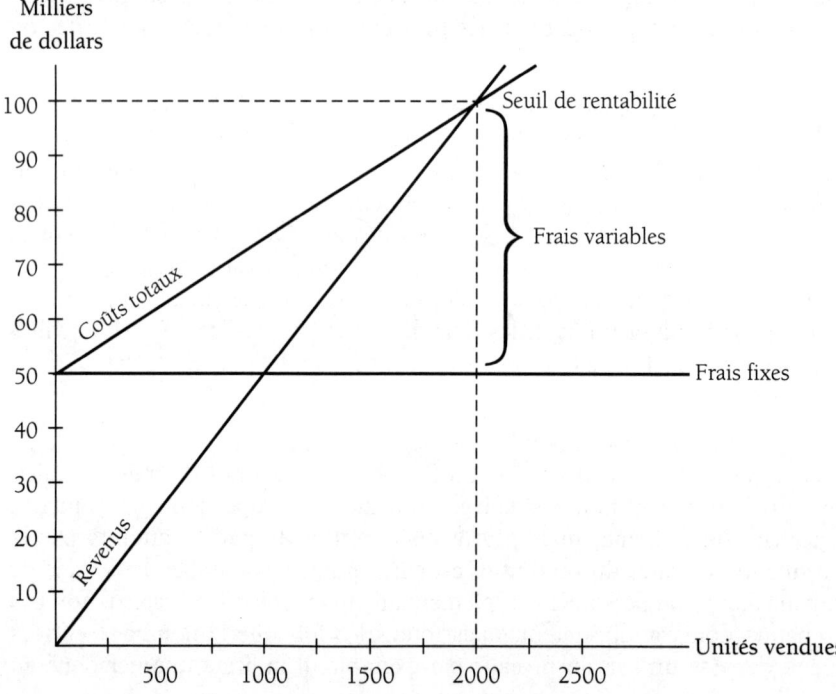

$$\text{Seuil de rentabilité} = \frac{\text{Frais fixes}}{\text{Marge brute}} = \frac{50\,000\,\$}{50\,\$ - 25\,\$} = 2000 \text{ unités}$$

Cela implique que la firme doit vendre 2000 unités de son produit avant de générer un profit. Si elle vend moins de 2000 unités, elle subira une perte et, si elle en écoule plus de 2000, elle réalisera un profit.

Le gestionnaire peut évaluer le degré de risque à lancer un nouveau produit en fonction de certaines hypothèses de prix et du nombre d'unités à vendre pour atteindre le seuil de rentabilité. L'exemple présenté dans l'encadré 6.1 illustre le genre de simulation possible.

6.4 La contribution de l'État et des commanditaires

Les recettes provenant de la vente du produit principal et des produits dérivés d'une entreprise artistique ne sont, en général, que l'une des trois sources de revenus de cette entreprise; l'État et les commanditaires contribuent aussi au financement de celle-ci. En acceptant de soutenir une entreprise par des subventions ou par des dons, l'État et les commanditaires financent une baisse des prix demandés au consommateur. L'acheteur d'un billet de spectacle ne paie donc qu'une fraction du coût réel du produit qu'il achète; cette pratique est susceptible d'encourager le consommateur à se procurer un produit qui l'intéresse et dont il est sensible au prix.

L'augmentation de la demande sur le marché par une réduction générale des prix peut être considérée comme l'un des objectifs possibles de la participation financière de l'État dans les arts; il convient de souligner, toutefois, que cette façon de faire a des limites: comme nous le verrons à la section suivante, la demande de produits culturels est, dans une large mesure, inélastique au prix.

6.5 La notion d'élasticité

Les économistes ont été les premiers à tenter d'expliquer, au moyen de modèles sophistiqués, les variations de la demande. À la fin du siècle dernier, ils ont démontré qu'il existait une relation de cause à effet entre le prix fixé pour un produit et le nombre d'unités vendues: plus le prix est élevé, plus le nombre d'unités vendues est petit et, inversement, plus le prix est bas, plus le nombre d'unités vendues est élevé.

> **E**ncadré 6.1
>
> ### Différents seuils de rentabilité selon certaines hypothèses de prix
>
> Un diffuseur de spectacles sait que ses frais fixes par soir de représentation sont de 10 000 $ y compris le cachet de l'artiste, qu'il lui en coûte 2 $ par billet vendu en frais variables (programme de la soirée, assurance, frais de billetterie et de carte de crédit, etc.); le niveau auquel il fixera son prix moyen de billet lui donnera le nombre de billets à vendre pour couvrir l'ensemble de ses dépenses. À 30 $ le billet, il devra vendre 357 unités; à 25 $ le billet, c'est 435 unités qu'il lui faudra écouler; à 20 $ le billet, il lui faudra convaincre 555 consommateurs. Si sa salle contient 1000 places, sa jauge minimale sera respectivement de 35 % (350 sièges occupés sur 1000 disponibles), de 43,5 % et de 55,5 %. Si le diffuseur de spectacles pense qu'à un prix de 20 $ il pourrait atteindre 1200 spectateurs, il peut choisir de ne présenter l'artiste qu'un seul soir, quitte à réaliser un manque à gagner sur les 200 spectateurs qu'il ne pourra accueillir, ou alors ajouter un soir de représentation. Compte tenu de sa structure de coûts, selon l'hypothèse d'un seul soir, son bénéfice sera de 8000 $ [((20 $/billet − 2 $ de frais variables/billet) × 1000 billets) moins 10 000 $ de frais fixes]; selon la deuxième hypothèse, le bénéfice sera de 1600 $ [((20 $/billet − 2 $ de frais variables/billet) × 1200 billets) − 2 × 10 000 $ de frais fixes]; la première hypothèse s'avère plus rentable sur le plan financier, sans compter l'impact positif que peut donner au public la vue d'une salle comble contrairement à une salle remplie à seulement 60 % de sa capacité. Par ailleurs, ce même diffuseur peut décider d'augmenter son prix de manière à n'attirer que 1000 spectateurs; ce faisant, il augmentera son bénéfice; il peut au contraire décider de baisser son prix s'il croit pouvoir attirer un plus grand nombre de consommateurs; son prix le plus bas sera toutefois de 12 $, car à ce prix il aura atteint son seuil de rentabilité pour une salle de 1000 places. [((12 $/billet − 2 $ de frais variables/billet) × 1000 billets) − 10 000 $ de frais fixes].

De façon simplifiée, cette théorie veut que le consommateur cherche à se procurer un article au moindre coût possible, alors que l'entreprise, au contraire, est disposée à produire une quantité d'autant plus grande que le prix est élevé (*voir figure 6.4*). On comprendra que, pour l'entreprise, la production d'une grande quantité d'unités permet des économies d'échelle importantes qui augmentent d'autant la marge bénéficiaire par unité. Ainsi, non seulement le nombre de ventes augmente, mais la marge de profit par vente croît aussi.

Figure 6.4
Le point d'équilibre sur les courbes de l'offre et de la demande

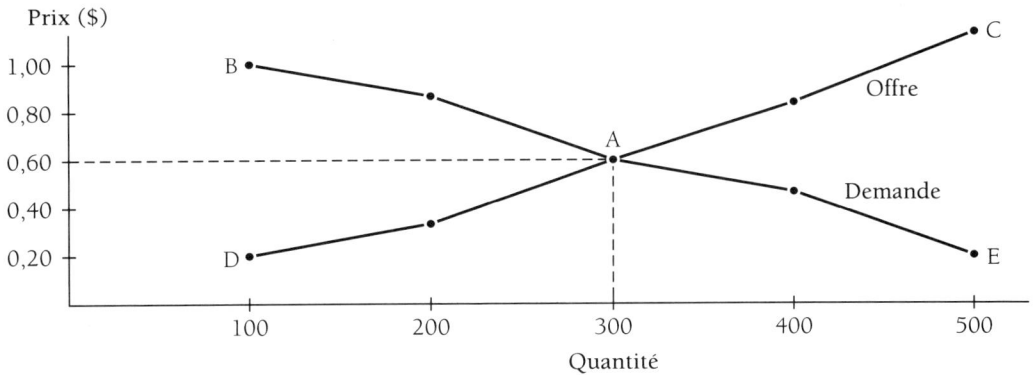

L'équilibre se situe à l'intersection des courbes de l'offre et de la demande. En effet, si le prix que les consommateurs accepteraient de payer pour un produit était très élevé, les producteurs seraient prêts à en fabriquer une grande quantité, mais, dans les faits, moins de consommateurs achèteraient ce produit ; à l'inverse, si le prix était plus bas, le produit s'avérerait moins intéressant pour les producteurs, mais beaucoup plus de consommateurs seraient prêts à le consommer.

Nous voyons donc que l'équilibre se situe au point A, à la rencontre des deux courbes. Dans notre exemple, un prix de vente de 1 $ amènerait une consommation de 100 unités (point B) et entraînerait une offre de 500 unités (point C), c'est-à-dire que les entreprises seraient prêtes à produire ce nombre d'unités, compte tenu du profit qu'elles pourraient en tirer. Inversement, un prix de vente de 0,20 $ générerait une offre de 100 unités (point D), tandis que l'intérêt des consommateurs pourrait amener une demande de 500 unités (point E). L'équilibre correspond donc au point qui optimise la satisfaction du plus grand nombre d'entreprises et du plus grand nombre de consommateurs, soit 300 unités à 0,60 $.

On appelle « élasticité-prix » cette relation entre le prix et la quantité achetée. Sachant que la quantité varie de façon inversement proportionnelle au prix, on dit qu'une demande est élastique si, pour une variation du prix, la quantité consommée d'un produit varie plus que proportionnellement à cette variation de prix. Au contraire, on dit qu'une demande est inélastique si, pour une variation de prix, la quantité consommée varie moins que proportionnellement au prix. À la limite, l'élasticité parfaite implique qu'une variation minime du prix provoque une augmentation infinie de la quantité, alors qu'une demande parfaitement inélastique implique que pour une variation du prix la demande reste inchangée (*voir figure 6.5*). On voit donc qu'une demande peut être élastique ou inélastique à des degrés divers ; l'élasticité peut aussi être neutre lorsque la variation du prix provoque une variation égale de quantité.

Si l'on en juge par des études comme celle de la Ford Foundation[5], les produits culturels possèdent généralement une demande inélastique. Cela est d'autant plus vrai pour les manifestations qui deviennent les « musts » d'une saison, puisque les consommateurs accepteraient presque de payer n'importe quel prix pour y assister. Pour les autres, même s'il y a une variation, si celle-ci n'est pas plus que proportionnelle à la variation du prix, la demande est dite inélastique.

Cette étude réalisée en 1974 par la Ford Foundation montre que, pour les arts d'interprétation, une augmentation du prix d'un billet de 5 $ à 10 $, soit une augmentation de 100 %, entraîne une diminution de la fréquentation de 20 % à 30 % ; en multipliant le prix par quatre, en passant de 5 $ à 20 $, la diminution de la demande serait de l'ordre de 35 % à 45 %. L'augmentation du prix exerce certainement ici une pression à la baisse sur la demande, mais la variation de la fréquentation est moins que proportionnelle à l'augmentation du prix. On dira donc que le consommateur demeure peu sensible à une variation des prix lorsque ces derniers se situent au-dessous d'un certain niveau.

Cet exemple tiré de l'étude de la Ford Foundation nous montre de plus que le phénomène de l'élasticité-prix – et l'on pourrait généraliser cet énoncé aux autres variables de la composition commerciale – peut se traduire par des paliers de niveaux de consommation. Les consommateurs peuvent être relativement insensibles à des variations de prix lorsque celles-ci demeurent dans une fourchette de prix qui leur paraît acceptable ; au-delà d'un certain point, une augmentation même minime du prix produit une chute brusque de la quantité.

Figure 6.5
L'élasticité et l'inélasticité de la courbe de la demande

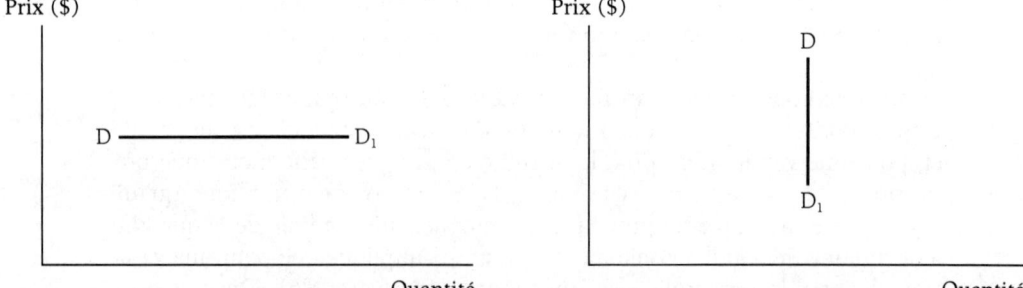

Le modèle d'élasticité-prix expliquait bien la réalité du dix-neuvième siècle et même celle du début du vingtième siècle, où la majorité de la population souffrait de pauvreté et où la moindre réduction sur un produit en provoquait la consommation. Avec l'augmentation généralisée des revenus qui a suivi la Seconde Guerre mondiale et provoqué la constitution d'une immense classe moyenne, les consommateurs ont pu se permettre d'acheter des produits selon d'autres critères que celui du prix. L'échelle des valeurs des citoyens s'est modifiée : on veut se distinguer par le style des vêtements que l'on porte, on recherche une nourriture de meilleure qualité, on tient à protéger l'environnement, on veut s'adonner à des loisirs différents, etc. On doit donc maintenant considérer d'autres phénomènes, et non pas seulement le prix de vente, pour expliquer les variations de la demande. Il est bien certain, toutefois, que le prix d'un produit demeurera toujours un facteur décisionnel important, mais avec des variations selon le type de produit et l'aisance financière du consommateur. Il est donc pertinent d'appliquer le concept d'élasticité aux autres variables de la composition commerciale, ce qui permet de parler d'une variation de la demande en fonction du produit (élasticité-produit), de la promotion (élasticité-promotion) ou de la distribution (élasticité-distribution).

En effet, on peut faire varier la demande par une campagne publicitaire ou par l'action d'un service ou d'un réseau de distribution mieux adapté. Ainsi, on peut favoriser l'augmentation des ventes d'un produit en augmentant le nombre de points de vente (salles de spectacle, expositions itinérantes, librairies, etc.) ou en améliorant l'efficacité des techniques marchandes (acceptation des cartes de crédit, vente par les grands réseaux de distribution téléphonique, vente par guichet automatique, etc.). Enfin, on peut attirer la clientèle par la présentation de produits complémentaires tels les produits éducatifs et culturels (ateliers pour enfants, conférences, colloques, visites guidées, carte de membre, etc.), comme c'est maintenant chose courante dans les musées. Ces exemples montrent un effet positif d'une modification de la variable choisie sur la quantité (plutôt qu'une relation inverse pour la variable prix) ; il est bien évident, par contre, qu'une diminution de la promotion ou du nombre de points de vente fera baisser la demande.

Contrairement aux entreprises du domaine commercial, celles du domaine des arts choisissent en général de ne pas recourir à une stratégie de modification de produit pour faire varier la demande, de façon à conserver à l'acte créatif son intégrité, car c'est justement sa spécificité qui lui confère son intérêt. Ce n'est pas forcément le cas, cependant, pour les industries culturelles, où l'on peut utiliser l'élasticité-produit (en présumant que le fait de modifier le produit peut produire une réaction positive chez le consommateur) comme variable stratégique pour tenter d'augmenter la demande. Il faut se rappeler par ailleurs que, dans le domaine culturel, le produit étant central dans l'acte d'achat du consommateur (*voir chapitre 2*), le niveau de la demande est tributaire d'abord et avant tout du produit offert ; en ce sens, on peut dire que l'élasticité-produit est plus grande que l'élasticité-prix, distribution ou promotion, et que le degré d'élasticité des trois autres variables est même tributaire de celui du produit ; la meilleure campagne de promotion ou la plus grande réduction consentie sur le prix ne convaincra pas un consommateur pour qui le produit ne présente aucun intérêt.

L'élasticité de la demande selon les différentes variables de la composition commerciale varie en fonction du produit et du marché visé. On peut exalter les vertus d'un orchestre symphonique à l'aide d'une vaste opération promotionnelle, mais tous ne seront pas sensibles aux arguments invoqués. L'opéra peut offrir des prix réduits pour les étudiants mais tous ne seront pas intéressés. Un disque et un produit d'artisanat peuvent être offerts dans plusieurs points de vente différents sans que la consommation augmente pour autant.

En fait, les variables de la composition commerciale doivent former un ensemble très cohérent. Comme nous avons eu l'occasion de le mentionner auparavant, un mauvais choix quant à une seule de ces variables peut nuire à l'efficacité de toute la stratégie. La demande peut, pour un produit donné, être élastique selon certaines variables de la composition commerciale et inélastique selon d'autres. De même, certains marchés particuliers sont plus sensibles à la variable prix que certains autres : par exemple, le marché des étudiants et celui des personnes du troisième âge.

En résumé, lorsque l'on tente d'estimer un niveau de demande ou d'expliquer la variation des ventes passées, il faut toujours prendre en considération les effets d'élasticité des quatre variables de la composition commerciale. Si les entreprises d'un secteur précis (par exemple, le regroupement des centres d'interprétation d'une région donnée) veulent faire augmenter la fréquentation globale dans un marché sensible à la variable promotion, elles peuvent calculer l'accroissement de la demande générée par différents niveaux de dépenses publicitaires. On voit à la figure 6.6 que, pour un prix constant, une augmentation du budget publicitaire de Pu_1 à Pu_2 entraîne une augmentation de la quantité vendue de Q_1 à Q_2. On peut évaluer l'effet sur la demande d'une variation de chacune des variables prises individuellement ou encore mesurer l'effet combiné d'une modification simultanée de toutes les variables.

6.6 Le prix et la segmentation des marchés

Jusqu'ici, nous avons présenté la demande sous la forme d'une courbe continue. En réalité, il s'agit plutôt d'un ensemble de plusieurs petites courbes représentant la demande pour chacun des segments d'un marché. La figure 6.7 présente cette notion.

Figure 6.6
La variation de la demande selon le niveau des dépenses publicitaires

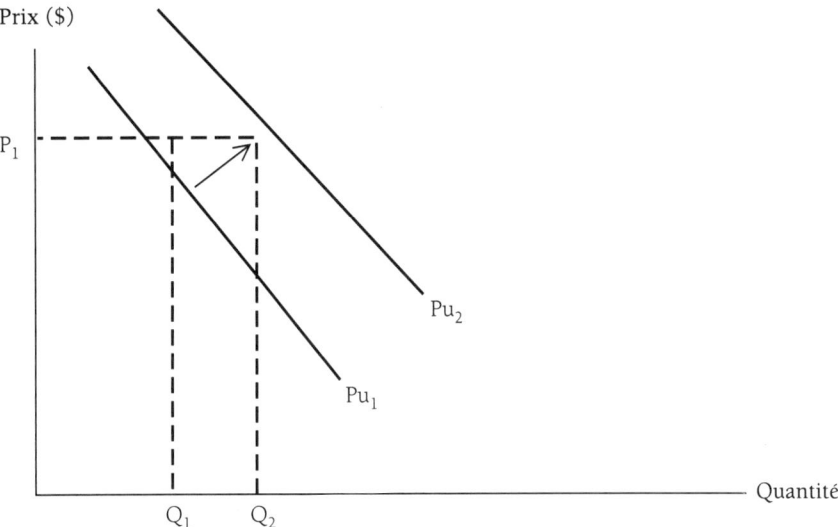

Prenons l'exemple de l'automobile. De façon simplifiée, on pourrait imaginer que, pour le produit générique « automobile », il existe trois segments de marché basés sur la variable prix : un segment désirant acheter une voiture haut de gamme (segment 1), un groupe de consommateurs recherchant un véhicule à prix modique (segment 3) et, entre les deux, un segment intermédiaire (segment 2). Il se peut qu'une hausse minime du prix n'entraîne pas de perte de clientèle sur un segment en particulier ; au-delà d'un certain point, toutefois, le consommateur décidera soit d'abandonner l'idée d'acheter le produit (segment 3), soit de s'en procurer un moins cher (segments 1 et 2).

On retrouve le même phénomène dans le domaine du spectacle : il y a les spectateurs qui sont prêts à payer le prix fort pour un siège au parterre (segment 1) ou, au contraire, ceux qui recherchent une place à prix modique (segment 3), quitte à s'asseoir au deuxième balcon ; enfin, un troisième segment (segment 2) est intéressé par un billet à prix intermédiaire. Pour chaque segment, le prix peut varier un peu sans que cela entraîne nécessairement une perte de clientèle, mais au-delà d'un certain point les amateurs vont opter pour un billet d'une catégorie de prix inférieure et un emplacement de siège de moins bonne qualité plutôt que de se priver de la jouissance du produit. Cela expliquerait aussi la variation de la demande par palier dans notre exemple tiré de l'étude de la Ford Foundation.

La courbe de la demande constitue donc, en fait, une représentation globale de la demande de chacun des segments du marché pour un produit donné et présente ainsi la tendance moyenne de la demande pour ce produit.

Figure 6.7
Courbes de demande par segment de marché

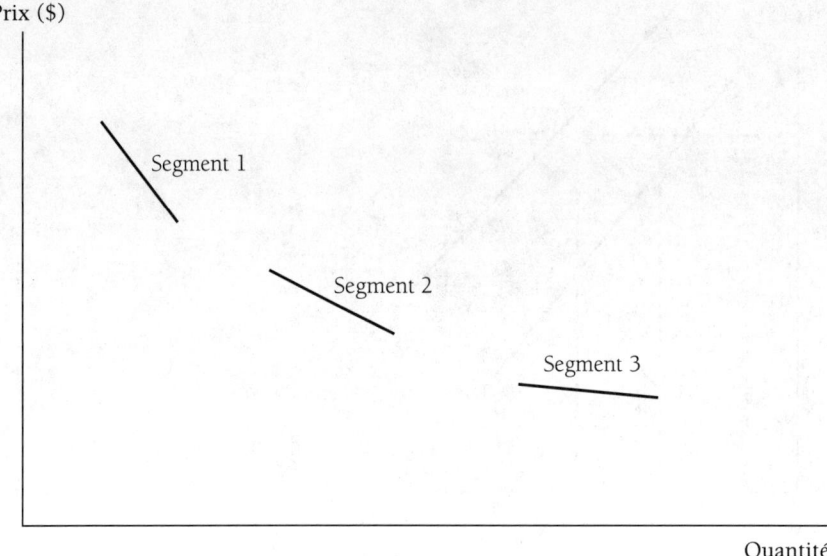

6.7 Les stratégies de prix

En déterminant ses prix, l'entreprise choisit entre plusieurs stratégies susceptibles d'influer sur les perceptions des consommateurs et, de fait, sur le niveau de consommation de ses produits.

6.7.1 L'écrémage et la pénétration

L'écrémage et la pénétration sont deux stratégies utilisées en particulier lors du lancement de nouveaux produits.

L'entreprise qui recourt à une stratégie d'écrémage introduit son produit sur le marché à un prix élevé afin de tirer le maximum de profit de chaque unité vendue. Cette stratégie permet donc d'atteindre un public qui accepte de payer un prix élevé pour consommer un produit précis. L'entreprise vend alors moins d'unités mais à un prix plus élevé. Elle peut bénéficier des revenus substantiels générés par une stratégie d'écrémage puis diminuer graduellement ses prix afin d'atteindre d'autres groupes de consommateurs plus sensibles au prix. La stratégie d'écrémage peut être utilisée lorsque le produit est relativement unique sur le marché ou possède des attributs qui le rendent unique, lorsqu'il réussit à produire une image de prestige ou lorsque la concurrence est relativement faible. Évidemment, un segment de marché relativement insensible au prix et susceptible de s'intéresser au produit doit exister parallèlement.

La stratégie de pénétration du marché consiste, au contraire, à vendre le plus d'unités possible en fixant un prix aussi bas que possible. L'entreprise réalise alors un profit unitaire faible et c'est la quantité d'unités vendues qui permet de générer des profits appréciables. Cette stratégie vise des segments de marché de taille importante et des consommateurs sensibles au prix. La stratégie de pénétration permet habituellement de couvrir moins rapidement les dépenses de création et de lancement d'un produit que ne le fait la stratégie d'écrémage.

Même si ces stratégies s'appliquent habituellement dans le cas du lancement de nouveaux produits, on peut trouver des situations où, notamment, la stratégie d'écrémage peut s'appliquer dans la phase de croissance du produit. C'est le cas lorsqu'un nouveau spectacle connaît un succès tel qu'il faille ajouter des représentations supplémentaires ; il arrive que l'entreprise décide alors d'augmenter ses prix puisque le succès du spectacle accroît l'insensibilité au prix chez les consommateurs.

Le tableau 6.1 établit des points de comparaison entre les deux stratégies.

6.7.2 Les réductions de prix

Il est rare qu'un produit soit vendu au même prix pour tous les consommateurs. Toutes les entreprises définissent des politiques qui permettent soit d'inciter à la consommation, soit de récompenser les bons clients, soit de s'ajuster de façon momentanée aux conditions de l'environnement.

D'après Filion[6], les types de réduction de prix le plus couramment pratiqués dans le domaine commercial sont : les réductions fonctionnelles, les remises quantitatives, les réductions saisonnières, les escomptes et les indemnités. Ce sont des stratégies qui sont aussi utilisées dans le domaine culturel. Décrivons brièvement chacun de ces types de réduction.

Le gestionnaire d'un circuit de distribution peut utiliser la réduction fonctionnelle pour favoriser la fidélité des détaillants ; il baisse le prix pour le grossiste, ce qui a pour effet d'accroître la marge bénéficiaire de ce dernier (par exemple, 40 % au lieu de 30 %), en postulant que le grossiste diminuera à son tour le prix qu'il demande au détaillant.

Les remises quantitatives servent à inciter les membres du circuit de distribution à acheter une plus grande quantité à la fois ; ce faisant, ces derniers accroissent le niveau de leur stock, libérant d'autant celui du fabricant ; cette réduction permet aussi de réduire les frais de manutention et de livraison du producteur. C'est le même principe qui est appliqué dans le domaine du spec-

Tableau 6.1
Comparaison des stratégies d'écrémage et de pénétration

	Écrémage	Pénétration
Définition	Prix initial élevé Baisses par étapes pour atteindre successivement plus de segments du marché	Prix initial relativement bas qui permet de maintenir la concurrence à un seuil minimal et de réaliser un profit à long terme
Objectif	Maximisation du profit à court terme	Maximisation du profit à long terme
Avantages	Compensation rapide des coûts Profit dès le début	Pénétration de marché rapide Part de marché importante Réduction de la concurrence
Conditions préalables	Produit supérieur difficilement copiable Existence d'un segment relativement insensible au prix	Marché sensible au prix Économies d'échelle possibles à long terme

tacle lors de la vente par abonnement : le consommateur jouit d'une réduction parce qu'il achète une série de spectacles ; en contrepartie, le diffuseur s'assure un revenu garanti pour chaque production, diminuant ainsi son niveau de risque, et améliore son encaisse puisqu'il perçoit une partie de ses revenus à l'avance.

Les réductions saisonnières ont pour but d'encourager les membres du circuit à commander d'avance la marchandise, c'est-à-dire avant que la saison proprement dite ne débute. Cette façon de procéder transfère la fonction d'entreposage vers les grossistes et les détaillants.

Un escompte est une réduction du prix de vente accordée par le vendeur au client qui règle une facture avant l'expiration d'un certain délai.

Enfin, les indemnités sont consenties dans le but d'inciter les membres du circuit à effectuer certaines démarches particulières. Par exemple, les indemnités de publicité et de promotion ont pour objectif d'inciter les membres du circuit à faire un effort spécial de promotion du produit de l'entreprise.

6.7.3 Le prix de prestige

La variable prix exerce une influence psychologique certaine sur le consommateur quant à l'appréciation qu'il peut avoir du produit. Un prix élevé engendre de fortes attentes et contribue paradoxalement à faire diminuer le niveau du risque perçu ; en effet, un prix élevé rassure généralement le client sur le produit et constitue un gage de qualité.

Rappelons-nous, toutefois, que si la qualité est presque toujours associée à un prix élevé, un prix élevé, lui, n'est pas toujours associé à la qualité. Qui n'a pas eu l'occasion de l'apprendre par l'expérience un jour ou l'autre ? L'association prix élevé–qualité ne se fonde nullement sur des critères objectifs. Elle n'est donc pas nécessairement généralisée chez les consommateurs, puisque cela dépend beaucoup des expériences antérieures de chacun, du degré de connaissance et de familiarité que l'on a par rapport au produit et de la confiance accordée à la firme qui en fait la promotion.

La relation entre la qualité et le prix permet toutefois à une entreprise d'établir des niveaux de prix relativement élevés en exaltant le prestige de consommer certains produits plutôt que d'autres.

Le prix de prestige a pour effet d'augmenter la valeur liée à la consommation d'un produit en donnant à celui-ci une « valeur ajoutée » et, ainsi, de diminuer le risque perçu tout en générant des revenus supérieurs pour l'entreprise. La valeur ainsi ajoutée permet aussi d'attirer une catégorie de gens sensibles à la reconnaissance liée aux produits consommés, segment de marché qui aurait pu demeurer intouché par des stratégies basées sur les autres variables de la composition commerciale. Dans une stratégie basée sur le prix de prestige, il faut évidemment veiller à bien offrir les avantages physiques ou psychologiques réels auxquels s'attendent les consommateurs visés, sans quoi ce type de stratégie risque de faire chou blanc.

Comme le montre la figure 6.8, le nombre d'unités consommées, ou la demande, augmente au fur et à mesure que le prix baisse, et ce, jusqu'au point A ; puis la relation s'inverse et la demande diminue avec la diminution du prix. Ce phénomène peut s'expliquer par le fait que le consommateur qui recherche un produit « de prestige » veut se démarquer du reste de ses concitoyens, et qu'à partir du moment où tout un chacun peut se procurer ce produit en particulier, la raison motivant son achat disparaît. À l'inverse, le consommateur qui ne veut pas, par son comportement d'achat, être identifié à une autre classe sociale refusera le produit même si son prix devient abordable.

6.8 La Loi de Baumol

On ne peut clore un chapitre sur la variable prix sans présenter ce qu'il est maintenant convenu d'appeler la « Loi de Baumol[7] », du nom de l'auteur américain qui a publié un traité (1967) sur les problèmes structurels vécus par les entreprises du secteur des arts d'interprétation au regard de l'évolution de leurs coûts de production. Baumol définit le problème de la façon

Figure 6.8
Courbe des prix de prestige

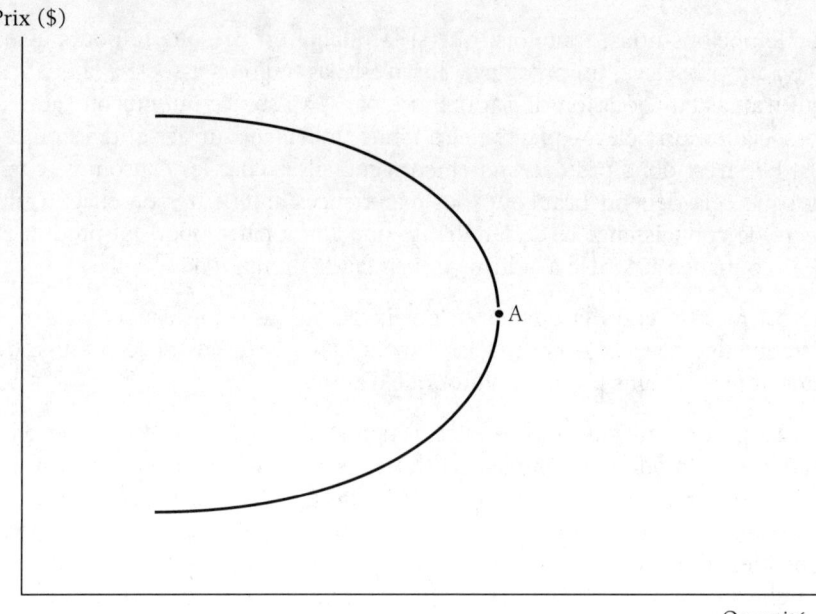

suivante. Premièrement, les salaires des artistes de la scène augmentent plus lentement que ceux des travailleurs du reste de l'économie. Deuxièmement, les salaires constituent la plus grande partie des coûts de production dans les arts de la scène. Finalement et paradoxalement, les coûts de production du spectacle vivant s'accroissent plus rapidement que ceux de l'économie en général. Examinons les raisons de cet état de fait.

Les entreprises commerciales établissent leurs niveaux de prix à partir des frais qu'elles doivent engager pour produire un bien ou un service, auxquels elles ajoutent une majoration pour obtenir leur profit. La production de masse leur permet de réaliser des économies substantielles en répartissant, entre autres, les frais fixes et une partie des salaires sur un nombre plus grand d'unités, ce qui diminue considérablement les coûts unitaires. Mais, surtout, ces entreprises sont en mesure de bénéficier d'un accroissement de leur productivité dû à l'évolution technologique et à la réduction du temps nécessaire à la fabrication d'un produit ; en gagnant ainsi de la productivité, elles peuvent à la fois baisser le prix de leurs produits et accorder des augmentations salariales à leurs employés. En accordant de telles augmentations, elles n'augmentent pas leur coûts totaux de production ; elles ne font que répartir la diminution de leurs coûts de production entre une baisse de prix et une augmentation des salaires.

Les coûts de production des œuvres du domaine des arts d'interprétation ne peuvent pas être diminués par une augmentation de la productivité, car ils sont essentiellement constitués de frais liés à la main-d'œuvre, donc de frais incompressibles : lorsqu'une pièce de Molière est mise en scène, on doit engager le nombre d'acteurs prévu par le texte ; de la même façon, une œuvre de Beethoven requiert toujours le même temps d'exécution et le même nombre de musiciens qu'au moment de sa création. Il s'ensuit qu'une majoration des salaires ne peut pas être compensée par une diminution des frais de main-d'œuvre : on ne peut réduire ni le nombre d'employés ni le temps nécessaire à la « fabrication du produit » ; en d'autres mots, on ne peut pas améliorer la productivité. Les entreprises en arts d'interprétation ne peuvent donc pas accroître la rémunération des artistes sans augmenter leurs propres revenus. D'après l'étude de Baumol, les entreprises américaines du secteur des arts ont accordé des hausses salariales moins grandes que celles des autres secteurs, mais leurs coûts de production se sont accrus plus fortement puisqu'elles n'ont pas pu bénéficier de gains de productivité, et ce, contrairement à leurs « consœurs » des autres domaines.

Ce paradoxe explique pourquoi les prix des billets du spectacle vivant doivent augmenter plus rapidement que l'indice général des prix à la consommation (inflation). En effet, l'inflation représente une moyenne des prix demandés par les industries à haut gain de productivité et par celles à faible gain de productivité. Les industries qui réalisent des gains de productivité et qui baissent d'autant le prix de leurs produits ont un effet déflationniste, alors que les entreprises incapables de faire aucun gain de productivité ne peuvent baisser leurs prix. Or, si ces dernières n'augmentent pas les salaires de leurs employés, ceux-ci s'appauvrissent, puisque les prix montent et que le coût de la vie augmente ; pour être en mesure d'accorder des augmentations salariales et de couvrir les coûts supplémentaires, ces entreprises doivent augmenter leurs revenus en haussant le prix des billets, et produisent, de ce fait, une pression à la hausse de l'indice des prix. Les entreprises pouvant bénéficier de gains de productivité n'ont pas à augmenter leurs prix pour être en mesure de mieux rémunérer leurs employés, puisqu'elles peuvent sacrifier une partie de leur gain de productivité pour ce faire.

Baumol conclut donc ceci : pour que les entreprises en arts d'interprétation aient les moyens financiers d'augmenter les salaires des artistes au même rythme que ceux des employés des autres secteurs de l'économie, il faut que les prix des billets, ou alors les subventions publiques et les dons privés, s'accroissent à un rythme largement supérieur à celui de l'inflation.

Bref, plus il y a gain de productivité dans une économie générale, plus le secteur des arts en souffre, et, au contraire, moins il y a gain de productivité, plus cela est bénéfique pour ce secteur.

Résumé

Pour la plupart des décisions concernant le prix d'un bien dans le domaine culturel, il faut considérer, outre la valeur en argent associée au bien, les dépenses connexes à l'achat de même que l'effort fourni par le consommateur; l'effort fourni comprend non seulement l'aspect physique, mais aussi l'effort psychologique, qui inclut la notion de risque perçu par le consommateur.

On appelle «élasticité-prix» la relation qui existe entre le prix fixé et la quantité d'un bien achetée par les consommateurs; on dit que la relation est élastique si, pour une variation du prix, la quantité consommée d'un produit varie plus que proportionnellement à cette variation du prix; la relation est dite inélastique si, pour une variation du prix, la quantité consommée reste inchangée. Cette notion d'élasticité s'applique de la même façon aux trois autres variables de la composition commerciale.

Les consommateurs ne prennent pas leurs décisions d'achat uniquement en fonction du prix que coûte un bien. D'autres facteurs interviennent dans cette décision. Ces facteurs sont d'ordre psychologique et influent sur la courbe de demande, ce qui donne lieu à divers niveaux de demande en fonction des segments de marché et produit, dans certains cas extrêmes, une courbe dite «de prix de prestige».

Les décisions sur le prix doivent être prises en fonction de l'objectif que poursuit l'entreprise par sa stratégie de prix. On distingue quatre objectifs majeurs: les objectifs reliés aux profits, les objectifs reliés aux ventes, les objectifs reliés au maintien de l'équilibre concurrentiel et les objectifs reliés à l'image de l'entreprise.

On distingue par ailleurs plusieurs méthodes possibles de fixation des prix, dont la méthode basée sur le client, la méthode basée sur la concurrence et la méthode basée sur les coûts.

Le prix peut être utilisé de façon stratégique par l'entreprise. Celle-ci peut avoir recours soit à la stratégie d'écrémage, prix relativement élevé et ventes plus faibles, soit à la stratégie de pénétration, prix relativement bas et nombre d'unités vendues élevé; elle peut aussi utiliser diverses stratégies de réduction de prix: les réductions fonctionnelles, les remises quantitatives, les réductions saisonnières, les escomptes et les indemnités; dans le domaine culturel, il y a aussi les réductions accordées aux gens du troisième âge et celles que l'on accorde en fonction de l'emplacement du siège.

> Enfin, le secteur des arts souffre d'un problème structurel exprimé par la Loi de Baumol, qui met en lumière le fait suivant: l'impossibilité de gagner de la productivité et la prépondérance des coûts de main-d'œuvre ont pour effet d'entraîner les entreprises du secteur des arts dans un cercle vicieux où l'augmentation des droits d'entrée doit être plus rapide que celle de l'indice des prix.

Questions

1. Pourquoi devons-nous associer la notion de risque au prix d'un produit?
2. Pouvez-vous expliquer la notion d'élasticité-prix?
3. Pourquoi affirme-t-on qu'une courbe de demande est la combinaison d'une série de courbes liées aux différents segments de marché?
4. Qu'est-ce que le prix psychologique?
5. Pouvez-vous distinguer les quatre catégories d'objectifs de fixation des prix?
6. Quels sont les avantages et les inconvénients de chacune des méthodes de fixation des prix?
7. Quels sont les objectifs poursuivis par une stratégie de pénétration du marché?
8. Quels sont les rôles des stratégies de réduction de prix?
9. Pouvez-vous expliquer la Loi de Baumol?

Notes et références

1. S.H. BOOK et S. GLOBERMAN, *The Audience for the Performing Arts*, Ontario Arts Council, 1974, 153 p.
2. A.R. OXENFELDT, *Pricing Strategies*, New York, AMACOM, 1975, 255 p.
3. M. FILION, F. COLBERT *et al.*, *Gestion du marketing*, Boucherville, Gaëtan Morin Éditeur, 1990, 631 p.
4. M. BEAULAC et C. DUHAIME, *Les droits d'entrée dans les institutions muséales: une recherche empirique*, Montréal, Chaire de gestion des arts, École des Hautes Études Commerciales, rapport préliminaire, 1993, 98 p.
5. THE FORD FOUNDATION, *The Finances of the Performing Arts: Volume 2*, New York, 1974, 117 p.
6. M. FILION, F. COLBERT *et al.*, *Gestion du marketing*, Boucherville, Gaëtan Morin Éditeur, 1990, 631 p.
7. W.J. BAUMOL, «Performing Arts: The Permanent Crisis», *Business Horizons*, automne 1967, p. 47-50.

Autres références

DHALLA, N.K., « A Guide to New Product Development Pricing Phase », *Canadian Business*, avril 1984.

FELTON, M.V., « Major Influences on the Demand for Opera Tickets », *Journal of Cultural Economics*, vol. 13, n° 1, juin 1989, p. 53-64.

FORD, N.M. et B.J. QUERAM, *Pricing Strategies for the Performing Arts*, Association of College, University and Community Arts Administrators Inc., 1984, 20 p.

GABOR, A. et C.W.J. Granger, « Price as an Indicator of Quality », *Economica*, février 1966.

Plan

Objectifs..	179
Introduction	179
7.1 Définition..	180
7.1.1 Les trois éléments de la variable distribution	180
7.1.2 La distribution des produits culturels	180
7.2 Les circuits de distribution	182
7.2.1 Les fonctions des intermédiaires...............................	183
7.2.2 Les types de circuits	186
7.2.3 La gestion du circuit de distribution.......................	188
7.2.4 Les comportements des membres du circuit de distribution..	190
7.3 Les stratégies de distribution	191
7.3.1 Les stratégies de distribution intensive, sélective et exclusive..	191
7.3.2 Les stratégies de pression et d'attraction	192
7.3.3 L'interrelation des stratégies	193
7.4 La distribution physique	193
7.5 La localisation commerciale..	195
7.5.1 Le principe de la zone commerciale...........................	196
7.5.2 Définition des trois zones	196
7.5.3 L'utilité de la notion de zone commerciale	197
7.5.4 Les facteurs qui déterminent l'étendue et la configuration de la zone commerciale	198
Résumé	200
Questions..	201
Notes et références	202
Autres références	202

7

La variable distribution

Objectifs

- Connaître les trois composantes de la variable distribution.
- Décrire les éléments d'un circuit de distribution.
- Examiner les principales stratégies de distribution.
- Définir la distribution physique.
- Donner les principes de base de la localisation commerciale.

Introduction

Comme nous l'avons vu au chapitre 3, l'ensemble des intermédiaires qui assurent la circulation d'un produit, du fabricant au consommateur, peut être considéré comme un quatrième marché pour l'entreprise culturelle (consommateurs, État, commanditaires et intermédiaires de distribution).

Dans la première partie du présent chapitre, nous proposerons quelques éléments de définition de la variable distribution et nous examinerons le contexte particulier de la distribution des produits culturels.

Nous considérerons ensuite les liens d'affaires qui existent entre les divers acteurs qui font partie de ce que l'on appelle un circuit de distribution. Puis nous étudierons les grandes stratégies qui s'offrent aux producteurs pour atteindre leurs objectifs de marketing par l'utilisation de la variable distribution. Nous aborderons en quatrième lieu la fonction logistique reliée à la circulation des biens dans un réseau de partenaires, c'est-à-dire la distribution physique.

Enfin, nous définirons les principaux éléments à prendre en considération dans le choix de l'emplacement d'un commerce ou d'un établissement culturel.

Les concepts que nous verrons dans le présent chapitre s'appliquent autant aux entreprises du secteur des arts qu'aux industries culturelles; les applications pratiques peuvent cependant varier selon les caractéristiques particulières des produits considérés.

7.1 Définition

7.1.1 Les trois éléments de la variable distribution

La variable distribution comporte trois éléments distincts: les circuits de distribution, la distribution physique et la localisation commerciale.

Les circuits ou réseaux de distribution sont constitués de l'ensemble des acteurs qui jouent un rôle dans la chaîne amenant le produit au consommateur final.

La distribution physique est la fonction qui fait que le produit est offert aux consommateurs et correspond, en d'autres mots, aux décisions liées à la logistique de la distribution.

La localisation est le choix du lieu physique où le produit peut être acheté ou consommé: un magasin de détail, une salle de spectacles, un musée, un cinéma, une librairie, etc.

7.1.2 La distribution des produits culturels

Dans le domaine culturel, le mode de consommation du produit par le client conditionne le mode de distribution de ce produit.

D'une part, on distingue les produits de consommation collective, c'est-à-dire ceux auxquels les consommateurs ont accès en se regroupant en un endroit et un temps définis; il s'agit des spectacles, des expositions et du film en salle. D'autre part, il y a les produits de consommation individuelle, pour lesquels le client jouit de l'œuvre dans un temps et un endroit qu'il définit lui-même; c'est le cas du disque, du livre, de l'œuvre qu'on possède (artisanat ou art visuel). Dans le premier cas, on est en présence d'un concept de distribution en séquence que l'on reconnaîtra dans la tournée de spectacles et dans les expositions itinérantes. Dans le deuxième cas, le produit peut être distribué selon des modes identiques à ceux des autres produits de consommation courante et peut utiliser le même type de circuit de distribution.

Cette classification en fonction du mode de consommation nous permet d'ailleurs d'établir des nuances quant au lieu, à la durée et au moment de consommation (*voir tableau 7.1*).

On voit que, pour certains produits, le consommateur possède le pouvoir absolu de choisir le lieu, la durée et le moment de la consommation. Il peut, par exemple, décider de lire un roman chez lui, dans les transports en commun, au travail, etc.; il peut, jusqu'à un certain point, déterminer la vitesse de lecture, prendre le temps de relire certains passages, etc.; et il peut même choisir le moment où il effectue sa lecture. À l'opposé, le spectateur de théâtre doit se rendre à la salle qui présente l'œuvre, respecter l'heure de levée du rideau et le temps d'exécution du spectacle.

On voit aussi des situations où le consommateur possède un certain pouvoir sur deux des trois éléments: tout en correspondant au mode de consommation collective, le film en salle peut être présenté simultanément dans plusieurs salles, et comme la programmation permet plusieurs représentations par jour, le consommateur dispose d'un certain choix quant à l'heure de la consommation. De même, le visiteur à une exposition doit se rendre à l'endroit où se tient cette activité, au moment où le musée est ouvert, mais il a le loisir de choisir le moment qui lui convient dans la journée ou dans la semaine, et il décide lui-même de la durée de contemplation pour chaque œuvre.

À cette classification suivant le lieu, la durée et le moment, nous pouvons associer l'idée de possession de la dimension technique; on compren-

Tableau 7.1
La part du consommateur dans la détermination du lieu, du moment et de la durée de la consommation

	Spectacle	Exposition	Film en salle	Disque	Cassette vidéo	Livre	Œuvre d'art
Lieu	–	–	±	+	+	+	+
Moment	–	±	±	+	+	+	+
Durée	–	+	–	–	–	+	+
Possession de la dimension technique	–	–	–	+	+	+	+

dra aisément que le fait de posséder l'objet donne à la personne une plus grande flexibilité dans ses modes de consommation.

Considérées sous l'angle de la gestion, ces différentes situations ont un effet sur les pressions imposées à une organisation. En effet, plus le consommateur a le choix du lieu et du moment de la consommation d'un produit culturel, plus le producteur a un grand éventail de moyens de distribution pour son produit ; à l'inverse, plus les caractéristiques du produit imposent des contraintes au mode de consommation de l'œuvre, plus la marge de manœuvre du producteur rétrécit. Ainsi, l'éditeur peut varier les circuits de distribution ou utiliser un plus grand nombre de libraires de façon à offrir le produit au plus grand nombre possible de consommateurs potentiels, alors que le producteur d'un spectacle doit nécessairement visiter les diverses régions en séquence avec un seul exemplaire du produit ; cette seconde situation exige d'être au bon endroit au bon moment, et une erreur d'appréciation y est plus difficile à réparer.

Le risque varie aussi suivant que le choix du lieu et du moment de la consommation appartient au consommateur ou au producteur. En effet, les produits pour lesquels le consommateur a un pouvoir sur la consommation peuvent être achetés à un moment donné et consommés plus tard, comme c'est le cas d'un livre, d'un disque ou d'une cassette vidéo. Par contre, pour les spectacles et les expositions, produits pour lesquels on ne peut reporter la consommation, le consommateur doit effectuer un choix parmi les produits offerts au même moment ; cette contrainte de distribution accroît le risque des produits vivants.

En somme, les modes de consommation propres aux divers produits culturels impliquent une gestion de la variable distribution qui est conditionnée par les produits en cause ; d'où une adaptation des circuits de distribution, de la distribution physique et du lieu où le client trouvera le produit qui l'intéresse.

7.2 Les circuits de distribution

Un circuit de distribution comprend les différents intermédiaires qui, sans nécessairement prendre possession physiquement du produit, servent de relais, contre rémunération, dans le processus de production et de consommation ; dans le domaine culturel, il s'agit de tous les intervenants qui permettent aux consommateurs d'avoir accès à une œuvre. Le producteur du bien ou du service ainsi que le consommateur lui-même font partie du circuit de distribution. Le nombre d'intervenants dans un circuit peut varier d'une firme à l'autre, et, conséquemment, les fonctions assumées à chacun des niveaux différeront.

Les décisions reliées au choix d'un circuit de distribution et à la sélection des différents intermédiaires sont importantes. L'entreprise établit en fait des relations d'affaires avec un certain nombre de partenaires, et la qualité de ces relations peut orienter toute la stratégie marketing vers le succès ou l'échec ; de plus, à partir du moment où elle choisit une association avec les intermédiaires d'un circuit, l'entreprise perd une partie de sa flexibilité, et il lui sera en effet plus difficile de modifier sa stratégie marketing ultérieurement. Par ailleurs, le choix d'un circuit a une influence sur les autres variables de la composition commerciale. Ainsi, la politique de prix est nécessairement tributaire du nombre, de la qualité et de la taille des intermédiaires ; de même, le type de promotion nécessaire dépend du circuit choisi. Il convient toutefois de préciser que ce n'est pas toujours le producteur qui choisit les intermédiaires avec qui il traitera : tout comme le fabricant de produits d'épicerie ne trouve pas toujours preneur chez les propriétaires de supermarchés, c'est plus souvent le diffuseur qui choisit le spectacle qu'il présentera dans sa salle, plutôt que l'inverse ; de la même façon, le libraire peut refuser de placer certains romans sur ses tablettes.

Il convient de souligner que le producteur n'est pas absolument tenu d'utiliser des intermédiaires ; il peut vendre lui-même son produit au consommateur final. La distribution directe n'est toutefois pas toujours possible. Ainsi, dans le domaine des arts d'interprétation, les entreprises qui font des tournées n'ont habituellement pas les ressources humaines et financières requises pour se produire elles-mêmes dans chacune des villes qu'elles désirent atteindre ; il en est de même pour les producteurs de disques ou les maisons d'édition. C'est parce que les intermédiaires remplissent un certain nombre de fonctions importantes que les producteurs leur confient la tâche de distribuer leurs produits. Ce faisant, les producteurs sacrifient toutefois une partie de leur pouvoir sur la façon de vendre leurs produits et s'éloignent ainsi de leurs clients ; cette perte de pouvoir peut d'ailleurs occasionner des frictions entre les différents partenaires du réseau de distribution.

7.2.1 Les fonctions des intermédiaires

La principale fonction des intermédiaires est de diminuer le nombre de contacts que le producteur doit effectuer pour atteindre un nombre donné de clients ; l'exemple simple de la figure 7.1 illustre très bien notre propos ; sans intermédiaire, les producteurs doivent réaliser 18 contacts pour atteindre 6 clients ; avec un intermédiaire, le nombre de contacts est divisé par deux. Appliqué à l'échelle d'un pays, compte tenu du nombre de producteurs et de consommateurs et des réalités de distance entre les villes, ce schéma compterait des milliards de contacts.

Outre qu'ils diminuent le nombre de contacts entre les différents intervenants dans un marché, les intermédiaires remplissent un certain nombre

Figure 7.1
L'économie d'efforts associée à l'utilisation ou non d'un intermédiaire

Sans intermédiaire

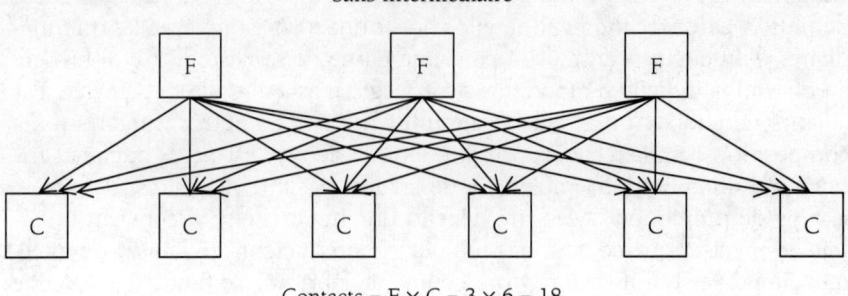

Contacts = F × C = 3 × 6 = 18

Avec un intermédiaire

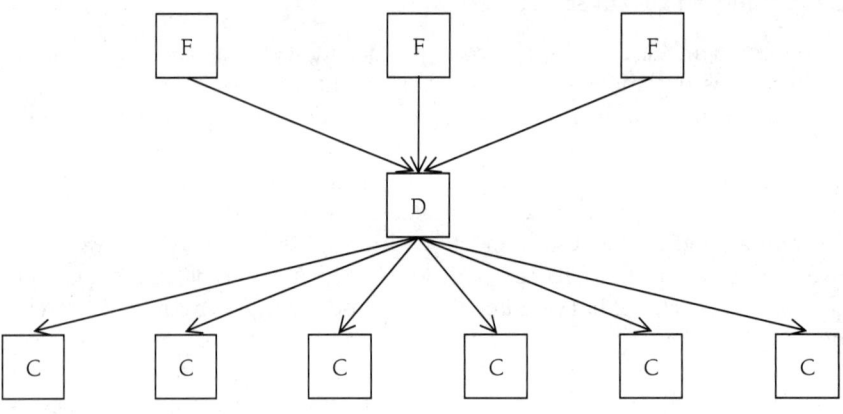

Contacts = (F × D) + (D × C) = (3 × 1) + (1 × 6) = 9

F = Fabricant
D = Distributeur
C = Client

de fonctions importantes que nous avons résumées au tableau 7.2. Ces fonctions sont regroupées en trois catégories: les fonctions logistiques, les fonctions commerciales et les fonctions de soutien.

À chacun des niveaux du circuit de distribution, les intermédiaires s'occupent d'une partie de la logistique reliée à la circulation du produit. Ils prennent en charge le transport et l'entreposage des marchandises, mais, plus important encore, ils permettent des ajustements de quantité et d'assortiment. En effet, les consommateurs achètent en petite quantité – par exemple, un ou deux disques compacts, un ou deux livres – des produits qui sont bien souvent

Tableau 7.2
Les fonctions du réseau de distribution

Les fonctions logistiques	Les ajustements – de qualité – d'assortiment L'entreposage Le transport
Les fonctions commerciales	L'achat du produit Les négociations La promotion Le contact
Les fonctions de soutien	La prise de risques Le financement La recherche

créés par des entreprises différentes ; par ailleurs, les producteurs mettent sur le marché une grande quantité d'un nombre restreint de produits, de façon à réaliser des économies d'échelle. Les intermédiaires permettent des ajustements de quantité et d'assortiment : en offrant un certaine quantité de produits de plusieurs entreprises différentes (assortiment), ils permettent à la fois au consommateur de trouver ce qu'il désire dans un même endroit et au producteur de respecter ses normes de quantité.

Le circuit de distribution ne justifie pas son existence seulement par la dimension logistique, il assume aussi des fonctions commerciales. Les intermédiaires négocient et signent des ententes, ce qui implique aussi de trouver des partenaires ; ils prennent possession du produit, si ce n'est physiquement, au moins juridiquement. L'intermédiaire assure aussi la promotion du produit et le contact avec le client. Le producteur de spectacles, tout en fournissant une partie du matériel publicitaire requis, confie au diffuseur la tâche d'annoncer adéquatement les artistes dans sa salle, à l'intérieur de sa saison ; c'est le diffuseur qui communique avec le consommateur et qui est responsable de la qualité de l'accueil reçu par ce dernier (service de réservation, billetterie, vestiaire, etc.). Le producteur bénéficie dans toute cette opération de l'expérience du diffuseur, de la connaissance qu'il a de son marché et de son image d'entreprise. S'il ne recourait pas à un diffuseur, le producteur devrait assumer toutes ces responsabilités sans nécessairement posséder les atouts nécessaires.

Les fonctions de soutien permettent de déléguer à l'intermédiaire d'autres responsabilités importantes. Ainsi, en acceptant de signer un contrat avec le producteur, le diffuseur prend une partie du risque associé à la présentation d'un artiste et assume en même temps une partie du financement (exemple : l'investissement dans la campagne promotionnelle). De plus, par son contact privilégié avec le client, le diffuseur constitue pour le producteur une source d'information utile.

Les différentes fonctions assumées par les intermédiaires varient évidemment selon le type de circuit utilisé. Dans certains cas, les intermédiaires assument toutes les fonctions que nous venons de décrire, alors que dans d'autres cas ces fonctions sont partagées entre les différents partenaires du circuit.

7.2.2 Les types de circuits

Selon le nombre de niveaux et le nombre d'intermédiaires par niveau, on dira qu'un circuit de distribution est plus ou moins complexe. La figure 7.2 décrit les différents types de circuits de distribution. Le circuit le plus simple est évidemment celui où le producteur vend directement au consommateur ; c'est le cas de la compagnie de théâtre qui possède sa propre salle de spectacles. Un exemple de circuit long est le producteur de films qui utilise un distributeur, lequel, à son tour, fait affaire avec des salles de cinéma ; le quatuor à cordes qui utilise les services d'un agent pour trouver un diffuseur de spectacles est un autre exemple de circuit long.

Bien que le schéma de la figure 7.2 couvre l'ensemble des réalités du domaine culturel, les partenaires présents à chacune des étapes peuvent porter des noms différents et assumer des fonctions distinctes selon les secteurs.

Figure 7.2
Les différents types de circuits de distribution

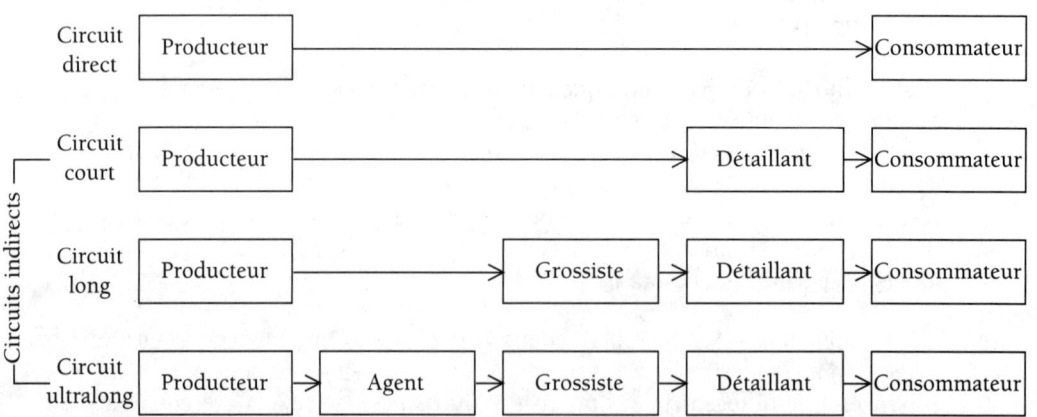

Dans le domaine des arts d'interprétation, on trouve souvent le producteur, l'agent et le diffuseur. Toutefois, ce réseau n'est pas nécessairement une règle, et il arrive souvent que le producteur fasse affaire directement avec le diffuseur sans utiliser les services d'un agent. Par ailleurs, une firme peut décider de distribuer son produit en utilisant plusieurs circuits de distribution différents. Dans le domaine de l'édition, par exemple, nous savons que les livres sont offerts au consommateur par le biais de trois circuits différents[1]: par l'intermédiaire des réseaux de vente au détail, par le biais de ventes aux écoles et aux bibliothèques publiques et par la vente directe; ces trois circuits représentent respectivement 67 %, 22 % et 11 % des ventes de livres au consommateur. Dans le secteur du cinéma[2], c'est à l'étape de la consommation finale que se produit l'éclatement des modes de distribution; les distributeurs, qui obtiennent les films des producteurs, atteignent les consommateurs de cinq façons différentes: par l'intermédiaire de la salle de cinéma, du club vidéo, de la télévision à péage, de la télévision traditionnelle et des circuits non commerciaux. Dans le domaine du disque, le consommateur peut s'adresser à des magasins de disques, mais il peut aussi se procurer le produit par l'intermédiaire des grands magasins ou même par la poste.

Bien que la plupart des firmes d'un secteur donné utilisent un circuit de distribution particulier, une entreprise peut, pour une raison ou une autre, recourir à un circuit différent qui tient compte de ses particularités propres, du type de produit qu'elle offre ou de sa capacité de prendre en main certains maillons de la chaîne de distribution. Plus il y a d'intermédiaires dans le circuit de distribution d'un produit, plus le prix de vente du produit risque d'être élevé, puisque chaque intermédiaire doit couvrir ses frais; une entreprise qui réussit à prendre en main l'une ou l'autre des étapes de distribution pourra augmenter son profit personnel tout en offrant aux consommateurs des prix très compétitifs.

Le principal inconvénient d'un circuit long est son manque de souplesse en raison du nombre élevé d'intervenants, ce qui réduit la marge de manœuvre du producteur. Le manque de maîtrise sur la façon de vendre le produit est un autre inconvénient du circuit long: plus on augmente le nombre d'intermédiaires, plus le producteur s'éloigne de ceux qui auront la charge ultime de mettre en marché le produit, et moins il est en mesure d'influer sur leurs façons de faire. En revanche, les coûts que doit supporter le producteur sont alors plus limités; par exemple, dans le cas d'un circuit ultralong, la taille de la force de vente est réduite au minimum puisque la firme fait habituellement affaire avec un nombre limité d'agents.

En bref, les avantages du circuit long correspondent aux inconvénients du circuit court et vice-versa. En effet, moins il y a d'intermédiaires entre l'entreprise et ses clients, plus cette dernière peut agir sur la mise en marché de son produit; par contre, plus le circuit est court, plus les coûts sont élevés pour le producteur.

Le choix du circuit et de la séquence de distribution comporte des dimensions pouvant avoir une influence stratégique importante. Par exemple, comme ce fut le cas pour le film *E.T.*, un producteur de films peut retenir la distribution d'une œuvre en support vidéo de façon à tirer le maximum du marché en salle avant d'offrir son film en location dans les clubs vidéo.

Comme nous l'avons souligné plus haut, l'entreprise n'a pas toujours le choix de son circuit de distribution ni même de l'intermédiaire qui assurera la mise en marché finale de son produit. Dans le cas des tournées, il arrive souvent qu'il n'y ait qu'un seul diffuseur par ville, et l'entreprise doit nécessairement faire affaire avec ce dernier. La position de monopole que possède alors le diffuseur lui permet de négocier à son profit de meilleures ententes, ce qui n'est évidemment pas à l'avantage du producteur. Par contre, la situation inverse se produit lorsqu'il s'agit d'un artiste très connu, qui représente une valeur sûre pour le diffuseur: ce dernier devant inclure dans sa saison des productions peu risquées pour compenser le cas des spectacles qu'il sait moins connus ou plus difficiles à vendre, l'agent d'un tel artiste se trouve donc en position de force pour négocier des conditions de présentation.

7.2.3 La gestion du circuit de distribution

Mallen[3] présente les principales dimensions de la gestion d'un circuit de distribution par le biais de quatre objectifs et de six décisions stratégiques.

De fait, l'utilisation d'un circuit de distribution par le producteur vise à maximiser le profit de ce dernier; pour ce faire, il faudra maintenir la motivation au maximum à l'intérieur du circuit.

La maximisation du profit viendra d'une maximisation des ventes (objectif 1) et d'une minimisation des coûts (objectif 2). Il faut par ailleurs que la firme considère l'atteinte d'un profit maximal dans une perspective à long terme aussi bien que dans une perspective à court terme; il est en effet des situations où il est préférable de sacrifier une rentabilité immédiate pour une amélioration de l'entreprise à plus long terme. Or le sort du producteur est lié à celui des intermédiaires avec lesquels il fait affaire et qui deviennent, en quelque sorte, ses partenaires. C'est dans cette perspective que la maximisation de la motivation prend tout son sens, la motivation des membres d'un circuit de distribution ayant un effet certain sur la santé financière du producteur: le libraire peut affecter ses meilleurs emplacements en magasin à une certaine sélection de livres; le diffuseur peut consentir des efforts promotionnels plus grands à un artiste plutôt qu'à un autre. On peut dire que la maximisation de la motivation chez les membres du circuit est liée à deux objectifs du producteur, celui de maximiser la coopération des intervenants du circuit (objectif 3) et celui de maximiser son influence sur ces intervenants (objectif 4). En obtenant de chacun une coopération maximale, le producteur s'assure que les diverses fonctions devant être assumées par les intermédiaires le seront de façon efficace ; cependant, il doit asseoir cette coopération tout en maintenant un bon degré d'influence.

Pour atteindre son objectif ultime de profit maximal à long terme, ou de stabilité financière à long terme (pour les entreprises à but non lucratif), le producteur doit bâtir son réseau de distribution en répondant à six questions fondamentales relatives à la longueur du circuit, à la stratégie de distribution (intensive, sélective, exclusive), au nombre d'intermédiaires par niveau, au type d'intermédiaires, au nombre de circuits à utiliser, au degré de coopération offert aux intermédiaires et au choix de chacun de ceux-ci.

La première question correspond à la situation de l'ensemble de musique classique qui doit choisir entre utiliser sa propre force de vente pour organiser sa tournée ou confier cette tâche à un agent. Le choix sera fonction, entre autres, de l'objectif de vente que se fixe l'entreprise, des dépenses à engager dans l'une ou l'autre hypothèse et du degré de coopération et d'influence qu'elle pense ou désire obtenir. On sait, par exemple, qu'il est plus facile de s'assurer un bon degré d'influence pour un employé que l'on côtoie tous les jours que pour un agent dont le bureau est situé à l'extérieur de l'entreprise et qui doit s'occuper d'autres clients ; par contre, on sait aussi que les frais fixes représentés par le salaire d'un employé sont plus élevés, l'agent extérieur étant souvent rémunéré au pourcentage des ventes qu'il effectue. Par ailleurs, la distribution à l'échelle internationale nécessite souvent le recours à un agent étranger qui connaît bien le pays cible et ses acheteurs potentiels.

L'entreprise doit décider de sa stratégie de distribution : utiliser le plus grand nombre possible de partenaires ou choisir des partenaires ayant des caractéristiques spécifiques *(voir section 7.3)* ; l'entreprise décide ensuite du nombre exact d'intervenants qu'elle désire avoir à chacun des niveaux (agent, grossiste, détaillant) du circuit de distribution.

À partir du moment où le producteur a choisi la longueur du circuit, la stratégie de distribution et le nombre d'intervenants à chaque niveau, il doit alors décider du type d'intermédiaire qui sera le mieux en mesure de servir les objectifs de son entreprise. Le type d'intermédiaire correspond aux fonctions que le producteur désire voir assumer par les intermédiaires. Un producteur de disques ou un éditeur peut opter pour une distribution dans des magasins à grande surface où le service de conseil à la clientèle est inexistant, ou plutôt s'associer un réseau de magasins spécialisés qui pourront conseiller le client.

Le producteur doit aussi choisir le nombre de circuits qu'il veut utiliser. Le film sera-t-il commercialisé dès le départ à la fois en salle et par l'intermédiaire d'un réseau de clubs vidéo ? Est-ce que l'on y ajoutera une fenêtre de distribution supplémentaire par la télévision à péage ?, etc.

Compte tenu des quatre décisions prises, le producteur doit maintenant choisir le degré d'assistance qu'il sera prêt à accorder à ses partenaires. Quelle sorte de matériel promotionnel fournira-t-il et en quelle quantité?

Enfin, le producteur doit prendre une dernière série de décisions concernant le choix de chacun des intermédiaires sur une base individuelle. Par exemple, l'exposition qu'un grand musée veut offrir en région exige que les centres d'exposition et les musées qui recevront cette exposition aient la capacité technique de recevoir les œuvres (taille des salles, normes muséologiques pour ces œuvres en particulier, etc.). L'entreprise devra donc prendre une décision concernant chacun des candidats possibles en fonction des normes muséologiques et des considérations de marketing qu'elle décidera d'utiliser.

7.2.4 Les comportements des membres du circuit de distribution

Le gestionnaire d'une entreprise doit prendre conscience d'un élément fondamental de la gestion d'un circuit de distribution: les comportements des membres du circuit. En effet, un circuit de distribution ne doit pas être vu simplement comme un flux de marchandises allant du producteur au consommateur. C'est aussi un réseau social où les relations interpersonnelles interviennent et influent sur la dynamique du processus. Rosenbloom[4] distingue quatre dimensions importantes dans ce réseau social: les conflits, le pouvoir, les rôles et les communications.

Il est normal que surgissent des mésententes entre les partenaires; cependant, ces mésententes doivent être considérées comme anormales si elles conduisent à des conflits pouvant paralyser les activités du circuit. Les conflits peuvent naître de plusieurs façons différentes: il peut s'agir d'une définition différente des rôles que chacun des partenaires devrait assumer, d'une divergence d'opinions sur les responsabilités respectives de chacun en matière de partage des coûts, d'une divergence sur la responsabilité de certaines décisions, de mauvaises communications entre les partenaires et, finalement, d'objectifs contradictoires. Le gestionnaire doit être à l'affût des zones potentielles de conflits, il doit pouvoir évaluer leur impact sur l'entreprise et apprendre à résoudre ces conflits dans le meilleur intérêt de tous les partenaires.

Le producteur qui utilise des partenaires pour rendre son produit accessible au consommateur désire aussi influencer les membres de son circuit de manière qu'ils accomplissent un certain nombre de tâches d'une certaine façon; pour ce faire, il utilise les éléments dont il dispose, à savoir: le pouvoir de récompenser ses partenaires (habituellement sous forme de gratifications financières), celui de les pénaliser (surtout lorsque la taille du producteur est sensiblement plus grande que celle des autres membres du circuit), la légitimité accordée par les membres du circuit au niveau précédent (remarquons que sans une certaine reconnaissance mutuelle de cette légitimité un circuit ne pourrait pas fonctionner), la concordance de finalités (chacun se sent membre du même équipage) et, finalement, sa propre expertise qui incite les membres du circuit à se conformer à ses désirs.

Le gestionnaire doit aussi avoir une idée claire des rôles qu'il désire voir accomplir par chacun des membres du circuit : lorsque chacun sait à quoi s'attend l'autre, les relations sont habituellement plus harmonieuses. Le producteur doit bien sûr réussir à faire accepter ce partage des rôles par chacun des partenaires.

Évidemment, comme dans toutes les relations humaines, la circulation et le partage des informations représentent un aspect primordial dans la gestion d'un circuit. Des conflits peuvent surgir entre les différents partenaires à partir de divergences d'opinions causées par une mauvaise communication. Par ailleurs, l'absence de certaines informations importantes peut nuire à la mise en marché d'un produit.

7.3 Les stratégies de distribution

Nous étudierons maintenant deux types importants de stratégies de distribution : les stratégies de distribution intensive, sélective et exclusive, et les stratégies de pression et d'attraction.

7.3.1 Les stratégies de distribution intensive, sélective et exclusive

La distribution intensive d'un produit consiste à procéder à une diffusion maximale du produit en le distribuant à l'aide du plus grand nombre de points de vente possible. Le producteur ne fait alors aucune sélection parmi les détaillants intéressés à son produit. On trouve de nombreux exemples de cette stratégie dans le domaine du livre et du disque.

La distribution sélective consiste à sélectionner les détaillants en fonction de certains critères. De cette manière, ce ne sont pas tous les détaillants qui peuvent offrir le produit aux consommateurs. Le choix s'effectue en fonction d'objectifs précis, souvent reliés à une question d'image d'entreprise de la part du producteur. L'entreprise qui utilise une stratégie de distribution sélective désire, en effet, gérer son image et s'assurer que les détaillants qui deviendront ses partenaires possèdent une image publique favorable ou une forte crédibilité au sein de leur milieu. Elle peut aussi vouloir créer un sentiment de rareté du produit en limitant le nombre de points de vente. Ainsi, le consommateur devra se rendre à certains endroits précis, choisis avec soin, pour pouvoir consommer ou se procurer le produit.

Dans le secteur des arts visuels, certains artistes choisissent les galeries avec lesquelles ils veulent faire affaire, excluant de ce fait tous les autres concurrents qui voudraient vendre leurs œuvres. Lorsqu'un producteur non seulement sélectionne les détaillants avec qui il désire faire des affaires, mais leur concède aussi l'exclusivité sur un territoire donné, on dit qu'il fait de la distribution exclusive. Le détaillant est ainsi assuré d'avoir le monopole de la vente du produit dans sa région; c'est la façon de procéder dans le domaine cinématographique quand des producteurs de films accordent l'exclusivité de la distribution de l'œuvre à un distributeur sur un territoire précis.

7.3.2 Les stratégies de pression et d'attraction

La stratégie de pression consiste à offrir une marge bénéficiaire plus élevée aux détaillants afin de les inciter à des efforts supplémentaires, tels que de faire la promotion du produit de l'entreprise auprès de leurs clients. Le producteur peut offrir cette marge bénéficiaire supplémentaire s'il réduit d'autant son effort publicitaire; il fait alors le pari que le détaillant qui retirera un profit plus grand sur cette marque fera des efforts supplémentaires pour la vendre.

La stratégie d'attraction consiste au contraire, pour le producteur, à investir de fortes sommes dans la publicité afin d'obtenir une demande suffisamment grande pour qu'elle oblige les détaillants à vouloir offrir le produit, de manière à répondre aux exigences des consommateurs.

Dans le domaine culturel, on trouve des exemples d'utilisation de l'une et l'autre de ces stratégies. La stratégie d'attraction est utilisée par certains distributeurs de disques (la compagnie K-Tel) ou certains producteurs américains (les disques de Michael Jackson), alors que la majorité des autres producteurs ont plutôt recours à la stratégie de pression.

Beaucoup de producteurs ont recours à la stratégie de pression plutôt par défaut que par une volonté stratégique au sens propre; en effet, la stratégie d'attraction nécessite un investissement de départ important sur le plan financier, et les petites entreprises ne disposent pas toujours des sommes requises. Dans les arts d'interprétation, par exemple, les entreprises qui font des tournées n'ont habituellement pas les ressources financières requises pour lancer une vaste offensive promotionnelle auprès des consommateurs; le seul argument qui puisse forcer les diffuseurs à acheter leur production vient de la notoriété déjà acquise par l'œuvre qu'elles présentent. On pourrait par ailleurs soutenir que, lorsque la réputation d'un artiste ou d'un groupe est grande, le producteur se trouve dans une situation équivalente à celle de la stratégie d'attraction: le fait d'obtenir une couverture médiatique importante dans une grande ville produit souvent un effet d'attraction sur le public des régions. Le potentiel de succès en tournée d'un spectacle offert sur Broadway (*Cats*, *Les misérables*, *Miss Saigon*...) dépend du succès que cette production y obtient et continuera d'y obtenir pendant toute la durée de la tournée.

7.3.3 L'interrelation des stratégies

Nous venons d'étudier séparément deux grands types de stratégies de prix (chapitre 6) et deux grands types de stratégies de distribution (section 7.3 du présent chapitre). En réalité, ces stratégies sont intimement liées entre elles.

Ainsi, en utilisant une stratégie de prix dite « stratégie d'écrémage », l'entreprise qui vend son produit plus cher que la concurrence écoule nécessairement moins d'unités tout en réalisant un profit unitaire plus élevé. Pour y parvenir, elle doit acquérir une image de notoriété et de prestige, qui est plus facile à obtenir à l'aide des stratégies de distribution sélective ou exclusive généralement associées à une stratégie de pression. De même, une stratégie de prix de pénétration, qui consiste à vendre le plus d'unités possible au prix le plus bas possible, est généralement jumelée à une stratégie d'attraction et à une stratégie de distribution intensive.

7.4 La distribution physique

La distribution physique est constituée par l'ensemble des activités de logistique et de déplacement qui ont pour objectif de rendre le produit accessible aux consommateurs. Il s'agit de déterminer les lieux où le produit sera distribué et de faire en sorte qu'il s'y rende. Les différents éléments de la distribution physique sont le transport, l'entreposage, la gestion des stocks, le traitement des commandes, la manutention et le conditionnement des marchandises.

La façon dont la fonction de distribution physique d'un produit est gérée dans une entreprise s'avère très importante. En effet, de bonnes décisions concernant les aspects de la logistique de distribution d'un bien peuvent diminuer sensiblement le coût total de cet aspect du marketing ; à l'inverse, de mauvaises décisions peuvent entraîner des dépenses importantes et altérer l'image de l'entreprise chez le consommateur. La gestion de cette composante de la variable distribution est d'autant plus délicate que les deux objectifs de la distribution physique s'opposent : minimiser les coûts et maximiser le service au client.

Les conditions requises pour maximiser le service à la clientèle sont habituellement les suivantes : le cycle de commande doit être court, il ne doit y avoir aucune rupture de stock et on doit maintenir un niveau d'erreur zéro dans l'expédition des produits. Ces conditions impliquent que l'entreprise maintienne un niveau de stock élevé et donc des surfaces d'entreposage importantes, d'où des coûts élevés ; cela implique aussi qu'elle dispose d'une capacité de livraison adéquate, d'un personnel qualifié et de systèmes de gestion des commandes et du stock capables de traiter efficacement toutes les commandes des clients. Bien souvent, la décision que l'entreprise doit prendre tourne autour des deux questions suivantes : Quel devrait être mon niveau de stock optimal pour ne pas faire face à plus de x ruptures de stock pour une période donnée ? Quel devrait être le degré de perfectionnement de mon système de traitement des commandes (et la qualité de ma main-d'œuvre) pour que mon cycle de commandes ne dépasse pas y jours ? Il s'agit de questions dont l'importance stratégique est extrême, surtout lorsque la concurrence est vive sur un marché donné.

Ces considérations s'appliquent en particulier dans les industries culturelles où il y a distribution d'un grand nombre d'unités physiques, comme le livre et le disque. Cela étant dit, dans les autres secteurs, la notion de service à la clientèle, qui est la notion fondamentale de la distribution physique, s'applique aussi, même s'il n'est pas nécessairement question de stocks, d'entreposage ou de cycle de commandes.

Bien que leurs produits soient immatériels, les producteurs du domaine des arts d'interprétation doivent définir de quelle façon ces produits seront distribués aux spectateurs. Des paramètres tels que le choix des villes – lorsque le spectacle part en tournée –, le choix des salles et les modes de vente des billets – guichets, réseaux informatisés, poste, etc. – correspondent à des décisions que doit prendre l'entreprise dans l'élaboration de ses stratégies de distribution. Lors de la vente de ses sièges ou de ses billets, l'entreprise doit offrir un service diversifié et approprié. Elle doit rechercher la qualité et la diversité des modes de distribution, qui constituent deux éléments majeurs du service à la clientèle.

Dans les grandes villes, où la concurrence est particulièrement forte, la qualité du service à la clientèle peut jouer un rôle crucial. Par exemple, le spectateur potentiel qui tente de joindre le bureau de vente d'une compagnie théâtrale par téléphone à un moment où le poste est constamment occupé peut très bien décider, après plusieurs tentatives infructueuses, de téléphoner à un autre théâtre ; en effet, lorsqu'un jour donné le consommateur a le choix entre un très grand nombre de spectacles, il hésitera peut-être entre trois, quatre ou cinq œuvres ; s'il ne lui est pas possible d'obtenir une place pour son premier choix, il optera pour son deuxième choix.

7.5 La localisation commerciale

Tandis que la distribution physique consiste à amener le produit jusqu'aux consommateurs, la localisation est le choix de l'endroit physique où le produit sera acheté ou consommé. Les lieux de présentation et les points de vente doivent être relativement accessibles, puisque l'effort du consommateur sera directement proportionnel à son intérêt pour le produit. Nous avons déjà vu au chapitre 2 que l'on peut classer les produits en trois groupes selon le degré d'effort que le consommateur est prêt à consentir dans son comportement d'achat : il y a les produits d'achat courant, les produits d'achat réfléchi et les produits d'achat spécialisé ; nous avons aussi défini le produit culturel comme étant, en général, un bien d'achat spécialisé, même s'il peut arriver que le comportement du consommateur fasse en sorte qu'un produit particulier puisse se trouver dans la catégorie des biens d'achat réfléchi.

Toutefois, l'effort que peut vouloir consentir le client a des limites. Un emplacement excentré et peu accessible – pensons au cas du Musée d'art contemporain de Montréal lorsqu'il se trouvait dans la Cité du Havre – ou le fait d'offrir le produit à des moments non souhaitables, comme ce fut très longtemps le cas des musées, que l'on ne pouvait visiter qu'entre 9 heures et 17 heures les jours de semaine, sont des facteurs qui peuvent influer sur le consommateur potentiel. De même, l'impossibilité de trouver du stationnement près du lieu où se tient une activité peut réduire considérablement la fréquentation de ce lieu. Des éléments géographiques et physiques – un pont, une voie ferrée, une zone industrielle, etc. – peuvent également jouer un rôle psychologique et déterminant dans le choix d'un consommateur quant aux limites du territoire à l'intérieur duquel il considérera diverses possibilités d'activité.

De plus, le statut et la taille d'une ville peuvent influencer la décision. Ainsi, les habitants de la banlieue montréalaise et des villes environnantes accepteront de se déplacer sur de grandes distances pour assister à un spectacle au centre-ville de Montréal. L'inverse n'est pas nécessairement vrai. De même, si plusieurs résidents de la ville de Québec se rendent à Montréal pour voir une exposition d'envergure, plus rares sont les Montréalais qui effectuent le trajet pour visiter un musée à Québec.

Certains facteurs généraux doivent donc être considérés dans le choix d'un emplacement : l'accès par les transports en commun, l'accès en automobile, les possibilités de stationnement, la présence de services connexes tels que restaurants et bars dans le cas des spectacles et des expositions, etc.

Dans le domaine des arts comme dans celui du commerce de détail en général, il est avantageux pour une entreprise de se situer à un endroit où plusieurs autres entreprises sont établies. Le pouvoir d'attraction d'un groupe d'entreprises produit ainsi un effet de synergie que ne pourrait avoir une entreprise isolée. Les grands centres commerciaux misent sur ce principe pour attirer une clientèle abondante. Les cas montréalais des galeries d'art autogérées du secteur Saint-Laurent/Sherbrooke, du quadrilatère olympique – regroupant le Jardin botanique, l'Insectarium, le Biodôme et le Musée des arts décoratifs – répondent aussi à ce principe.

7.5.1 Le principe de la zone commerciale

La zone commerciale peut être définie de la façon suivante[5]: « l'étendue géographique d'où une unité de vente tire sa clientèle et son chiffre d'affaires ».

L'attraction d'un point de vente n'est pas uniforme sur toute l'étendue du territoire ; en effet, à mesure que l'on s'éloigne du point de vente, le pouvoir d'attraction diminue. Cette variation de l'intensité de l'attraction amène à diviser la zone commerciale en trois parties distinctes que l'on nomme simplement : zone primaire, zone secondaire et zone tertiaire.

7.5.2 Définition des trois zones

La zone primaire regroupe les clients du bassin principal de l'unité de vente. Il s'agit de la partie de la zone commerciale la plus dense quant au nombre de consommateurs atteints ; cette partie de la zone commerciale peut contenir jusqu'à 80 % de la clientèle selon le type de commerce, selon la configuration géographique du quartier ou de la ville, ou selon le profil sociodémographique des résidents. Pour le magasin, la zone primaire constitue en fait le secteur géographique le plus important, puisque la majeure partie de son chiffre d'affaires repose sur cette zone et parce que celle-ci regroupe habituellement les clients les plus fidèles.

La zone secondaire regroupe la clientèle du deuxième bassin en importance. L'unité de vente y réalise entre 20 % et 40 % de son chiffre d'affaires. Il s'agit du secteur géographique où le commerce est le plus vulnérable à une action agressive des concurrents.

La zone tertiaire est en quelque sorte la zone résiduelle ; elle contient de 10 % à 20 % de la clientèle, soit des consommateurs qui ne fréquentent le commerce que de façon occasionnelle, ou encore qui ne sont là que par hasard (le cas d'une certaine partie de la clientèle touristique). Tout magasin possède une zone tertiaire sur laquelle il n'exerce que très peu ou pas d'influence.

Les différentes zones commerciales possèdent des contours irréguliers, et les zones commerciales de différents concurrents se superposent en fonction des particularités géographiques de la ville et du quartier et suivant la force d'attraction de chacun de ces concurrents (*voir figure 7.3*).

Notons par ailleurs que la configuration de la zone commerciale peut dépendre du type de produit offert. Dans le cas d'un diffuseur offrant une programmation variée, certains produits peuvent atteindre une clientèle particulière ; la comparaison des résultats par catégorie de produits pourrait alors indiquer des contours de zones commerciales différents.

Pour déterminer la zone commerciale de son unité de vente, le gestionnaire n'a qu'à tirer un échantillon de sa clientèle, à inscrire le lieu de résidence des membres de l'échantillon et à placer sur une carte de la ville ou du quartier un point pour chaque client ; ce faisant, il obtient un nuage de points semblable à celui de la figure 7.3. Il n'a plus qu'à en faire une analyse.

7.5.3 L'utilité de la notion de zone commerciale

Le tracé de la zone commerciale est utile pour au moins huit raisons :

1) Estimer la demande en dollars sur le territoire géographique couvert et comparer cette demande au chiffre d'affaires qui y est réalisé. Calculer de là sa part de marché.

Figure 7.3
Les zones commerciales d'un magasin

Source: Adaptation de B.J. KANE, *A Systematic Guide to Supermarket Location Analysis*, New York, Fairchild Publications Inc., 1966, p. 37.

2) Estimer la demande future et son incidence sur les ventes du magasin, en particulier si l'on prévoit la construction d'ensembles résidentiels à l'intérieur de la zone commerciale.

3) Déterminer les objectifs de vente et de part de marché à court, à moyen et à long terme.

4) Mesurer l'effet de la concurrence sur l'étendue et la configuration des trois zones, et se situer part rapport à cette concurrence.

5) Étudier et mieux connaître le profil socio-économique et sociodémographique de la population qui réside dans la zone d'attraction de l'unité de vente, afin d'offrir une composition commerciale adaptée aux consommateurs potentiels.

6) Planifier l'effort promotionnel en fonction des consommateurs potentiels et des limites géographiques de la zone d'attraction; il peut, par exemple, y avoir une perte d'énergie et d'argent si on distribue des imprimés publicitaires sur un territoire plus grand que celui de la zone commerciale ou, à l'inverse, une meilleure couverture pourrait parfois amener une part de marché plus importante.

7) Comparer, dans le cas de magasins, les succursales entre elles et planifier de façon rigoureuse l'ouverture de nouvelles unités en tenant compte de la zone commerciale probable; si l'on s'aperçoit par exemple, que le futur emplacement possède les caractéristiques de l'une ou l'autre des succursales existantes, on peut alors, par comparaison, prévoir l'achalandage, la superficie du territoire qui sera couvert et même la taille du magasin à construire.

8) Planifier l'expansion de l'entreprise soit par un agrandissement du magasin actuel, soit par l'ouverture d'autres unités de vente.

7.5.4 Les facteurs qui déterminent l'étendue et la configuration de la zone commerciale

Les trois principaux facteurs qui déterminent l'étendue et la configuration de la zone commerciale sont le produit au sens générique, les stratégies de mise en marché de l'entreprise et les phénomènes liés à la perception des consommateurs.

Par « produit au sens générique », nous entendons les biens d'achat courant, réfléchi et spécialisé. La zone commerciale des magasins vendant des produits d'achat courant est généralement restreinte, soit moins de 2 kilomètres, alors que celle des biens d'achat réfléchi ou spécialisé peut s'étendre sur 5, 10 ou même 20 kilomètres. Comme les salles de spectacles, les musées, les galeries d'art, les librairies, les magasins de disques et les cinémas sont des biens d'achat spécialisé ou réfléchi, il est normal que leur zone commerciale s'étende sur de grandes distances.

Les autres variables de la composition commerciale jouent aussi un rôle sur l'étendue et la configuration de la zone commerciale. Une politique de prix ou de promotion dynamique peut inciter certains consommateurs à fréquenter un commerce plutôt qu'un autre. De la même façon, le fait qu'une entreprise vise tel segment de marché amènera une catégorie particulière de consommateurs qui, parce qu'ils habitent un quartier précis, par exemple, donneront une configuration particulière à la zone commerciale. C'est le cas notamment des musées, des galeries d'art et des salles de spectacles, qui attirent une catégorie de clientèle scolarisée et financièrement à l'aise; l'analyse de la provenance des clients de ces établissements démontre en général une concentration dans certains codes postaux où le revenu moyen est le plus élevé (nous utilisons aux fins d'analyse les trois premières lettres du code postal).

L'étendue et la configuration d'une zone commerciale dépendent de la perception que les consommateurs possèdent de certains facteurs, en particulier de la notion de distance, celle-ci étant évaluée en fonction des barrières parfois réelles, parfois psychologiques que l'on rencontre sur un trajet pour se rendre à un magasin. Selon l'état des routes, le nombre de feux de circulation, l'habitude, etc., le consommateur surévalue ou, au contraire, sous-estime la distance et le temps requis pour se rendre à un commerce. Le trajet réel (physique) peut être court, alors que le client peut avoir «l'impression» que le magasin est situé à une très grande distance de son point d'origine; l'inverse est aussi vrai. En fonction de cette perception, la zone commerciale peut être plus ou moins étendue.

Par ailleurs, certains obstacles physiques peuvent modifier le comportement de l'acheteur. C'est ainsi que les cours d'eau (même avec la présence d'un pont), les voies ferrées, les autoroutes, les zones industrielles, les parcs, etc., contribuent à façonner le contour d'une zone commerciale. Ainsi, les consommateurs ne traverseront pas une voie rapide, une voie ferrée, une rivière ou une zone industrielle s'ils peuvent demeurer en deçà de ces barrières, quitte à parcourir une distance supplémentaire raisonnable pour s'approvisionner chez un concurrent.

D'autre part, le type de rue ou d'emplacement où se trouve un magasin influe sur l'étendue de la zone commerciale. Par exemple, un commerce situé à l'intérieur d'une station de métro bénéficiera d'une zone commerciale qui, tout en étant très étendue, se limite aux utilisateurs du métro; un autre situé dans un grand centre commercial bénéficiera de l'attraction de l'ensemble des magasins de ce centre.

Résumé

La variable distribution comporte trois éléments distincts : les circuits de distribution, la distribution physique et la localisation commerciale.

Les circuits de distribution sont constitués par l'ensemble des intervenants qui jouent un rôle dans la chaîne de distribution amenant le produit au consommateur final. Le circuit de distribution peut être court (le musée qui s'adresse directement au consommateur sans utiliser d'intermédiaires) ou très long (l'entreprise de disques utilisant des agents qui vendent à des grossistes, lesquels écoulent le produit par l'intermédiaire d'un réseau de détaillants). Le circuit de distribution permet de réduire le nombre total d'opérations et remplit un certain nombre de fonctions de nature logistique – comme le transport et l'entreposage des marchandises –, de nature commerciale – comme la promotion du produit – ou encore de soutien – comme le financement des stocks.

Les principales dimensions de la gestion d'un circuit de distribution correspondent à quatre objectifs et à six décisions stratégiques. Les quatre objectifs sont les suivants : maximiser le profit (ou atteindre le seuil de rentabilité) en maintenant la motivation au maximum à l'intérieur du circuit ; la maximisation du profit viendra d'une maximisation des ventes et d'une minimisation des coûts. Les six décisions stratégiques concernent : la longueur du circuit, la stratégie de distribution, le type d'intermédiaires, le nombre de circuits à utiliser, le degré de coopération offert aux intermédiaires et le choix de chacun de ces derniers.

Un circuit de distribution ne doit pas être vu comme un simple flux de marchandises allant du producteur au consommateur final. C'est, de fait, un réseau social où les relations interpersonnelles interviennent et influent sur la dynamique du processus. Les quatre dimensions importantes de ce réseau social sont constituées par les conflits, le pouvoir, les rôles et les communications.

On peut distinguer deux types importants de stratégies de distribution : les stratégies de distribution intensive, sélective et exclusive, et les stratégies de pression et d'attraction. Le premier type de stratégies correspond au nombre de points de vente que la firme désire utiliser ; il s'agit d'en maximiser le nombre dans le cas de la distribution intensive, de choisir les détaillants en fonction de critères précis dans la distribution sélective et d'ajouter une protection de territoire dans la distribution exclusive. Le deuxième type de stratégies implique l'utilisation de la marge de profit laissée à l'intermédiaire en fonction de l'effort que le producteur désire obtenir de cet intermédiaire ; le producteur lui laissera une marge élevée s'il désire qu'il pousse le produit auprès du client, et une marge plus réduite s'il veut utiliser la somme ainsi économisée pour attirer le client vers l'intermédiaire, par une campagne promotionnelle.

La distribution physique est l'ensemble des activités de logistique et de déplacement qui ont pour objectif de rendre le produit accessible au consommateur, soit : le transport, l'entreposage, la gestion des stocks, le traitement des commandes, la manutention et le conditionnement des marchandises. La distribution physique doit répondre à deux objectifs contradictoires : minimiser les coûts et maximiser le service à la clientèle.

La localisation est le choix du lieu physique où le produit sera acheté (ou consommé) par le client. En étudiant la provenance de la clientèle d'une unité de vente (salle de spectacles, librairie, musée, etc.), on peut déterminer trois zones en fonction de la distance et de la concentration de clientèle autour de l'unité de vente. L'étendue et la configuration de ces trois zones, que nous appelons simplement zone primaire, zone secondaire et zone tertiaire, sont déterminées par les facteurs suivants : le produit au sens générique, les stratégies de mise en marché de l'entreprise et les phénomènes liés à la perception du consommateur.

Questions

1. Comment le mode de consommation du produit culturel conditionne-t-il le mode de distribution de ce produit ?
2. Qu'est-ce qu'un circuit de distribution ?
3. Pourquoi les décisions reliées au choix d'un circuit de distribution sont-elles importantes ?
4. Quelle est la principale raison d'être des intermédiaires ?
5. Quelles sont les principales fonctions d'un circuit de distribution ?
6. Qu'est-ce qu'on entend par la complexité d'un circuit de distribution ?
7. Dans la gestion de son circuit de distribution, pourquoi l'entreprise doit-elle considérer d'abord l'atteinte d'un profit maximal dans une perspective à long terme ?
8. Quelles sont les six questions fondamentales auxquelles un producteur doit répondre avant de construire son circuit de distribution ?

9. Pouvez-vous expliquer le concept de « réseau social » d'un circuit de distribution ?
10. Comment explique-t-on l'interrelation qui existe entre les stratégies d'écrémage et de pénétration, les stratégies de distribution intensive, sélective et exclusive, et les stratégies de pression et d'attraction ?
11. Pouvez-vous décrire les différents éléments de la distribution physique ?
12. Quels sont les facteurs généraux qui doivent être considérés dans le choix d'un bon emplacement ?
13. Quelle est l'utilité managériale du concept de zone commerciale ?

Notes et références

1. *Évaluation du programme d'aide au développement de l'industrie de l'édition, étude économique–tome 1*, Division de l'évaluation des programmes, Gouvernement du Canada, 1992, 96 p.
2. SAMSON/BÉLAIR, *Portrait économique du cinéma et de la production télévisuelle indépendante au Québec, première partie, portrait*, Institut québécois du cinéma, 1989, 111 p.
3. B. MALLEN, *Principles of Marketing Channel Management*, Toronto, Lexington Books, 1977, 353 p.
4. B. ROSENBLOOM, *Marketing Channels: A Management View, Second Edition,* Chicago, The Dryden Press, 1983, 512 p.
5. F. COLBERT et R. CÔTÉ, *Localisation commerciale*, Boucherville, Gaëtan Morin Éditeur, 1990, 152 p.

Autres références

BOWERSOX, D.J., *Logistical Management, Second Edition*, New York, Macmillan Publishing Co. Inc., 1978, 528 p.

CATEORA, P.R., *International Marketing, seventh edition*, Homewood, Illinois, Richard D. Irwin, 1990, 870 p.

COUPET, A., Le service à la clientèle : de la stratégie de marketing à la gestion de la qualité, *Gestion, revue internationale de gestion*, Montréal, novembre 1990, vol. 15, n° 4, p. 27-36.

Importing to the United States, Department of the Treasury, United States Customs Service, 1985, 86 p.

JACOB, G.T., *Guide pratique de l'exportation*, Industrie, commerce et expansion régionale, Gouvernement du Canada, 1984, 297 p.

KANE, B.J., *A Systematic Guide to Supermarket Location Analysis*, Fairchild Publications Inc., New York, 1966, 171 p.

La filière de l'exportation, Commerce extérieur et développement technologique, Gouvernement du Québec, 1986, 48 p.

LEROY, G., G. RICHARD et J.-P. SALLENAVE, *La conquête des marchés extérieurs*, Paris, Les Éditions d'Organisation, 1978, 238 p.

McINTYRE, C., *Carnet de route: guide de tournée à l'étranger*, Affaires extérieures, Service de la promotion artistique, Gouvernement du Canada, 1985, 110 p. (bilingue).

PAPADOPOULOS, N., L.A. HESLOP et J.J. MARSHALL, «Domestic and International Marketing of Canadian Cultural Products: Some Questions and Some Directions for Research», *ASAC Conference,* Whistler, C.-B., 1990.

PETTIGREW, D., *La gestion de la distribution*, Boucherville, Gaëtan Morin Éditeur, 1987, 164 p.

TERPSTRA, V., *International Marketing*, New York, Holt, Rinehart and Winston Inc., 1972, 517 p.

Plan

Objectifs	205
Introduction	205
8.1 Définition	206
8.2 Les outils de la variable promotion	207
8.2.1 La publicité	207
8.2.2 La vente personnelle	208
8.2.3 Les relations publiques	209
8.2.4 La promotion des ventes	210
8.2.5 La composition promotionnelle	210
8.3 Les fonctions de la promotion	211
8.3.1 Communiquer un message	211
8.3.2 Produire un changement chez le client	213
8.4 Le choix des outils promotionnels	216
8.4.1 Les paramètres d'influence	216
8.4.2 Un modèle explicatif et pragmatique	218
8.5 Les destinataires du message	219
8.6 Le plan de communication	220
8.6.1 Les questions de base du plan de communication	220
8.6.2 Le contenu du plan de communication	222
8.7 Les commandites	224
8.7.1 Définition	224
8.7.2 L'importance du marché de la commandite	225
8.7.3 Les instances décisionnelles	225
8.7.4 Les objectifs des commanditaires	225
8.7.5 Les critères de sélection	227
8.7.6 Les éléments d'une démarche générale	227
Résumé	231
Questions	231
Notes et références	232
Autres références	233

8

La variable promotion

Objectifs

- Définir la variable promotion.
- Identifier ses principales fonctions.
- Présenter les différents outils de promotion.
- Analyser la façon de choisir les outils adéquats.
- Examiner le contenu d'un plan de communication.
- Comprendre la notion de commandite comme outil de promotion.

Introduction

Quatrième variable de la composition commerciale, la promotion est un élément vital de la stratégie marketing d'une firme. C'est par la promotion que l'entreprise établit le contact formel avec ses marchés.

Dans ce chapitre, nous examinerons les outils de la variable promotion, leurs fonctions et les critères de choix de ces outils selon les objectifs à atteindre. Nous définirons ensuite les différentes composantes du plan de communication. Nous discuterons enfin la notion de commandite, élément faisant partie des moyens promotionnels de l'entreprise commanditaire et source de revenus non négligeables pour l'entreprise culturelle.

8.1 Définition

Les notions de marketing, de promotion et de publicité sont souvent confondues; précisons que la publicité est un des outils de la promotion, que la promotion est l'une des variables de la composition commerciale, qui est elle-même l'un des éléments du modèle marketing.

La variable promotion est d'abord et avant tout un outil de communication. C'est l'instrument qui véhicule officiellement l'image et le message de l'entreprise, et sur lequel cette dernière a une influence directe, son pouvoir décisionnel lui permettant de gérer son image et le contenu des messages diffusés. Il faut toutefois se souvenir que les autres variables de la composition commerciale projettent aussi une image de l'entreprise et que, dans le milieu culturel, la critique transmet également un message au public potentiel.

L'entreprise culturelle véhicule une image auprès du grand public et des publics spécialisés. Cette image découle de perceptions du consommateur basées sur l'opinion des autres, la critique, l'expérience du produit, la promotion effectuée, etc. Bien que l'entreprise ne puisse maîtriser la perception que le consommateur aura à partir des messages véhiculés par les autres variables de la composition commerciale, elle peut tout de même influer sur la perception du public. Ainsi, le niveau des prix, le choix des distributeurs et les moyens promotionnels retenus permettent à l'entreprise de créer ou de modifier son image. Un niveau de prix élevé entraînera probablement une image de prestige, comme c'est le cas pour la présentation d'un spectacle dans des salles réputées. À l'inverse, un spectacle annoncé dans des journaux populaires et dont les billets sont vendus à des prix très bas obtiendra probablement une image populaire.

La promotion est aussi un outil de changement, car elle permet à l'entreprise de produire des modifications de perceptions, d'attitudes, de niveaux de connaissance et de conscientisation. Ainsi, la promotion peut faire passer le consommateur du stade de l'ignorance au stade de la connaissance d'un produit, elle peut modifier ses attitudes en changeant son état d'indifférence à l'égard d'un produit en un état de désir et elle peut modifier les perceptions négatives en perceptions positives.

Mokwa[1] mentionne trois principaux objectifs promotionnels, que voici :

1) L'objectif « information » : il s'agit d'informer le public de l'existence du produit et de diffuser les données essentielles qui le concernent : les particularités du spectacle, le nom des artistes, les dates, lieu et heures de présentation, le prix des billets, la façon de les obtenir, etc.

2) L'objectif « persuasion » : il s'agit de convaincre le consommateur d'acheter le produit en lui présentant des éléments de motivation additionnels : la qualité du spectacle, la présence d'un artiste très connu, la nature spéciale de la manifestation, la facilité d'accès, les réductions de prix sur les billets, la reconnaissance sociale, l'enrichissement personnel, etc.

3) L'objectif « éducation » : il s'agit de fournir aux spectateurs les outils et les codes qui leur permettent d'apprécier les caractéristiques particulières du produit. Cette activité contribue à élargir le public d'une discipline en permettant l'atteinte d'un niveau de compréhension suffisamment élevé pour amener le client potentiel à apprécier et à consommer le produit. Les programmes éducatifs mis au point par les musées pour la clientèle enfantine en sont un exemple.

8.2 Les outils de la variable promotion

On distingue quatre outils principaux qui sont généralement utilisés pour réaliser les activités promotionnelles : la publicité, la vente personnelle, les relations publiques et la promotion des ventes. L'importance que les entreprises accordent à chacun de ces outils peut dépendre tant de leurs moyens financiers que des traditions de l'industrie dont elles font partie.

8.2.1 La publicité

La publicité peut être définie comme l'ensemble des moyens, non personnalisés, pour lesquels une entreprise doit payer en vue de communiquer avec son marché cible. Il faut noter que la visibilité obtenue par la couverture de presse effectuée par des journalistes ou par les communiqués de presse publiés dans les médias ne fait pas partie de la publicité mais plutôt des relations publiques.

Le message publicitaire peut être véhiculé à l'aide de plusieurs médias autant électroniques qu'écrits, tels la télévision, la radio, les journaux, les revues, les affiches imprimées et lumineuses, les panneaux-réclames, les annonces dans les transports en commun, etc.

Boisvert[2] précise que la publicité « implique une rétribution à un support publicitaire (radio, revue, télévision, quotidien, panneau-réclame, etc.) afin que l'annonce (réclame) y soit présentée ».

L'annonce publicitaire, compte tenu du support utilisé, a une espérance de vie limitée. Elle est élaborée pour un type précis de support et peut viser aussi bien un large public (publicité de masse) qu'un public cible très particulier (publicité ciblée). Le défi du gestionnaire sera de déceler les supports publicitaires les plus adéquats. Il lui sera donc utile de connaître le profil du public atteint par chacun des médias qu'il envisage d'utiliser[3].

L'affiche est un moyen de communication largement utilisé par les entreprises culturelles. Il convient toutefois de la considérer comme un soutien aux autres outils publicitaires utilisés. En effet, le client potentiel ne remarque pas toujours une affiche (ou ne peut la consulter en circulant en automobile); de plus, le temps moyen d'observation d'une affiche par un passant est très court, et la durée de vie de l'affiche elle-même est aussi très brève quand on considère les pratiques de l'affichage sauvage dans les grandes villes. De plus, la quantité d'information que l'on peut y mettre est limitée. La conception de l'affiche doit donc faire l'objet de soins particuliers afin d'attirer l'attention et de susciter l'intérêt auprès des consommateurs éventuels. On lui attribue habituellement une fonction de rappel de la campagne principale.

8.2.2 La vente personnelle

La vente personnelle consiste à transmettre un message d'une personne à une autre par un contact direct qui permet de réagir aux arguments du client potentiel. La transmission personnalisée peut se faire en face-à-face, par téléphone, individuellement ou en groupe.

La publicité est un moyen de persuasion très puissant lorsque le message à transmettre est simple. Pour des messages plus complexes, la vente personnalisée est plus efficace, car le représentant de l'entreprise peut adapter le message au client et réagir à ses arguments.

Le télémarketing est un exemple de vente personnalisée qui peut être utilisé soit comme outil principal pour atteindre l'ensemble du public visé, soit comme outil d'appoint pour cibler certains groupes plus difficiles à convaincre. Le télémarketing est d'ailleurs un moyen que les entreprises culturelles utilisent de plus en plus fréquemment, et avec succès[4].

En plus de sa fonction de persuadeur, le vendeur exerce un rôle de collecteur d'informations; il doit s'informer des besoins, des réticences, des problèmes et des situations particulières des clients afin de les aider à résoudre leurs problèmes et de répondre à leurs attentes. Le vendeur exerce aussi les rôles de fournisseur de services reliés aux activités de vente, de communicateur amical visant à établir et à maintenir des relations interpersonnelles favorables avec le client, de conseiller lors du processus d'achat et de coordonnateur entre les besoins de ses clients et les divers produits et services qu'offre son entreprise.

Le processus de communication personnalisée suit une série d'étapes allant de la prospection au suivi des ventes effectuées[5]. Le tableau 8.1 présente ces étapes.

La prospection consiste à déterminer et à évaluer le potentiel de nouveaux clients. La préparation vise à établir les stratégies « d'attaque » et à prendre rendez-vous. L'approche est constituée par l'établissement de l'argumentaire prévu pour déclencher une attitude favorable chez le client et par la préparation précédant le processus de présentation du produit. Le diagnostic est l'analyse des

Tableau 8.1
Les étapes du processus de communication personnalisée

Étape 1 — La prospection
Étape 2 — La préparation
Étape 3 — L'approche
Étape 4 — Le diagnostic
Étape 5 — La présentation
Étape 6 — Le traitement des objections
Étape 7 — La fermeture
Étape 8 — Le suivi

besoins du client effectuée par le vendeur. La présentation constitue l'acte de persuasion au cours duquel le vendeur présente le produit et tente de convaincre le client potentiel de devenir un client réel. Le traitement des objections consiste à discerner les objections et les réticences du client afin d'y répondre et de les contrer. Ce travail n'est pas simple, car une objection soulevée peut, en fait, en cacher une autre beaucoup plus forte. Le vendeur doit donc découvrir les objections réelles du client et les contrer à l'aide d'un argumentaire solide. La fermeture consiste à clore la vente au moment propice lorsque le client semble prêt à acheter le produit. Finalement, le suivi vise à s'assurer que l'échange effectué satisfait bel et bien le client et à apporter, s'il y a lieu, les correctifs nécessaires, tout en favorisant une rencontre éventuelle dans l'avenir.

8.2.3 Les relations publiques

Les relations publiques sont les moyens utilisés pour promouvoir un produit ou une entreprise dans les médias, sans avoir à payer une annonce. Ainsi, les communiqués de presse, les conférences de presse, les discours et les allocutions, le temps d'antenne gratuit offert par les stations de radio et de télévision, et la couverture médiatique sont des exemples de relations publiques.

Les moyens financiers limités de beaucoup d'entreprises culturelles les obligent à utiliser les relations publiques comme moyen principal de transmission de l'information à leurs clients potentiels. Il convient de souligner, par ailleurs, que les médias y trouvent aussi leur compte, puisque l'activité culturelle constitue une matière intéressante qui attire un auditoire non négligeable.

L'entreprise culturelle possède un large pouvoir quant à ses activités de relations publiques; toutefois, le dernier mot revient aux médias qui peuvent décider de ne pas tenir compte de l'information ou de n'en diffuser qu'une partie, avec tous les risques que cela peut comporter.

8.2.4 La promotion des ventes

La promotion des ventes se divise en trois volets. Elle peut consister en premier lieu à imprimer sur de menus objets (carnets d'allumettes, crayons, pins, etc.) le logo de l'entreprise ou tout autre élément pertinent. Ces objets promotionnels sont généralement distribués gratuitement.

Elle consiste aussi à proposer des éléments de motivation pour inciter les clients potentiels à acheter le produit. Les coupons de réduction, les offres spéciales – par exemple, fournir un billet gratuit à l'achat d'un billet au prix courant –, les concours, les cadeaux liés aux abonnements, etc., sont des exemples d'éléments de motivation.

Troisièmement, la promotion des ventes peut également prendre la forme de la vente de produits dérivés. Nous entendons par « produits dérivés » ceux qui se greffent au produit principal de l'entreprise et dont la vente génère des revenus autonomes : T-shirts, disques, affiches, tasses, articles de papeterie, etc. La vente de produits dérivés a habituellement pour but premier d'augmenter le revenu autonome[6] global de l'entreprise. Ensuite, et par conséquent, les objets vendus contribuent à diffuser l'image de l'entreprise ; les musées et les grandes organisations du domaine du spectacle utilisent beaucoup cet outil.

La promotion des ventes se fait habituellement auprès des consommateurs, mais elle peut aussi s'effectuer auprès des détaillants et des distributeurs. Dans le premier cas, on peut tenter d'attirer les consommateurs en donnant, par exemple, certaines réductions sur l'achat d'une série de billets. Dans le deuxième cas, on peut utiliser ce moyen pour inciter les détaillants à offrir le produit ou pour les encourager à y consacrer des efforts promotionnels supplémentaires ; l'attribution de points primes pour chaque unité de produit vendu, cumulables et échangeables contre des prix intéressants tels que billets d'avion, voyages, etc., en est un exemple.

8.2.5 La composition promotionnelle

Nous avons vu que la promotion comportait quatre outils principaux : la publicité, les relations publiques, la promotion des ventes et la vente personnelle. Chaque entreprise recourt en fait à un dosage différent de chacun de ces outils pour former une composition promotionnelle qui lui soit propre. Certaines, étant donné le budget peu considérable dont elles disposent, font principalement appel à la promotion gratuite relevant des relations publiques. C'est souvent le cas des petites entreprises du domaine des arts, qui, afin de soutenir l'annonce de presse qu'elles publient, déploient des efforts importants pour obtenir une couverture médiatique substantielle, tout en utilisant l'affiche autant pour appuyer les autres outils promotionnels que pour véhiculer de façon concrète l'image de l'entreprise. D'autres peuvent baser leur stratégie promotionnelle sur l'achat de publicité dans les médias ciblant précisément les segments visés, tandis que d'autres encore tentent d'obtenir un juste équilibre entre les quatre outils dont elles disposent. Tout est une question de moyens et d'objectifs.

8.3 Les fonctions de la promotion

La promotion a deux fonctions principales : communiquer un message et produire un changement chez le consommateur.

8.3.1 Communiquer un message

Le message que veut communiquer une entreprise repose sur un ensemble de codes picturaux, visuels, graphiques, écrits, symboliques et de codes de

Figure 8.1
Le modèle de communication de Schramm

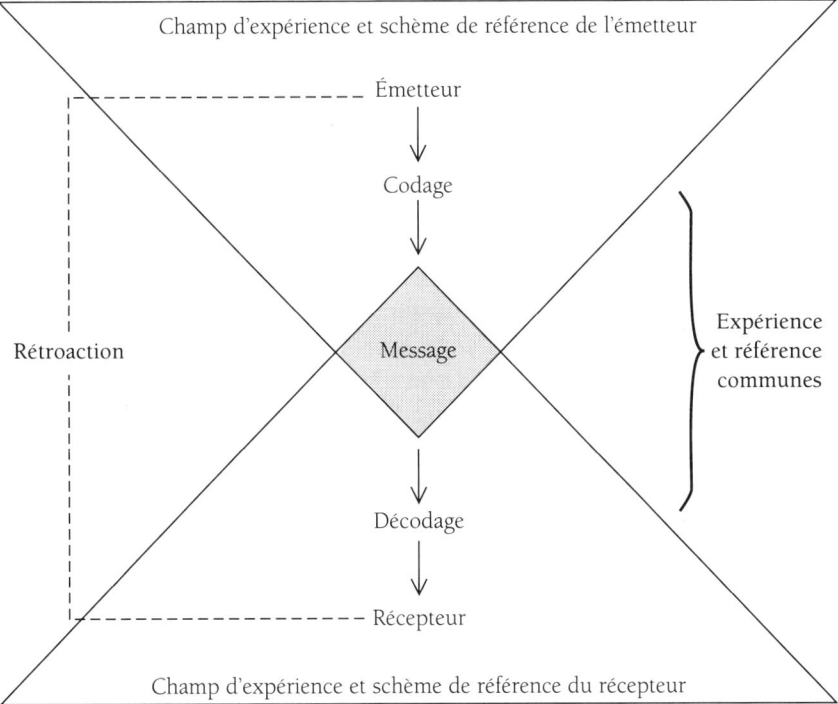

Source : Adaptation de W. SCHRAMM, « How Communication Works », dans *The Process and Effects of Mass Communication*, Urbana, Illinois, University of Illinois Press, 1960.

couleur qui doivent être perçus et compris adéquatement par le consommateur. Schramm[7] a proposé un modèle de communication qui s'applique à l'ensemble des messages (*voir figure 8.1*).

Le modèle proposé par Schramm décompose le processus de communication en huit éléments, à savoir :

1) L'émetteur, soit celui qui amorce la communication. Il peut s'agir d'un individu, d'un groupe ou d'une entreprise.

2) Le codage, qui consiste dans la mise en rapport et l'ordonnancement de certains signes, symboles, couleurs et autres éléments picturaux, graphiques, visuels et écrits destinés à véhiculer le sens du message.

3) Le message, qui est la pierre angulaire de la communication ; il est constitué de l'ensemble des signes, des symboles et des autres éléments qui sont ordonnés et transmis au récepteur.

4) Le décodage, c'est-à-dire la compréhension, par le récepteur, de la mise en rapport et de l'ordonnancement des signes, des symboles, des couleurs et des autres éléments utilisés par l'émetteur.

5) Le destinataire, qui peut être un individu, un groupe de personnes ou une organisation. Sa prédisposition à recevoir le message n'est pas nécessairement assurée. Ainsi, le message peut être transmis par l'émetteur mais ne jamais atteindre sa cible si le destinataire n'est pas à l'écoute.

6) Le champ d'expérience, c'est-à-dire l'étendue de l'expérience en matière de communication. Il s'agit, en fait, de plusieurs champs d'expérience plutôt que d'un seul ; il y a notamment le champ d'expérience de l'émetteur, qui regroupe l'ensemble de ses expériences passées et de ses connaissances dans le domaine des communications, et celui du destinataire, qui rassemble ses expériences diverses dans la réception de messages et dans le décodage.

7) Le schème de référence, c'est-à-dire toutes les références sur lesquelles l'émetteur et le destinataire s'appuient afin de préciser et de comprendre la communication. Il s'agit, en fait, de l'expérience globale et des connaissances générales et particulières que possèdent les individus ou les groupes qui interagissent dans un processus de communication.

8) La rétroaction, soit la réaction du destinataire au message reçu, telle qu'elle est perçue par l'émetteur. En d'autres mots, la rétroaction est la perception qu'a l'émetteur de la façon dont le destinataire a décodé le message. Cette rétroaction est importante puisqu'elle permet à l'émetteur d'ajuster sa communication en fonction de sa perception de la réponse du destinataire.

Un neuvième élément n'apparaît pas formellement dans le modèle de Schramm mais doit être associé à la transmission du message ; il s'agit du canal de communication, qui est le moyen utilisé pour transmettre le message de l'émetteur au destinataire. Il peut être électronique, écrit ou personnel.

Le choix du canal de communication est important puisqu'il détermine de quelle manière le message se rendra au destinataire et avec quel degré d'efficacité. Ainsi, un message transmis par la télévision n'atteindra pas un destinataire si ce dernier n'est pas à l'écoute aux heures ou aux postes choisis.

La communication est donc un processus bilatéral qui implique la participation active tant de l'émetteur que du récepteur, et qui permet à l'émetteur, à l'aide de l'analyse des écarts perçus entre ce qui devait être compris et ce qui l'a été réellement, d'ajuster son tir afin d'atteindre le récepteur plus efficacement et plus adéquatement.

Précisons que le processus décrit ici s'applique autant aux communications individuelles qu'aux communications de masse. Dans tous les cas, pour que le message soit transmis efficacement, l'émetteur doit savoir à qui il s'adresse et doit connaître les codes pouvant être compris par les récepteurs visés.

Les codes seuls n'assurent pas l'acheminement du message. Un ensemble d'éléments perturbateurs, que nous appelons les « bruits », peuvent nuire à la transmission du message. L'image de l'émetteur, l'usage de codes non appropriés ou d'un canal de communication inadéquat peuvent produire du bruit. Il en va de même pour certains facteurs environnementaux qui influent directement sur la compréhension du message perçu en teintant la communication d'un biais tantôt favorable tantôt défavorable. Prenons l'exemple de la critique. Une étude réalisée par Laplante et Lavoie[8] démontre clairement l'influence des critiques sur la consommation des produits culturels. Examinons les réponses obtenues à quelques questions touchant la critique auprès de spectateurs de théâtre. À la question « En général, lisez-vous ou écoutez-vous les critiques avant de choisir un spectacle ? », les gens ont répondu « souvent » dans plus de 31 % des cas et « assez souvent » dans plus de 40 % des cas. Au total, donc, 71 % des spectateurs disent lire ou écouter souvent ou assez souvent les critiques avant de choisir un spectacle. À la question « L'opinion des critiques vous intéresse-t-elle ? », les gens ont répondu « beaucoup » dans 19 % des cas et « assez » dans 48 % des cas. Ainsi, 67 % des répondants se disent intéressés par la critique. Cela démontre qu'un nombre relativement élevé de consommateurs sont sensibles à celle-ci dans le choix d'une activité culturelle.

Ce « bruit » produit par la critique modifie le contenu du message ou influe sur les perceptions et la compréhension du client potentiel en intervenant directement dans le processus de communication, et ce, sans que l'émetteur puisse en prévoir l'impact. En demeurant à l'écoute, grâce à la rétroaction, l'émetteur peut ajuster sa stratégie promotionnelle en fonction des déviations perçues entre les résultats obtenus et ceux escomptés au départ.

8.3.2 Produire un changement chez le client

La variable promotion, outre qu'elle transmet un message, constitue un agent de changement auprès du consommateur. Comme agent de changement, elle

Tableau 8.2
Le modèle AIDA

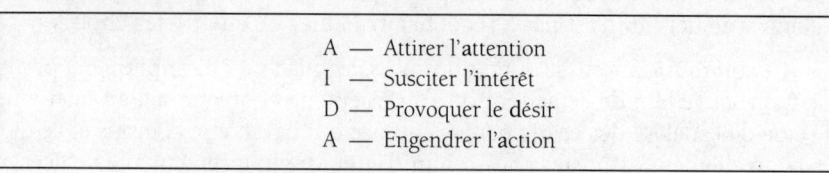

vise à faire apparaître graduellement des attitudes favorables au produit chez le consommateur et, finalement, à faire acheter ce produit.

La fonction de la variable promotion peut alors être définie par une séquence de quatre étapes : attirer l'attention, susciter l'intérêt, provoquer le désir et engendrer l'action ; on désigne généralement ces quatre étapes par l'expression « modèle AIDA » (attention, intérêt, désir, action), modèle qui est présenté au tableau 8.2.

Les efforts promotionnels d'une entreprise ne s'effectuent pas en vase clos : le message est en concurrence avec une très grande quantité d'autres messages produits par une foule d'entreprises de tous les secteurs économiques. On estime que le consommateur est soumis, consciemment ou inconsciemment, à un nombre moyen de messages se situant entre 250 et 3000 chaque jour, selon ses habitudes de consommation des médias. Ces messages, il les reçoit en lisant son journal, en écoutant la radio, en regardant la télévision, lorsqu'il aperçoit des affiches ou des panneaux-réclames, etc. De ce nombre, il en percevrait à peu près 75 et en retiendrait une douzaine. Le consommateur est donc littéralement bombardé, de toutes parts, de messages et de stimuli promotionnels. Pour se protéger, il se construit alors naturellement une série de mécanismes de défense qui agissent comme des filtres.

On voit donc que la tâche de toute entreprise qui désire capter l'attention du consommateur s'avère complexe, de par la quantité de messages concurrents et de par les mécanismes de défense des individus.

Les mécanismes de défense

Des processus psychologiques[9], appelés « facteurs de défense », interviennent pour atténuer et même bloquer les messages véhiculés par les médias de masse. Ces facteurs ou filtres permettent une sélection des messages, et cette sélection est liée tantôt à l'exposition ou à l'attention et tantôt à la compréhension ou à la rétention.

Le consommateur à la recherche d'un produit choisit les messages qu'il désire voir ou entendre (exposition sélective). Ainsi, une personne qui souhaite aller au théâtre regarde volontairement les annonces publiées dans les quotidiens par les compagnies théâtrales.

L'attention sélective implique que le consommateur ne remarque que certains messages en fonction de l'urgence ou de l'importance de ses besoins. Plus forts sont ces besoins, plus l'attention est en éveil et plus le consommateur repère facilement la présence d'un message susceptible de l'intéresser. C'est ce mécanisme qui explique qu'un piéton repère facilement le titre du livre qu'il cherche dans la vitrine d'une librairie, alors qu'il ne voit même pas les autres livres qui s'y trouvent.

La compréhension sélective est un filtre qui intervient au moment du décodage de l'information publicitaire. Le consommateur interprète selon ses besoins et ses valeurs les signes (couleurs, symboles, formes, etc.) qui appuient le message publicitaire. Ainsi, la couleur rouge ou orangé est habituellement associée à la chaleur dans l'esprit des gens, alors que le bleu foncé est plutôt associé au froid. Le choix judicieux des signes diminue le risque d'erreur d'interprétation chez les clients potentiels.

Finalement, la rétention sélective est le mécanisme par lequel un consommateur ne retient qu'une partie des messages reçus et perçus. La nouveauté, la répétition et l'intérêt du message ont toutefois une influence importante sur la probabilité de sa rétention ; encore une fois, les besoins et les valeurs de l'individu ont une influence certaine sur la sélection des messages retenus.

La publicité subliminale

Les difficultés reliées au processus de persuasion des consommateurs ont incité des chercheurs à explorer diverses façons de contourner les différents filtres décrits ci-dessus ; ces recherches ont donné lieu, notamment, à des expériences de publicité subliminale. En théorie, la publicité subliminale permet à un message de percer les défenses d'un individu à son insu et d'atteindre directement l'inconscient du consommateur, provoquant chez lui le désir d'acheter le produit annoncé.

Une première expérience réalisée dans une salle de cinéma en 1959 a déclenché parmi les publicitaires américains une vogue pour des messages publicitaires contenant des éléments de publicité subliminale. Le principe de l'expérience était fort simple[10] : l'expérimentateur avait inséré une image de Coca-Cola parmi les 24 images à la seconde projetées sur le grand écran[11] ; ainsi, à chaque seconde du visionnement du film, le spectateur recevait, sans en être conscient, un message sans équivoque, soit « Drink Coca-Cola ». À l'entracte, la vente de Coca-Cola avait augmenté de 57 % par rapport aux ventes précédentes. La même expérience effectuée avec le maïs soufflé avait généré des ventes supérieures de 18 %.

Cependant, des expériences ultérieures similaires ne sont jamais arrivées à des résultats aussi concluants. Rien ne prouverait hors de tout doute que l'augmentation des ventes lors de l'expérience de 1959 soit attribuable aux messages subliminaux projetés sur le grand écran. Il est possible qu'elle soit plutôt attribuable à d'autres facteurs externes non considérés par les expérimentateurs (température dans le cinéma, promotion au point de vente, etc.), ou qu'elle soit le simple fruit du hasard.

Diverses personnes et divers groupes de pression y voyaient toutefois une arme redoutable et condamnaient vertement cette pratique manipulatrice qualifiée de « lavage de cerveau ». Par mesure de précaution, la publicité subliminale a été interdite dans plusieurs pays.

8.4 Le choix des outils promotionnels

8.4.1 Les paramètres d'influence

Le choix des outils promotionnels à utiliser pour véhiculer un message dépend principalement de deux paramètres d'influence : le degré de complexité du message et le degré de connaissance du produit que possède le client potentiel.

Le choix des outils promotionnels diffère selon la complexité du message. Comme nous l'avons mentionné précédemment, un message simple peut être véhiculé facilement par la publicité ou les relations publiques, tandis qu'un message complexe exige une approche beaucoup plus personnelle.

En fait, la complexité du message est très souvent liée à la complexité du produit telle qu'elle est perçue par le consommateur. Par exemple, un amateur inconditionnel d'opéra voit facilement l'intérêt d'acheter des billets pour *Madama Butterfly*, alors que la personne qui ne connaît pas l'opéra, ou encore qui a un préjugé défavorable à son égard, risque, au contraire, de n'y voir aucun intérêt. Si la publicité peut facilement se charger de provoquer l'achat dans le premier cas, la vente personnelle est beaucoup plus appropriée pour susciter l'envie d'assister à une représentation de *Madama Butterfly* chez le deuxième client potentiel, ou encore pour réfuter ses hésitations et modifier sa perception.

On peut décrire en six étapes le processus qui mène le consommateur potentiel de l'état d'ignorance à l'action (*voir tableau 8.3*).

Tableau 8.3
Les étapes du processus de la consommation par rapport au niveau de connaissance du produit

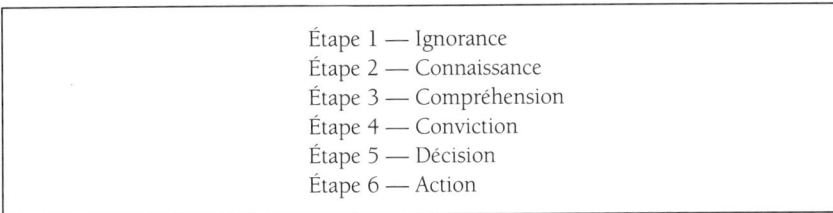

L'amateur inconditionnel d'opéra peut se trouver à l'étape de la conviction. En effet, il s'agit habituellement d'une personne qui connaît le répertoire, qui en comprend la signification ou apprécie le contenu des œuvres et qui peut être amenée à l'étape de la décision plus facilement qu'une personne se trouvant à l'étape de l'ignorance.

Plus le consommateur est à un stade avancé dans le continuum « ignorance—action », moins la fonction de la campagne promotionnelle est complexe. Les lecteurs d'un auteur connu qui lance un nouveau roman ou les abonnés actuels d'une compagnie de spectacles font partie d'un segment de marché se trouvant très près de l'étape « action ». À l'inverse, la fonction de la variable promotion est d'autant complexe que le client potentiel est près de l'étape de l'ignorance ou a un préjugé défavorable par rapport au produit.

Une campagne promotionnelle a donc pour but d'amener le consommateur, où qu'il se trouve dans le continuum, à franchir chacune des étapes du processus qui l'amène à acheter le produit.

Figure 8.2
Les relations entre le degré de complexité du produit, la taille du marché et le choix des outils promotionnels

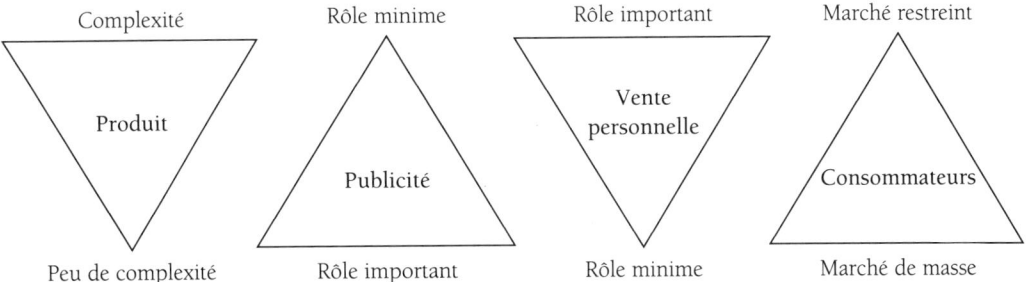

8.4.2 Un modèle explicatif et pragmatique

Le modèle[12] de la figure 8.2 présente les relations qui existent entre le degré de complexité du produit, la taille du marché et le choix des outils promotionnels.

Le modèle se présente sous la forme d'une séquence de pyramides représentant le produit, la publicité, la vente personnelle et le marché. Chaque pyramide forme un continuum, la pointe et la base constituant deux pôles qui traduisent l'importance, petite ou grande, de certaines caractéristiques. Ainsi, pour l'élément « produit », la pointe indique un faible degré de complexité, tandis que la base traduit un niveau de complexité élevé.

La pointe de la pyramide « consommateurs » indique que le marché des consommateurs est réduit et peu étendu, tandis que la base dépeint un marché beaucoup plus vaste que l'on qualifie souvent de « marché de masse ».

Les pyramides « vente personnelle » et « publicité » illustrent l'ordre d'importance de l'un ou l'autre de ces outils en fonction du degré de complexité du produit et de la taille du marché. Ainsi, la pointe indique un faible recours à l'outil promotionnel, tandis que la base correspond à une utilisation importante de ce dernier.

En général, un produit complexe s'adresse à un marché restreint. Nous nous souviendrons qu'un produit peut être complexe de par ses caractéristiques techniques, mais que la complexité est aussi fonction de la connaissance que le client possède du produit ; dans le même ordre d'idées, lorsqu'un segment de marché a une attitude négative à l'égard du produit, on peut considérer que le produit est complexe pour les consommateurs de ce segment de marché. Or, plus le produit est complexe, plus l'entreprise doit utiliser un argumentaire détaillé pour convaincre le client potentiel et plus le niveau d'information qu'il faut diffuser auprès des consommateurs éventuels doit être élevé. Dans une telle situation, la vente personnelle est l'outil le plus approprié, la publicité ne permettant pas de véhiculer une information très complexe ni très dense. Ainsi, un spectacle de musique électro-acoustique est un produit simple pour les experts de ce type de musique, qu'une affiche suffit probablement à informer et à convaincre de se procurer un billet ; par contre, pour une personne qui n'a jamais entendu parler de cette forme d'art, et qui, de surcroît, n'est pas amateur de musique, la tâche de vente devient très complexe, et l'affiche ou même l'annonce de presse ne sont pas des moyens suffisamment puissants pour convaincre cette personne d'assister au spectacle ; c'est par la vente personnelle que l'on pourra accomplir cette tâche.

À l'inverse, dans le cas des produits plus simples pour lesquels il existe un vaste marché, le recours à la vente personnelle n'est pas nécessaire ; il est même à déconseiller, en raison de ses coûts. C'est plutôt la publicité qui servira d'outil promotionnel, puisqu'elle permet une couverture de marché beaucoup plus large.

Le modèle présente donc des relations qui existent entre le produit, le marché et les outils promotionnels constitués par la vente personnalisée et la publicité. De façon simplifiée, on voit que les produits complexes visent habituellement un marché restreint et que, pour ces produits, la vente personnelle est l'outil privilégié, la publicité n'étant utilisée que pour soutenir l'action des représentants. À l'inverse, dans le cas des produits simples, où le rôle des représentants est très restreint, la tâche de vente est confiée à la publicité. Habituellement, un produit simple peut s'adresser à un marché plus vaste.

Dans le domaine culturel, plusieurs entreprises ont des moyens financiers restreints et appuient donc leurs annonces publicitaires par une campagne intensive de relations publiques. Celles-ci deviennent même, dans beaucoup de cas, l'outil promotionnel principal, la publicité ne jouant qu'un rôle de soutien.

8.5 Les destinataires du message

Le modèle de Schramm présenté plus haut (*voir figure 8.1*) signifie que l'expéditeur codifie et transmet un message qui est reçu et décodé par le destinataire. Celui-ci n'est toutefois pas nécessairement l'utilisateur du produit. Ainsi, la loi interdit aux entreprises de faire de la publicité qui s'adresse directement aux enfants ; ces dernières n'ont guère d'autre choix que de cibler un autre groupe de personnes, habituellement les parents, afin d'atteindre les jeunes par leur intermédiaire. Dans ce cas, le message est destiné à un groupe d'acheteurs qui ne consomment pas personnellement le produit.

Le processus d'achat d'un produit par les consommateurs peut comporter plusieurs intervenants dont il faut tenir compte dans l'élaboration des stratégies : le déclencheur, l'influenceur, le décideur, l'acheteur et l'utilisateur. Il faudra donc parfois élaborer plusieurs messages afin de rejoindre les différents intervenants dans le processus d'achat.

Une étude réalisée en 1983, et mise à jour en 1990, analyse le marché du théâtre pour enfants en milieu scolaire et examine les divers intervenants qui participent, au sein d'une école, à la décision d'achat d'un spectacle[13]. Ces intervenants sont nombreux et peuvent jouer un rôle d'importance variable dans la prise de décision. Le comité de parents joue le rôle d'influenceur dans le processus décisionnel. Les enseignants sont les déclencheurs du projet et le directeur d'école joue généralement un double rôle : celui de décideur et celui d'acheteur. Finalement, ce sont les élèves qui constituent les utilisateurs du produit. Par contre, chaque école peut s'être donné une structure de décision particulière et les intervenants que nous venons de nommer peuvent participer à des niveaux différents ; ainsi, dans certains cas, c'est le comité de parents qui agit comme déclencheur; d'autres fois les enseignants peuvent constituer l'instance décisionnelle.

Une entreprise doit donc connaître la façon dont les unités de consommation de son marché prennent leurs décisions et examiner leurs processus d'achat. Elle doit tenir compte non seulement du public consommateur, mais également de l'ensemble des intervenants qui participent aux décisions conduisant à la consommation. À ce titre, on se rappellera (chapitre 7) que les intervenants du circuit de distribution peuvent être vus comme un marché en soi. La compagnie de production de spectacles pour enfants doit développer des arguments de vente qui permettent non seulement de convaincre le diffuseur, mais aussi de fournir à ce dernier les arguments qu'il utilisera pour amener les parents à acheter des billets pour leurs enfants.

8.6 Le plan de communication

Le gestionnaire, après avoir complété l'exercice de détermination des individus ou des groupes cibles, doit élaborer une stratégie en fonction des objectifs à atteindre et des segments de marché visés.

8.6.1 Les questions de base du plan de communication

Le plan de communication constitue un outil pratique pour réaliser les objectifs et atteindre des segments de marché précis. Il incite l'entreprise à réfléchir sur l'approche à privilégier en tenant compte de plusieurs paramètres significatifs.

En fait, un plan de communication peut être vu, de façon très simplifiée, comme un exercice devant répondre aux questions suivantes : Qui ? Quoi ? À qui ? Comment ? Quand ? Avec quel effet ? Le tableau 8.4 illustre un tel exercice.

Qui ?

Pour réussir une campagne promotionnelle, et donc en atteindre les résultats espérés, toute entreprise doit bien connaître l'image qu'elle projette et ce qu'elle représente aux yeux du consommateur. Comment le public la perçoit-elle ? Comment celui-ci perçoit-il son produit ? Où se situe l'entreprise par rapport à ses concurrents ? L'image qu'elle projette est-elle conforme à celle qu'elle voudrait avoir ?

Quoi ?

L'entreprise doit déterminer quel message elle désire véhiculer. Quels sont les avantages du produit ? Quelles sont les motivations des consommateurs dans

Tableau 8.4
Les questions de base du plan de communication

> Question 1 — Qui?
> Question 2 — Quoi?
> Question 3 — À qui?
> Question 4 — Comment?
> Question 5 — Quand?
> Question 6 — Avec quel effet?

l'achat du produit? Quelles sont les intentions de communication de l'entreprise? Veut-on changer l'image? Veut-on simplement faire connaître le produit ou veut-on amener les clients potentiels au stade de l'achat?

À qui?

L'entreprise doit segmenter son marché et choisir à qui elle destine son message. Quels sont les segments qu'elle désire atteindre? Qui sont les décideurs? Quel est le profil des gens qu'elle veut cibler?

Comment?

L'entreprise doit réfléchir sur les moyens à utiliser pour atteindre efficacement et optimalement les segments visés. Quels sont les médias qui sont généralement consultés par les segments visés? Doit-on préférer les médias électroniques aux médias écrits? Quels moyens doit-on retenir pour toucher l'ensemble des personnes ciblées? Quels outils doit-on privilégier: vente personnelle, publicité, relations publiques ou promotion des ventes? Quels codes doit-on utiliser: couleurs, symboles, pictogrammes, etc.? Sur quelles cordes sensibles doit-on jouer? Doit-on mettre l'accent sur la notoriété, le prestige, l'accessibilité, la nouveauté, l'exclusivité, etc.?

Quand?

L'entreprise doit déterminer le moment de la diffusion du message compte tenu de ses objectifs et des contraintes liées au canal de communication choisi. À quel moment devrait-on lancer la campagne d'abonnement? Quelle est la date de tombée des médias? Doit-on annoncer le jeudi, le samedi ou un autre jour de la semaine? Quelles sont les habitudes d'achat de la clientèle cible?

Avec quel effet?

L'entreprise doit établir des objectifs mesurables lui permettant d'évaluer ses efforts. Quel pourcentage d'augmentation des ventes ou quel changement d'attitudes désire-t-elle obtenir compte tenu des efforts effectués? Y-a-t-il un écart entre les objectifs visés et les résultats obtenus? Si oui, quelle est la cause de cet écart? La firme a-t-elle utilisé toutes les ressources dont elle disposait? A-t-on utilisé trop de ressources? A-t-on réussi à sensibiliser les groupes cibles qui ignoraient l'existence du produit? A-t-on réussi à provoquer l'acte d'achat?

8.6.2 Le contenu du plan de communication

Boisvert[14] définit le plan de communication comme « une suite ordonnée de décisions et d'opérations ayant pour but de structurer le cheminement d'une diffusion de communications, de déterminer les ingrédients d'une campagne communicationnelle et d'évaluer les sommes nécessaires à sa réalisation ». Le plan de communication exige donc qu'on effectue une analyse préalable afin d'éclairer cette suite ordonnée de décisions. On verra au chapitre 10 que le plan de communication s'intègre dans un plan plus vaste constitué par le plan marketing, qui rassemble, dans un tout cohérent, l'ensemble des plans et des stratégies touchant la composition commerciale.

Les étapes du plan de communication

Après une analyse de la situation, on détermine les objectifs de communication et le budget requis pour atteindre ces objectifs, la stratégie d'ensemble de la variable promotion et la stratégie propre à chacun des éléments de la composition promotionnelle; on doit ensuite prendre trois décisions pour chacun des outils de communication, c'est-à-dire déterminer le concept, les moyens à prendre et les sommes à affecter; enfin, on doit mettre en œuvre les stratégies et prévoir des moyens de contrôle.

La détermination des objectifs de communication

Toute campagne promotionnelle doit s'appuyer sur des objectifs de communication clairement définis; ces objectifs doivent évidemment être conformes à ceux de la stratégie marketing.

Les objectifs marketing et les objectifs de communication sont de natures différentes. Les premiers s'expriment en termes de part de marché ou de niveau de ventes. Les deuxièmes sont liés aux changements que l'entreprise désire apporter dans la démarche de consommation du client; il s'agit donc d'objectifs d'accroissement de la notoriété, de maintien du taux actuel d'intention d'achat, ou encore de modification de la préférence.

Dans un cas comme dans l'autre, ces objectifs doivent être exprimés en termes quantitatifs de manière à faciliter la mesure de l'atteinte des résultats. On dira donc, par exemple, que la firme désire accroître sa part de marché de 10 %, et que, pour ce faire, elle doit hausser de 50 % l'intention d'achat parmi les consommateurs potentiels.

L'établissement du budget de promotion

L'établissement du budget de promotion est en général une étape délicate et difficile pour tout gestionnaire d'entreprise. Il n'existe malheureusement pas de recette miracle permettant d'établir le montant optimal à investir dans une campagne promotionnelle.

Boisvert[15] propose trois principes fondamentaux afin de déterminer la limite supérieure des sommes investies :

1) Chaque dollar additionnel investi doit contribuer au profit de l'entreprise.

2) Chaque dollar additionnel investi qui génère au moins un cent de profit est rentable.

3) Le coût d'une vente doit être inférieur au revenu que celle-ci génère.

Ces principes sont économiquement et logiquement évidents. Toutefois, l'entreprise dispose rarement de l'information requise pour lui permettre de calculer au dollar près le budget répondant à ces principes.

Boisvert[16] propose cinq méthodes pratiques permettant de calculer le budget de promotion ; les voici :

1) La méthode CAP (comme année précédente) : cette méthode consiste à renouveler l'investissement promotionnel de l'année précédente en l'ajustant en fonction de la portée des activités planifiées au cours de l'année courante et de certains facteurs économiques et légaux tels que l'inflation, l'imposition d'une taxe sur les biens et services, etc.

2) La méthode PDV (pourcentage des ventes) : cette méthode consiste à diviser les budgets passés pour une période donnée par le niveau de ventes obtenu pour la période correspondante. Basée sur le passé, cette règle de calcul permet de déterminer un pourcentage qui peut être appliqué sur les ventes prévues et accorde au gestionnaire la possibilité d'effectuer relativement facilement des projections pour l'avenir.

3) La méthode TQPI (tout ce que l'on peut investir) : certaines situations peuvent demander un investissement massif d'argent dans la promotion d'un produit, par exemple, lors du lancement d'un disque ou d'un film ou lors d'une diminution sensible de la fréquentation à une exposition ou de l'assistance à une comédie musicale. Les gestionnaires tentent alors de créer

un effet de synergie globale à partir d'efforts promotionnels soutenus et répétitifs en espérant faire augmenter le niveau de consommation du produit.

4) La méthode PC (parité comparative) : cette méthode consiste à établir le budget des communications en fonction de ce qui se fait dans l'industrie ou dans un secteur d'activité en général. Cette information est généralement obtenue en consultant les publications gouvernementales, les revues et journaux spécialisés et les sources privées.

5) La méthode OT (objectifs et tâches) : cette méthode consiste d'abord à effectuer une étude en profondeur du marché visé, puis à déterminer les objectifs de communication (tâches à accomplir) et les moyens à employer, et, enfin, à calculer les coûts approximatifs de l'utilisation de ces moyens.

Ces cinq méthodes constituent des exemples de modèles de calcul du budget de promotion, mais elles ne sont ni exhaustives ni exclusives. Elles sont présentées ici à titre indicatif. Une entreprise pourra déterminer ses budgets par une combinaison de ces méthodes ou élaborer ses propres méthodes.

8.7 Les commandites

L'appel au secteur privé pour combler une partie du financement nécessaire aux activités de l'entreprise culturelle est chose courante. La commandite représente une source de revenus qui peut s'avérer très importante, et il convient d'aborder cet élément dans le chapitre traitant de la variable promotion, étant donné qu'il s'agit là d'un outil promotionnel pour le commanditaire, et que la présence d'un commanditaire majeur a un impact sur le contenu du matériel publicitaire de l'événement.

8.7.1 Définition

La commandite est une composante de la stratégie promotionnelle ; l'entreprise qui commandite une manifestation le fait dans le cadre de son offensive promotionnelle et donc en appui aux autres éléments de sa campagne. L'argent versé à l'entreprise culturelle vient donc du budget publicitaire du commanditaire, et toute décision relative à cet élément est jugée en fonction de critères semblables à ceux qui servent à choisir les autres véhicules promotionnels.

La commandite implique donc une interaction entre deux parties distinctes : le commanditaire, c'est-à-dire celui qui donne de l'argent, des biens ou des services, et le commandité, soit celui qui les reçoit. Il s'agit d'une relation d'affaires supposant que chaque partie est satisfaite de ce qu'elle reçoit par rapport à ce qu'elle donne.

8.7.2 L'importance du marché de la commandite

La saturation des moyens de diffusion collective constitués par les médias électroniques et la presse écrite a forcé les entreprises à chercher d'autres façons d'atteindre la clientèle ; la commandite est l'un de ces nouveaux moyens. Par exemple, nos voisins américains ont plus que doublé leurs dépenses sous forme de commandite entre 1985 et 1989[17] ; de 850 millions de dollars investis par 1600 entreprises, ces dépenses sont passées à 2,1 milliards de dollars investis par 3850 entreprises. C'est une tendance que l'on retrouve dans d'autres pays industrialisés, dont le Canada.

Mais, plus intéressant encore, la part de ces budgets consacrée aux sports a diminué pour être remplacée par des contributions au secteur culturel. Aux États-Unis, la part des sports a diminué, entre 1985 et 1989, de 80 % à 70 %, ce qui a libéré d'autant plus d'argent pour les arts. Au Québec, on constate la même tendance. Ainsi, la brasserie O'Keefe ne consacrait plus, en 1988, que 65 % de son budget de commandite aux sports, contrairement à une part de 90 % à 100 %, dix ans plus tôt[18], le reste allant à des manifestations culturelles ou populaires.

Il est intéressant de remarquer aussi qu'il existe des différences[19] entre les entreprises qui privilégient les arts et la culture, et celles qui commanditent les sports. Un plus grand nombre d'entreprises implantées dans les secteurs de l'alimentation, du tabac et des alcools, et dans le commerce de gros et de détail, favorisent le domaine sportif, tandis que les entreprises du secteur financier, des industries du transport et de la communication, de même que les autres industries de services, ont plutôt tendance à favoriser les arts. Par contre, la préférence pour les arts ou les sports n'est pas conditionnée par la taille, les budgets de commandite des répondants et le service responsable de la gestion des commandites.

8.7.3 Les instances décisionnelles

Dans plus de 85 % des entreprises commanditaires, l'unité décisionnelle est formée par deux personnes ou plus ; les responsables du marketing et les membres de la haute direction sont ceux qui participent le plus souvent à la décision (*voir tableau 8.5*). Un commanditaire sur quatre indique qu'il a recours aux services d'une agence externe durant ce processus. Parmi les différents types d'agences, ce sont les agences de publicité, les conseillers en relations publiques et les agences spécialisées en commandite qui sont le plus souvent cités (*voir tableau 8.6*).

8.7.4 Les objectifs des commanditaires

Les objectifs recherchés par les firmes qui utilisent la commandite comme véhicule promotionnel varient d'une entreprise à l'autre ; quelques études sur le

Tableau 8.5
La composition de l'unité décisionnelle chez les commanditaires

Poste occupé dans l'organisation	Participe à la décision dans $x\%$ des cas
Direction du marketing	46,4 %
Présidence	45,7 %
Vice-présidence marketing	45,7 %
Direction générale	29,7 %
Direction des ventes	29,7 %
Direction des relations publiques	26,1 %
Direction des promotions	23,9 %
Direction de la publicité	21,0 %
Direction des communications	20,3 %

Source : A. GODBOUT, N. TURGEON et F. COLBERT, *Pratique de la commandite commerciale au Québec : une étude empirique*, Montréal, Chaire de gestion des arts, École des Hautes Études Commerciales, cahier de recherche GA91-02, septembre 1991, 31 p.

sujet nous montrent toutefois des similitudes importantes. Ainsi, Boulet[20] établit une liste de huit critères de sélection qui se répartissent en deux catégories : ceux touchant l'auditoire et ceux touchant l'événement proprement dit. Il s'agit de l'importance de l'auditoire, de son profil et de sa participation, puis de l'image de l'événement, de la visibilité offerte, du bruit publicitaire, de la compétence de l'organisation et du coût.

Fisher et Brouillet[21] indiquent pour leur part que, selon un sondage effectué auprès de 34 entreprises commanditaires, 37 % des commandites sont effectuées dans le but d'améliorer l'image de l'entreprise. Le tableau 8.7 présente les données colligées lors de ce sondage.

Tableau 8.6
La participation d'agences externes dans le processus de décision

Type d'agence externe	% des cas
Agence de publicité	51,4 %
Conseiller en relations publiques	17,1 %
Agence spécialisée en commandites	8,5 %
Agence de promotion	3,0 %
Agence multiservice/plus d'une agence	20,0 %

Source : A. GODBOUT, N. TURGEON et F. COLBERT, *Pratique de la commandite commerciale au Québec : une étude empirique*, Montréal, Chaire de gestion des arts, École des Hautes Études Commerciales, cahier de recherche GA91-02, septembre 1991, 31 p.

Tableau 8.7
Les bénéfices recherchés dans un programme de commandite

Image d'entreprise	37 %
Augmentation des ventes	22 %
Visibilité	15 %
Rôle social	15 %
Encouragement d'une cause	5 %
Mix communicationnel	4 %
Précision du public cible	2 %

Source: V. FISCHER et R. BROUILLET, *Les commandites: la pub de demain*, Montréal, Éditions Saint-Martin, 1990, p. 15.

Ces auteurs précisent, de plus, que la valeur d'une commandite est fonction des facteurs suivants: le nombre de visiteurs, l'emplacement du logo de l'entreprise sur le matériel publicitaire de l'événement, la visibilité du commanditaire sur les lieux de l'événement, la couverture de presse potentielle, l'image, la force sociale et le potentiel commercial de l'événement.

De leur côté, Godbout, Turgeon et Colbert[22] présentent une liste d'objectifs reliés aux commandites et calculent l'importance relative de chacun (*voir tableau 8.8*).

Nous voyons ainsi que les objectifs marketing privilégiés reliés à la commandite sont, par ordre d'importance: améliorer l'image de l'entreprise, accroître la notoriété de la firme, augmenter la performance à long terme, accroître la notoriété des produits et augmenter les ventes. Ces conclusions semblent nous démontrer que la commandite est d'abord et avant tout un moyen de gestion de l'image de l'entreprise commanditaire.

8.7.5 Les critères de sélection

Les critères utilisés lors de la sélection des entreprises à commanditer seraient, par ordre d'importance, la capacité à répondre aux objectifs, la compétence des organisateurs, le potentiel de succès de l'événement, le potentiel de couverture médiatique et la popularité de l'événement; bref, les critères relatifs aux probabilités de succès de l'événement (*voir tableau 8.9*).

8.7.6 Les éléments d'une démarche générale

En tenant compte des diverses recherches effectuées sur les commandites, on peut résumer en cinq points les éléments principaux d'une démarche générale d'approche d'une entreprise commanditaire.

Tableau 8.8
L'importance relative des objectifs des commanditaires

Objectifs	Moyenne*
Objectifs reliés aux ventes	2,93
Augmenter les ventes	3,26
Faciliter la prospection pour la force de vente	2,58
Objectifs reliés aux produits	2,90
Accroître la notoriété des produits	3,30
Identifier un produit à un segment	3,07
Modifier l'image des produits	2,67
Faire essayer les produits	2,50
Objectifs d'entreprise	2,65
Améliorer l'image de l'entreprise	3,56
Accroître la notoriété de la firme	3,36
Augmenter la performance à long terme	3,34
S'engager dans la communauté	3,13
Identifier l'entreprise à un segment	2,92
Faire bonne impression sur les leaders d'opinion	2,88
Acquérir de nouveaux contacts d'affaires	2,81
Modifier la perception de l'entreprise	2,58
Améliorer les relations avec les employés	2,48
Garder un bon moral chez les employés	2,37
Souligner un événement spécial	2,31
Contrer une mauvaise presse	2,25
Remplacer le mécénat d'entreprise	1,98
Rassurer les actionnaires	1,79
Faciliter le recrutement d'employés	1,77
Objectifs personnels	2,09

* 4 = très important, 3 = important, 2 = peu important, 1 = pas du tout important
Source : A. GODBOUT, N. TURGEON et F. COLBERT, *Pratique de la commandite commerciale au Québec : une étude empirique*, Montréal, Chaire de gestion des arts, École des Hautes Études Commerciales, cahier de recherche GA91-02, septembre 1991, 31 p.

1. Quoi mettre dans un dossier de commandite

À moins de solliciter une entreprise pour des dons, il convient de garder à l'esprit le caractère « donnant-donnant » qui caractérise les commandites. Ainsi, les demandes faites aux commanditaires potentiels doivent tenir compte non seulement des besoins du commandité, mais également des bénéfices qui en découleront pour le commanditaire ; on a donc tout intérêt à choisir une approche qui fasse valoir les avantages qu'un commanditaire peut retirer d'une telle association.

Tableau 8.9
L'importance relative des critères de sélection

Critères de sélection	Moyenne*
Critères reliés au commandité	3,56
Compétence des organisateurs	3,61
Potentiel de succès de l'événement	3,52
Critères reliés à l'événement	3,05
Capacité à répondre aux objectifs	3,64
Potentiel de couverture médiatique	3,40
Popularité de l'événement	3,39
Conditions de financement	3,39
Potentiel d'association d'image	3,39
Caractéristiques de l'auditoire	3,36
Type de commandite (art, sport, etc.)	3,34
Compatibilité avec le produit/l'entreprise	3,28
Couverture géographique de l'événement	3,18
Points communs avec la firme	3,12
Niveau d'attention de l'auditoire	3,10
Engagement requis à l'égard de l'événement	3,08
Niveau de risque (financier, artistique)	3,02
Intégration à d'autres promotions	2,94
Possibilité d'accueillir des invités	2,51
Avantages fiscaux	1,98
Vente de produits dérivés (souvenirs)	1,73
Critères reliés au commanditaire	2,89
Possibilité d'être commanditaire exclusif	3,25
Les gestionnaires connaissent le projet	2,83
Préférence des dirigeants	2,57
Critères reliés au marché	2,58
Engagement des concurrents	2,89
Pressions politiques ou d'affaires	2,29

* 4 = très important, 3 = important, 2 = peu important, 1 = pas du tout important
Source : A. GODBOUT, N. TURGEON et F. COLBERT, *Pratique de la commandite commerciale au Québec : une étude empirique*, Montréal, Chaire de gestion des arts, École des Hautes Études Commerciales, cahier de recherche GA91-02, septembre 1991, 31 p.

2. Avec qui communiquer ?

Bien que certains secteurs commerciaux ou industriels commanditent plus souvent que d'autres le secteur culturel, on ne doit pas nécessairement se limiter à cette catégorie d'entreprises, mais plutôt faire preuve d'originalité.

Par ailleurs, il est important de bien déceler qui, dans l'entreprise ciblée, prend la décision en matière de commandites. La reconnaissance des différents intervenants (section 8.5) dans le processus d'attribution des commandites est une étape préparatoire importante, puisque cette responsabilité est partagée différemment d'une entreprise à l'autre.

3. La négociation de l'entente

Il faut se souvenir, lors de la négociation d'une commandite, du caractère commercial, ou de relation d'affaires, que suppose une association entre un commanditaire et une entreprise culturelle commanditée. Pour le commanditaire, l'événement est avant tout un véhicule promotionnel ; l'entreprise commanditée doit lui accorder des bénéfices de visibilité en échange d'une somme d'argent. Chacune des deux parties doit y trouver son compte.

4. Durant l'événement

La relation d'affaires ne s'arrête pas au moment où la commandite est versée à l'entreprise culturelle. Le déroulement de l'événement est très important et peut influer directement sur la durée d'une association de commandite et la satisfaction des intervenants. À ce titre, il est important de soigner sa relation avec la firme commanditaire, de se tenir en contact avec les intervenants et de les informer de toute la visibilité reçue par le commanditaire (articles de journaux, annonces parues, etc.).

5. Une fois l'événement terminé

Puisque l'on sait que les commanditaires poursuivent des objectifs commerciaux, publicitaires et de visibilité, il est important de fournir le plus d'éléments d'information possible, de manière à permettre au commanditaire d'apprécier la juste valeur de la somme versée. Lorsque le budget de l'entreprise culturelle le permet, la réalisation d'une étude sur la clientèle de l'événement et sur l'association que fait cette dernière entre l'événement et le commanditaire peut fournir des arguments puissants pour une poursuite de l'association entre les deux partenaires.

Une réunion ultérieure à l'événement pour effectuer une évaluation des retombées de celui-ci et des bénéfices obtenus par les deux partenaires peut aussi s'avérer utile. Un dossier contenant les coupures de presse et les résultats en termes d'assistance, et dressant un bilan de l'événement, devrait aussi être transmis au commanditaire.

Résumé

Les outils de la variable promotion sont la publicité, la vente personnelle, les relations publiques et la promotion des ventes.

Les fonctions de la variable promotion sont essentiellement de communiquer un message au client et de provoquer un changement chez ce dernier. Le changement à opérer est d'autant plus important que le client est plus près du stade de l'ignorance. Plus le changement à opérer est important ou plus le produit à vendre est complexe, plus la tâche de convaincre le consommateur doit tendre vers la vente personnelle ; au contraire, dans le cas d'un changement ou d'un produit relativement simples, il est plus approprié d'utiliser la publicité ; les autres outils deviennent alors des instruments complémentaires. Il faut remarquer que, dans le domaine culturel, vu les budgets limités dont disposent les entreprises, les relations publiques deviennent souvent l'outil principal utilisé.

Dans toute démarche de communication, il est important de connaître les différents intervenants dans la décision d'achat ; on en compte cinq : le déclencheur, l'influenceur, le décideur, l'acheteur et l'utilisateur. On doit ensuite répondre aux questions de base d'un plan de communication, qui sont les suivantes : Qui ? Quoi ? À qui ? Comment ? Quand ? Avec quel effet ?

On distingue huit étapes générales dans tout plan de communication. Les trois premières sont d'ailleurs liées à la stratégie marketing d'ensemble : analyse de la situation, détermination des objectifs marketing et élaboration de la stratégie marketing. Les cinq étapes plus particulières au plan de communication sont la détermination des objectifs, l'établissement du budget, l'élaboration des stratégies, leur mise en œuvre et le contrôle.

Enfin, les commandites accordées au secteur culturel par les entreprises privées font partie des stratégies de communication de ces entreprises. On a connu au cours des dix dernières années un transfert d'une partie du budget consacré aux sports vers les manifestations culturelles. Il s'agit purement d'une décision d'affaires pour les décideurs qui croient que la commandite peut remplacer avantageusement les médias traditionnels.

Questions

1. Qu'est-ce que la variable promotion ?
2. Qu'est-ce qui distingue les quatre outils de la variable promotion ?
3. Quelles sont les fonctions principales de la variable promotion ?

4. Dans quelle situation convient-il mieux d'utiliser la vente personnelle que la publicité ?
5. Quelle est la place des relations publiques dans la stratégie promotionnelle d'une entreprise artistique ?
6. Pouvez-vous donner un exemple de situation où le consommateur se trouverait plus près du stade de l'ignorance et un exemple où il serait plus près du stade de l'achat ?
7. Quels sont les intervenants engagés dans la décision d'achat d'un billet de spectacle pour enfants ? Pourquoi ?
8. À quoi servent les questions de base d'un plan de communication ?
9. La critique est-elle un élément important dans la prise de décision du consommateur culturel ?
10. Quelle différence faites-vous entre un objectif marketing et un objectif de communication ?
11. Pouvez-vous décrire les cinq méthodes que Boisvert suggère d'utiliser pour fixer un budget de promotion ?
12. Quels sont les objectifs des commanditaires ?
13. Quels sont les principaux critères de sélection des entreprises commanditaires ?

Notes et références

1. M.P. MOKWA, W.M. DAWSON et E.A. PRIEVE, *Marketing the Arts*, New York, Praeger Publishers, 1980, 286 p.
2. J.-M. BOISVERT, *Administration de la communication de masse*, Boucherville, Gaëtan Morin Éditeur, 1988, 390 p.
3. Le profil de la clientèle d'un média donné, ou d'une émission donnée, est relativement simple à obtenir. Plusieurs sources de référence existent. Pour les médias électroniques, il suffit de consulter les résultats des sondages BBM (Broadcast Bureau of Measurements), qui donnent les cotes d'écoute et le profil sociodémographique des auditeurs de radio et des téléspectateurs des différentes chaînes de télévision. Les représentants de chacune des stations peuvent également fournir ce type d'information.

   Pour les médias écrits, on peut consulter les divers documents suivants. Pour les périodiques (magazines et revues), se référer aux publications du PMB (Print Measurement Bureau), qui sont bilingues et donnent de l'information soit pour l'ensemble du Canada, soit par régions – dont l'une correspond au Québec –, soit par villes – dont Montréal, Québec et Toronto. Ces publications sont disponibles dans la plupart des grandes bibliothèques universitaires. Pour les journaux, il faut consulter les publications de l'ABC (Audit Bureau of Circulation), qui collige les données sur l'ensemble des grands quotidiens. Ces publications ne sont cependant pas disponibles en bibliothèque. Par contre, les représentants de chaque quotidien peuvent fournir l'information nécessaire sur le marché couvert par leur entreprise.

4. L. WEISBERG, « Telemarketing, a Growing Art Form », *Advertising Age*, 27 juillet 1987, p. 5-9.
5. R. DESORMEAUX, cité dans M. FILION, F. COLBERT et al., *Gestion du marketing*, Boucherville, Gaëtan Morin Éditeur, 1990, 631 p.
6. Nous entendons par « revenu autonome » les revenus que l'entreprise génère elle-même, par exemple les droits d'entrée, la vente de billets ou la vente de produits dérivés. Ce type de revenu exclut donc toute subvention provenant des secteurs public ou privé.
7. W. SCHRAMM, *The Process and Effects of Mass Communication*, Urbana, Illinois, University of Illinois Press, 1960, 586 p.
8. B. LAPLANTE et P. LAVOIE, « La critique et son public : enquêtes », *Jeu, cahiers de théâtre*, vol. 48.3, 1988, p. 94-110.
9. P. KOTLER, *Marketing Management*, Paris, Publi-Union, 1972, 1041 p.
10. J.V. MCCONNELL, R.L. CUTTER et E.B. MCNEIL, « Subliminal stimulation : An Overview », *American Psychologist*, vol. 13, n° 1, 1958, p. 229-242.
11. Il faut 24 images par seconde pour que l'œil humain puisse capter le mouvement ou une image projetée sur un écran.
12. F. COLBERT, « La publicité, le marketing et le marché », *PME Gestion*, vol. 3, n° 5, janvier 1983, p. 3-4.
13. F. COLBERT, *Le théâtre pour enfants : marché en turbulence*, Montréal, École des Hautes Études Commerciales, 1983, 221 p. ; F. COLBERT, *Un marché en turbulence...huit ans plus tard*, Montréal, Groupe de recherche et de formation en gestion des arts, École des Hautes Études Commerciales, 1990, 104 p.
14. J.-M. BOISVERT, cité dans M. FILION, F. COLBERT et al., *Gestion du marketing*, Boucherville, Gaëtan Morin Éditeur, 1990, 631 p.
15. *Ibid.*
16. *Ibid.*
17. N.K. WRIGHT, *Sponsorship in the U.S.*, Toronto, Arts and Communications Counselors, 1989, 2 p.
18. « Dossier commandite », *Le publicitaire*, vol. 12, n° 9, septembre 1988, p. 5, 6, 12.
19. A. GODBOUT, N. TURGEON et F. COLBERT, *Pratique de la commandite commerciale au Québec : une étude empirique*, Montréal, Chaire de gestion des arts, École des Hautes Études Commerciales, cahier de recherche GA91-02, septembre 1991, 31 p.
20. Y. BOULET, *La commandite d'événement : un nouvel outil marketing*, Montréal, Agence d'Arc, 1989, 175 p.
21. V. FISCHER et R. BROUILLET, *Les commandites : la pub de demain*, Montréal, Éditions Saint-Martin, 1990, 138 p.
22. A. GODBOUT, N. TURGEON et F. COLBERT, *Pratique de la commandite commerciale au Québec : une étude empirique*, Montréal, Chaire de gestion des arts, École des Hautes Études Commerciales, cahier de recherche GA91-02, septembre 1991, 31 p.

Autres références

BOISVERT, J.-M. « Les commandites : un moyen de communication commerciale de masse », *Revue Gestion*, février 1987, p. 15-22.

CHÉRON, E. et C. BISSONNETTE, « Les activités, les intervenants, les rôles et les critères dans le processus d'octroi des commandites par des organisations au Québec », *Actes de la Conférence internationale sur la gestion des arts*, Montréal, Chaire de gestion des arts, École des Hautes Études Commerciales, 1992, p. 205-220.

COLBERT, F., « Les arts : un marché pour les commandites », *Revue Gestion*, mai 1989, p. 58-65.

DANTE, M., « La culture : une affaire payante », *Journal de Genève*, 24 mai 1986.

FISHER, V. et R. BROUILLET, *Les commandites : la pub de demain*, Montréal, Éditions Saint-Martin, 1990, p. 15.

GAGNON, B., « Levées de fonds : conseils pour non-initiés », *Mémo'art*, ministère des Affaires culturelles du Québec, vol. 2, n° 3, mars 1989, p. 8 et 17, et vol. 2, n° 4, août 1989, p. 4-8.

GARDNER, M.P. et D.J. SHUMAN, « Sponsorship : An Important Component of the Promotion Mix », *Journal of Advertising*, vol. 16, n° 1, 1987, p. 11-17.

MEENAGHAN, J.A., « Commercial Sponsorship », *European Journal of Marketing*, vol. 17, n° 7, 1983, p. 5-73.

PRICE WATERHOUSE, *Le télémarketing au Canada*, 1991, 16 p.

ROSCHWALB, S.A., « Corporate Eyes on the Market : Funding the Arts for the 1990's », *The Journal of Arts Management and Law*, vol. 19, n° 4, hiver 1990, p. 73-83.

SCHRAMM, W., « How Communication Works », dans *The Process and Effects of Mass Communication*, Urbana, Illinois, University of Illinois Press, 1960.

TURGEON, N. et F. COLBERT, « The Decision Process Involved in Corporate Sponsorship for the Arts », *Journal of Cultural Economics*, vol. 16, n° 1, juin 1992, p. 41-52.

VALS COMES HOME, « Information and Ideas for Arts Administrators », *ACUCAA Bulletin*, vol. 30, n° 1, janvier 1987, p. 1-5.

Plan

Objectifs	237
Introduction	237
9.1 Les données internes	238
9.2 Les données externes secondaires	239
9.2.1 Considérations générales	239
9.2.2 Les données des secteurs public et privé	240
9.2.3 Les données publiques	243
9.2.4 Les données privées	245
9.3 Les données externes primaires	247
9.3.1 La recherche exploratoire	248
9.3.2 La recherche descriptive	248
9.3.3 La recherche causale	252
9.4 Les étapes d'une recherche descriptive	252
Étape 1 : définition du problème	252
Étape 2 : définition des objectifs de l'étude	253
Étape 3 : détermination des ressources humaines et du budget requis	254
Étape 4 : établissement d'un échéancier	254
Étape 5 : choix des méthodes et des outils appropriés	254
Étape 6 : détermination de l'échantillon	255
Étape 7 : conception du questionnaire	257
Étape 8 : test du questionnaire	258
Étape 9 : codification des réponses	258
Étape 10 : collecte des données	258
Étape 11 : contrôle des interviewers	259
Étape 12 : compilation des données	259
Étape 13 : analyse des résultats	259
Étape 14 : rédaction du rapport	259
Résumé	260
Questions	261
Notes et références	262

9

Le système d'information marketing

Objectifs

- Définir les sources de données internes.
- Présenter et examiner les sources de données secondaires externes.
- Définir et analyser les sources de données primaires externes.
- Discuter des principales méthodes de collecte de données.
- Définir les étapes d'un plan de recherche.

Introduction

Le système d'information marketing (SIM) constitue un élément fondamental du processus marketing parce qu'il procure au gestionnaire l'information nécessaire pour prendre des décisions éclairées. Le SIM représente donc un ensemble d'outils à utiliser pour la prise de décision; il importe de se rappeler ici qu'un outil, aussi perfectionné soit-il, ne remplace jamais le jugement du gestionnaire.

Le système d'information marketing utilise trois types de données: les données internes, les données externes secondaires et les données externes primaires. Les données internes sont celles que l'on puise à l'intérieur même de l'entreprise; ce sont les rapports de vente, les informations tirées des rapports financiers, etc. Les données externes secondaires sont publiées par des organismes publics ou privés; elles sont présentées sous forme de rapports et sont disponibles en bibliothèque ou auprès des organisations qui les publient. Enfin, les données externes primaires sont des informations que l'entreprise recueille directement auprès du consommateur; cette collecte, que l'on nomme « étude de marché », « sondage », « enquête » ou « recherche commerciale », peut être effectuée par l'entreprise elle-même ou par une firme spécialisée mandatée à cet effet. Nous examinerons, dans cet ordre, chacun des éléments en nous attardant plus particulièrement sur les sources et sur les techniques de collecte des données externes, secondaires et primaires.

9.1 Les données internes

Nous entendons par « données internes » toute donnée ou information que l'on peut trouver au sein même de l'entreprise et qui peut être utile à la prise de décision en marketing. Ces données proviennent principalement de cinq sources (*voir tableau 9.1*): le système comptable, les rapports de vente, la liste des clients, le personnel de l'entreprise et les enquêtes et études réalisées antérieurement par l'entreprise. Précisons que l'enquête réalisée par l'entreprise est considérée comme une collecte de données externes primaires au moment de l'enquête, mais que le rapport conservé en dossier devient un élément de donnée interne par la suite.

Le système comptable est en mesure de fournir un grand nombre d'informations intéressantes. Il permet notamment de calculer le seuil de rentabilité pour l'entreprise en général ou pour ses produits pris individuellement; il permet aussi de mesurer la rentabilité des efforts marketing de la firme. Une analyse des données fournies par le système comptable peut orienter l'action et, aussi, la recherche de données primaires et secondaires.

L'entreprise peut également utiliser les données fournies par les rapports de vente qui proviennent de la billetterie ou de la facturation aux clients. Les données recueillies auprès de la billetterie permettent, par exemple, de tracer une courbe des ventes liées à une manifestation, de comparer cette courbe à celles des années antérieures et de décider, le cas échéant, des mesures à

Tableau 9.1
Les principales sources de données internes

Système comptable
Rapports de vente (billetterie et facturation)
Liste des clients, des abonnés, des fournisseurs, etc.
Personnel de l'entreprise
Enquêtes et études réalisées antérieurement

prendre pour corriger une situation. Ces mesures peuvent toucher une ou plusieurs variables de la composition commerciale ; par exemple, si on observe toujours une baisse des ventes quelques semaines après le début d'une manifestation, on peut décider d'augmenter le budget de promotion pour cette période afin de maintenir la fréquentation, voire de l'augmenter.

En se dotant de tels outils, l'entreprise est en mesure d'apporter des correctifs à sa stratégie en fonction des résultats qu'elle obtient. Au fil des ans, elle pourra élaborer ses propres standards, qui lui serviront de jalons non seulement dans l'analyse et la prévision des ventes, mais aussi à toutes les étapes du processus de planification en marketing.

On peut tirer des informations intéressantes de la liste des clients de l'entreprise, des abonnés ou des donateurs. Ainsi, une étude de la provenance géographique des clients permet de tracer la zone commerciale de la firme ; il s'agit, comme nous l'avons vu au chapitre 7, d'une méthode simple pour mesurer le degré de pénétration de l'entreprise dans une région ou un quartier. Cette analyse permet de connaître les secteurs géographiques où l'entreprise domine et ceux où des efforts pourraient être effectués ; par les données du recensement (section suivante), on peut aussi connaître le profil sociodémographique des résidents des secteurs atteints.

Le gestionnaire peut aussi obtenir des renseignements utiles auprès des membres de son personnel qui sont en contact étroit avec la clientèle. Les employés du secteur des communications ou les représentants de l'entreprise colligent des informations qui peuvent s'avérer très pertinentes pour le décideur.

Enfin, tout analyste doit connaître les enquêtes ou études qui ont été réalisées par ou pour son entreprise dans les années antérieures. Bien que l'information contenue puisse parfois être périmée, on y trouve souvent des pistes intéressantes sur la façon de procéder pour analyser la situation actuelle ; on pourrait par exemple, lors d'une nouvelle recherche, vouloir utiliser la même démarche afin d'obtenir des données que l'on pourra comparer à celles recueillies au cours de ces précédentes enquêtes.

9.2 Les données externes secondaires

9.2.1 Considérations générales

Les données externes secondaires sont les données publiées soit par des organismes gouvernementaux – Statistique Canada étant la principale source –, soit par des entreprises privées. Elles s'avèrent particulièrement utiles pour le gestionnaire ; par exemple, elles lui fournissent les renseignements requis pour mesurer la taille et l'évolution de la demande d'un produit ou la taille d'un marché et sa composition, ou encore pour décrire la structure d'une industrie.

L'avantage principal de ce type de données réside dans leurs coûts peu élevés aussi bien en argent qu'en temps. En effet, pour avoir accès à ces documents, l'entreprise n'a que peu de frais à couvrir, et le recours aux données secondaires externes permet au gestionnaire de rassembler de l'information dans un temps relativement court, alors qu'il devrait consacrer plusieurs semaines ou plusieurs mois pour recueillir et colliger lui-même cette information par une étude de marché.

Les données externes secondaires permettent aussi d'orienter la recherche de données primaires grâce aux questions et aux hypothèses de recherche spécifiques qu'elles suscitent.

Elles constituent toutefois un ensemble d'informations recueillies à des fins précises, dans une perspective étrangère au problème de recherche propre à l'organisme qui les consulte. Il est donc rare que l'on y trouve exactement l'information que l'on cherche. On y trouvera plus souvent une réponse partielle à ses interrogations. Il arrive aussi qu'il n'existe aucune donnée secondaire sur le sujet qui intéresse le gestionnaire ou qu'aucune donnée ne soit disponible. Il est également possible que l'information existante soit désuète ou trop ancienne. La méthodologie utilisée pour colliger cette information constitue cependant, lorsqu'elle est disponible, un atout précieux pour celui ou celle qui voudrait refaire l'étude à nouveau, de façon à en actualiser les résultats.

Précisons que plus la problématique étudiée est propre à l'entreprise ou plus le champ d'intérêt est pointu, moins les données externes secondaires fourniront l'information requise et plus le recours aux données externes primaires s'imposera.

9.2.2 Les données des secteurs public et privé

Les données externes secondaires proviennent soit du secteur public, soit du secteur privé. Elles peuvent donc être publiées par divers organismes publics, tels les ministères, agences, sociétés, organisations et multiples bureaux des différents ordres de gouvernement, ou bien on les trouve dans les études et sondages rendus publics par les maisons de recherches, ou encore dans les articles de périodiques.

Ces deux sources de données externes secondaires ont des forces et des faiblesses différentes et constituent, de ce fait, deux outils complémentaires; le tableau 9.2 compare les forces et les faiblesses des données secondaires externes en fonction de leur provenance publique ou privée, en prenant pour exemple de donnée publique Statistique Canada.

Tableau 9.2
Les forces et les faiblesses des données publiques et privées

	Données publiques	Données privées
Méthodologie scientifique	+	−
Standardisation des données	+	−
Possibilité de séries temporelles	+	−
Accessibilité	+	±
Degré d'agrégation	−	+
Degré d'actualité	−	+

Une méthodologie scientifique

Les données publiées par Statistique Canada servent à une foule de personnes, politiciens, gens d'affaires, universitaires, étudiants, analystes, etc., qui se basent sur ces données pour prendre des décisions souvent importantes. En tant qu'organisme financé à même les fonds publics, Statistique Canada doit prendre beaucoup de précautions d'ordre méthodologique pour assurer la validité de ses données. L'organisme prend d'ailleurs soin d'indiquer clairement et en détail la démarche suivie pour chaque recherche, ce qui n'est pas toujours le cas pour les données secondaires privées, car bien souvent les auteurs d'un rapport ne précisent pas leur méthodologie de recherche et le lecteur ne peut donc pas en déceler les biais ; il peut arriver, d'ailleurs, que certaines études recèlent des carences méthodologiques graves. En somme, on peut facilement vérifier la rigueur de la méthodologie suivie dans les études publiées par les organismes publics, alors que l'on nage souvent dans l'incertitude pour ce qui est de la méthodologie employée par les entreprises privées.

La standardisation des données

Les données de Statistique Canada sont regroupées selon des classifications standard qui facilitent le repérage et les comparaisons d'une année à l'autre ou d'un poste à l'autre. Ce n'est pas le cas pour les données privées, puisque chaque étude constitue habituellement une opération destinée à un client particulier et qui répond à des besoins d'information précis ; il est donc impossible, la plupart du temps, de comparer les données de deux recherches effectuées par des entreprises du secteur privé, car l'objectif poursuivi et le type d'informations recueillies dans ces études diffèrent largement. Il peut arriver, tout de même, qu'une étude soit répétée ; on peut alors évidemment comparer les résultats obtenus.

La possibilité de séries temporelles

La standardisation des données effectuée par Statistique Canada permet de constituer des séries temporelles. L'organisme public classe les informations recueillies à l'intérieur de catégories qui restent les mêmes d'une année à l'autre ; périodiquement, des ajustements mineurs y sont effectués afin de tenir compte des changements survenus dans l'environnement. Par exemple, le poste « magnétoscope » n'existait pas avant 1980 dans la catégorie des équipements de loisirs destinés aux ménages, puisque le produit lui-même n'était pas destiné à la consommation des particuliers ; il a été ajouté dernièrement pour tenir compte de cette nouvelle réalité. C'est en colligeant les données d'un poste ou d'une catégorie particulière que l'on peut suivre l'évolution de la demande pour un bien sur plusieurs années. Les données privées ne nous permettent pas cet exercice.

L'accessibilité

Les données de Statistique Canada sont facilement repérables et peuvent être consultées gratuitement dans les grandes bibliothèques. Les données privées sont disséminées et quelquefois difficiles d'accès lorsqu'elles ne sont pas tout simplement confidentielles. De plus, le coût d'achat des données privées peut devenir relativement élevé, ce qui, d'une certaine façon, en limite l'accès. C'est pourquoi nous qualifions de « variable » l'accessibilité des données privées.

Le degré d'agrégation des données

Un rapport de recherche publié par une entreprise privée contient habituellement la synthèse d'un grand nombre et d'une grande variété de données. Il s'agit là d'un avantage important des données privées, puisqu'une telle synthèse facilite le travail de l'analyste. Ainsi, dans un rapport d'étude produit par une firme de recherche, l'évolution de la demande sur le marché pour un produit durant les 15 dernières années figurera dans un seul tableau, alors qu'il faudra consulter plusieurs catalogues de Statistique Canada pour reconstituer la même courbe de demande. Le degré d'agrégation de l'information constitue donc une force des données privées par rapport aux données publiques.

Le degré d'actualité de l'information

La complexité des études effectuées par Statistique Canada et les précautions qui sont prises par cet organisme font que les données sont généralement publiées avec deux à trois ans de délai. Au contraire, les rapports de recherche des entreprises privées portent la plupart du temps sur des événements récents, et les impératifs dictés par la firme commanditaire font que les informations qu'on y trouve au moment de leur publication sont récentes.

9.2.3 Les données publiques

Statistique Canada

La principale source de données externes secondaires publiques, quant à la fiabilité, à la facilité d'accès et à la quantité d'information disponible, est sans contredit Statistique Canada. Cet organisme publie une quantité considérable de documents sur les sujets les plus divers sous forme d'agrégats thématiques nationaux, provinciaux et municipaux. Peu importe la problématique étudiée, la probabilité qu'un sujet soit touché par l'une ou l'autre des publications de Statistique Canada est extrêmement élevée.

Cet organisme publie des documents tantôt généraux (exemple: les données du recensement), tantôt très particuliers (exemple: les arts d'interprétation), sur les sujets les plus divers. Le gestionnaire désireux de connaître le contenu de ces documents peut d'abord consulter le répertoire général des publications de Statistique Canada afin de déceler les recherches susceptibles de l'intéresser.

Parmi ses documents généraux, Statistique Canada publie des catalogues et des périodiques spécialisés sur la culture. Le tableau 9.3 dresse une liste partielle de documents dignes d'intérêt pour les gestionnaires des arts et de la culture. Comme cette liste n'est pas exhaustive, nous renvoyons le lecteur au répertoire général des publications de Statistique Canada pour de plus amples informations.

Parmi les autres publications de Statistique Canada, mentionnons la vaste enquête que mène l'organisme, tous les deux ans, sur les dépenses des

Tableau 9.3
Quelques documents publiés par Statistique Canada et qui sont intéressants pour les gestionnaires des arts et de la culture

63-207	*Cinémas et distributeurs de films*
63-233	*Services de divertissements et services personnels*
87-001	*Communiqué de la culture*
87-004	*La culture en perspective*
87-202	*L'enregistrement sonore*
87-203	*L'édition du périodique*
87-204	*Le film et la vidéo*
87-205	*Bibliothèques publiques*
87-206	*Dépenses publiques au titre de la culture au Canada*
87-207	*Les établissements du patrimoine*
87-209	*Les arts d'interprétation*
87-210	*L'édition du livre*
56-204	*Radiodiffusion et télévision*

familles au Canada (catalogue 62-555). Le lecteur peut y trouver la dépense moyenne par famille ainsi que le pourcentage des familles qui déclarent la dépense pour les trois postes suivants : la présentation de films, les spectacles sur scène et les droits d'entrée à des établissements culturels (musées, expositions, etc.).

Le Bureau de la statistique du Québec

Le Bureau de la statistique du Québec remplit, au niveau provincial, les mêmes fonctions que Statistique Canada au niveau fédéral. Ses activités s'avèrent toutefois beaucoup moins intenses et étendues. Il publie notamment, tous les ans, un résumé de l'activité dans chacun des secteurs culturels, sous le titre *Statistiques culturelles : indicateurs d'activités culturelles au Québec*.

Les autres instances gouvernementales

Les publications des divers ministères, agences et autres organismes des différents ordres de gouvernement constituent d'autres sources de données externes secondaires publiques.

Le ministère des Communications du Canada, qui est responsable des questions culturelles au niveau fédéral, et le ministère de la Culture du gouvernement du Québec produisent aussi des ouvrages très pertinents.

Le Service de la recherche et de la planification du ministère de la Culture du Québec publie un bulletin intitulé *Chiffres à l'appui*, qui traite de façon thématique divers aspects de la question culturelle. Chaque numéro présente, sur un sujet précis, un ensemble de statistiques colligées sous forme de textes, de graphiques et de tableaux.

Le Conseil des Arts du Canada constitue une autre bonne source de données, son service de la recherche produisant de nombreuses publications, dont un répertoire des travaux de recherche sur la culture[1].

D'autres ministères éditent des publications susceptibles d'intéresser le gestionnaire des arts et de la culture. Par exemple, le ministère des Affaires extérieures du Canada, Direction de la promotion artistique, a déjà publié un document intitulé *Carnet de route : guide de tournée à l'étranger* (Colin McIntyre, 1988) ; le ministère de l'Éducation du Québec publie un répertoire des établissements scolaires qui peut être fort utile pour s'adresser à cette clientèle ; pour sa part, le ministère des Communications du Canada a commandité une bibliographie sur la culture et le tourisme[2].

Finalement, d'autres agences et organismes gouvernementaux produisent des rapports d'étude et des documents susceptibles d'intéresser les gestionnaires du domaine culturel. On peut trouver la liste de ces publications et aussi en obtenir un exemplaire en s'adressant à des organisations telles que Communication Québec ou Les Publications du Québec.

Le tableau 9.4 présente une liste de sources de données secondaires publiques.

9.2.4 Les données privées

Les banques de données et les index

Il existe sur le marché des banques de données qui peuvent être consultées, certaines gratuitement, d'autres non. Jusqu'à encore très récemment, ces banques de données ne se présentaient que sous la forme de documents imprimés sur papier. Mais les développements en informatique ont passablement modifié cette réalité, et c'est maintenant, de façon générale, sur des supports informatiques qu'on les trouve. Plusieurs d'entre elles deviennent même disponibles sur plusieurs supports à la fois : papier, microfiche ou disque optique compact).

Les banques de données informatisées sont situées dans une centrale et peuvent être consultées à distance par simple appel téléphonique. Elles font généralement l'objet d'une facturation basée sur le temps d'utilisation.

Les banques de données présentées sur disque optique peuvent être consultées sur place, c'est-à-dire dans les bibliothèques, à l'aide d'un lecteur approprié, tout comme les index (qui sont généralement sur papier) et les microfiches. Les index permettent de trouver, à partir de mots clés appelés « descripteurs », les titres des articles, des livres, des thèses et des divers documents répertoriés susceptibles d'intéresser l'usager. Certaines banques de données et certains index incluent, en plus de la notice permettant de trouver le document désiré, un bref résumé du contenu du document, ce qui

Tableau 9.4
Les sources de données publiques

Statistique Canada
Bureau de la statistique du Québec
Ministère des Communications du Canada
Ministère de la Culture du Québec
Conseil des Arts du Canada
Autres instances gouvernementales

aide l'usager à choisir plus facilement les documents qui l'intéressent. Toutes ces banques peuvent généralement être consultées dans la plupart des bibliothèques publiques et universitaires.

Les publications d'organismes privés

Le gestionnaire culturel peut trouver des informations pertinentes auprès des organismes privés. Ces derniers peuvent être directement engagés dans le domaine des arts ou peuvent appartenir à des secteurs complètement différents. Nous concentrerons d'abord notre attention sur ceux qui s'intéressent directement à la culture et qui, par conséquent, sont susceptibles de produire des documents de référence particulièrement utiles au gestionnaire.

Mentionnons d'abord les organismes à but non lucratif, indépendants et non gouvernementaux:

1) Le Conseil pour le monde des affaires et des arts du Canada (The Council for Business and the Arts in Canada) est un organisme indépendant, non gouvernemental et sans but lucratif qui regroupe des entreprises préoccupées par les arts. Il édite un bulletin et plusieurs publications telles que *Annual CBAC Survey of Visual Arts Organizations*.

2) La Conférence canadienne des arts, aussi indépendante, non gouvernementale et sans but lucratif, représente les intérêts des artistes de toutes disciplines aux quatre coins du Canada. Elle édite diverses publications en fonction du mandat qu'elle s'est donné.

On trouve aussi des agences privées telles que Média-culture, qui publie des revues de presse à partir des principaux quotidiens et des principales revues en se limitant à colliger les articles traitant du domaine culturel, par sujet: cinéma, livre, disque et variétés, etc.

Les associations professionnelles constituent également de bonnes sources d'information. Elles commandent parfois des études spécialisées dans leur champ d'intérêt respectif, études qu'elles rendent ensuite publiques ; par exemple, la Canadian Association of Arts Administration Educators (l'Association canadienne de formation en gestion des arts) a rendu publique une étude portant sur les besoins de formation en gestion des arts d'ici l'an 2000[3] ainsi qu'une bibliographie sur les travaux de recherche en gestion des arts[4]. Par ailleurs, les publications régulières éditées par les associations professionnelles sont nombreuses ; mentionnons, à titre d'exemples, *Vie des arts*, *Jeux, cahiers de théâtre*, *Canadian Theatre Review*, *Canadian Literature*, *Dance Magazine*, *Musical America*, *Performing Arts Review*, etc.

D'autres sources de données intéressantes sont constituées par les établissements d'enseignement qui offrent des programmes spécialisés en ges-

Tableau 9.5
Les sources de données privées

> Index, banques de données et disques optiques
> Organismes spécialisés
> Associations professionnelles
> Agences privées
> Établissements d'enseignement
> Organismes internationaux
> Revues et périodiques spécialisés

tion des arts ou qui possèdent des unités d'études spécifiques, telle la Chaire de gestion des arts de l'École des Hautes Études Commerciales de Montréal. Ces établissements publient les résultats des recherches effectuées sous forme de cahiers de recherche, de bibliographies ou de documents similaires, et traitent des sujets les plus divers en fonction de leur champ d'intérêt. Par exemple, la Chaire de gestion des arts a publié trois bibliographies : une sur les commandites[5], une sur le marketing en milieu muséal[6] et une autre sur le marketing des arts d'interprétation[7].

Les organismes internationaux représentent une autre source de données. Mentionnons, par exemple, l'Unesco et son Conseil international des musées, qui est un comité regroupant des muséologues du monde entier. Ce conseil a pour mandat de favoriser la formation et l'information des personnes travaillant dans le domaine de la conservation du patrimoine. Il publie un bulletin, une revue et un ensemble de documents spécialisés sur diverses questions d'intérêt. Il organise des congrès mondiaux et publie les actes de ces manifestations. D'ailleurs, la plupart des disciplines possèdent une association internationale capable de fournir des informations sur les activités tenues dans les autres pays.

Le gestionnaire peut aussi consulter les périodiques spécialisés en gestion tels que *Gestion, revue internationale de gestion* ou *Journal of Marketing*. Il existe aussi quelques publications spécialisées spécifiquement en gestion des affaires culturelles ; mentionnons ici *Journal of Cultural Economics* et *Journal of Arts Management and Law*.

Le tableau 9.5 présente les principales sources de données privées.

9.3 Les données externes primaires

Les données externes primaires s'obtiennent en interrogeant directement le consommateur visé ; on appelle ce processus de collecte « étude de marché »,

« enquête » ou « sondage ». Le gestionnaire peut colliger lui-même les données ou confier la recherche à une firme spécialisée. Le projet consiste donc à recueillir les données pertinentes au problème préalablement défini, à effectuer l'analyse de ces données puis à les interpréter de façon utile à la prise de décision.

La décision d'avoir recours à la collecte de données externes primaires doit toujours se fonder sur la valeur de l'information à obtenir en regard du coût pour se procurer cette information. En d'autres termes, le gestionnaire doit juger si l'opération à entreprendre justifie l'effort qu'elle exigera. Ainsi, il est inutile de dépenser 5000 $ pour un sondage si l'information obtenue permet de faire économiser moins de 5000 $ à l'entreprise ; ou encore si le risque financier entraîné par une décision est inférieur à cette somme.

Pour obtenir les données, le chercheur peut utiliser trois types de recherche : la recherche exploratoire, la recherche descriptive et la recherche causale.

9.3.1 La recherche exploratoire

La recherche exploratoire fournit essentiellement des données d'ordre qualitatif. Elle ne se fonde pas sur des hypothèses ou des idées préconçues, et on y recourt lorsque l'on ne possède pas – ou peu – d'informations préalables sur un sujet. Il s'agit d'une méthode généralement flexible, non structurée et qualitative.

On utilise la recherche exploratoire à diverses fins : mieux définir un problème, suggérer des hypothèses à vérifier ultérieurement, générer des idées de nouveaux produits, recueillir des réactions premières sur un nouveau concept, faire un prétest de questionnaire ou, encore, déterminer les critères qui interviennent dans le choix d'un film ou d'un spectacle.

Ce type de recherche permet également de connaître les centres d'intérêt et le vocabulaire du consommateur. Elle offre au chercheur et au gestionnaire la possibilité de se familiariser avec un environnement qui leur est inconnu.

Plusieurs techniques peuvent être utilisées pour réaliser une recherche exploratoire : technique des groupes de discussion, entrevues individuelles en profondeur, études de cas, observation, techniques de projection, etc.

9.3.2 La recherche descriptive

La recherche descriptive vise à obtenir une information précise sur un sujet donné. Elle part généralement d'une hypothèse qu'elle vérifie afin de la confirmer ou de l'infirmer. On y recourt lorsque la situation à étudier est assez claire, que les besoins d'information sont suffisamment précis et que la problématique et les variables sont bien cernées. Elle est souvent précédée d'une recherche exploratoire qui aide à formuler l'hypothèse de départ et à mieux connaître les paramètres à étudier.

Alors que la recherche exploratoire donne des résultats d'ordre qualitatif et indicatif à partir d'un petit nombre de répondants, la recherche descriptive permet de procéder à des analyses quantitatives sur des échantillons représentatifs de la population étudiée.

La recherche descriptive peut, par exemple, servir à déterminer les facteurs qui interviennent dans la décision d'achat d'un billet de théâtre au sein d'une population donnée; elle peut aussi servir à tracer le profil sociodémographique des visiteurs d'un musée ou encore à connaître les caractéristiques des auditeurs de musique populaire dans une région donnée.

Le mode de collecte

Il existe trois principaux modes de collecte de données en recherche descriptive: la poste, le téléphone et la rencontre de personne à personne. Le choix repose sur certains facteurs tributaires des objectifs à atteindre et des ressources disponibles. Ainsi, la précision et l'ampleur des données à recueillir, le temps et les efforts requis, les délais de réalisation de la recherche, le type de questions posées – questions ouvertes ou questions fermées –, les coûts associés à chacun des modes de collecte de même que leurs exigences administratives propres constituent autant de facteurs d'influence.

L'enquête par la poste

L'enquête par la poste possède deux avantages principaux. D'abord, ses coûts sont peu élevés; elle permet en effet d'atteindre une grande quantité de personnes avec des moyens financiers relativement réduits par rapport à ce qui est nécessaire quand on utilise l'un des deux autres outils. De plus, elle protège l'anonymat du répondant, ce qui facilite l'obtention d'informations plus personnelles tout en réduisant les biais potentiels liés à l'interviewer et aux attitudes du répondant à son égard.

Ses principaux désavantages sont la difficulté de contrôler l'identité de la personne qui répond, l'impossibilité d'empêcher toute consultation d'un tiers, l'incapacité de régir l'ordre de réponse aux questions et l'impossibilité de répondre aux problèmes de compréhension que pourrait avoir le répondant.

Dans les secteurs de produits de consommation courante, le taux de réponse d'un sondage par la poste varie généralement entre 2 % et 5 %. Une recherche dans le domaine culturel peut amener un taux de réponse se situant entre 25 % et 40 %; ce taux peut même être plus élevé dans le cas d'une enquête menée auprès d'un échantillon de personnes reliées d'une façon ou d'une autre à un établissement ; par exemple, ceux qui font partie du groupe des amis d'un musée répondent plus volontiers à un questionnaire venant de l'établissement qu'ils parrainent ; c'est aussi le cas pour les membres d'une association professionnelle.

L'enquête téléphonique

L'enquête téléphonique est caractérisée par sa rapidité ; elle permet en effet d'atteindre un grand nombre de personnes sur une courte période de temps. En augmentant le nombre de téléphonistes, on peut en effet atteindre plusieurs milliers de personnes en une semaine.

Le taux de réponses obtenues à l'aide de ce mode de collecte est généralement très élevé ; il se situe en moyenne entre 80 % et 90 %. Il faut comprendre, toutefois, que la surutilisation de ce mode d'enquête dans une région peut provoquer un taux de refus de répondre plus élevé.

La possibilité d'interaction que donne l'enquête par téléphone permet à l'interviewer de préciser une question dans l'éventualité où le répondant en comprendrait mal la formulation. Cette méthode permet aussi une plus grande productivité journalière, puisque, comparativement à la méthode de personne à personne, elle n'oblige pas l'interviewer à se déplacer pour interroger les répondants. Les coûts, quoique plus élevés que ceux de l'enquête par la poste, sont généralement plus faibles que ceux d'une enquête de personne à personne.

En contrepartie, l'appel téléphonique ne permet pas de recourir à des supports visuels. Il rend difficile, voire impossible, l'utilisation des questions à choix multiples et exige un degré de complexité des questions relativement faible. De plus, l'interviewer dispose d'un temps limité pour recueillir l'information désirée ; pour que le répondant accepte de rester plus de 15 minutes au téléphone, il faut que le sujet soit pour lui d'un grand intérêt.

L'entrevue de personne à personne

L'entrevue de personne à personne est très efficace lorsque le gestionnaire désire obtenir beaucoup d'informations ou encore des données relativement complexes. Elle permet d'utiliser des supports visuels et donne une grande flexibilité à l'interviewer qui peut préciser certaines questions, répéter la question, intervertir l'ordre, etc. Le répondant qui ne comprend pas une question a tout le loisir d'obtenir de l'information supplémentaire tout comme l'interviewer peut creuser davantage certaines assertions du répondant grâce à l'interaction personnelle que permet cette méthode.

L'entrevue de personne à personne coûte cependant beaucoup plus cher, en temps et en argent, que les deux autres méthodes. Elle est plus complexe à utiliser, et la possibilité de biais causé par la présence de l'interviewer est très grande.

Les sources d'erreur

Peu importe l'outil utilisé, le chercheur vise à réduire au minimum les biais et les sources d'erreur lors de la collecte des données. Quatre principales sources d'erreur peuvent intervenir au moment de la réalisation d'une recherche descriptive ; il s'agit du refus de répondre, des erreurs dues à l'échantillonnage, des réponses inexactes et des erreurs dues à l'interviewer. Le chercheur doit toujours avoir à l'esprit ces différentes possibilités de biais et tenter de les réduire au minimum.

Le refus de répondre de certains membres de l'échantillon peut constituer une source d'erreur importante ; de fait, plus grand est le nombre de personnes qui refusent de répondre à un questionnaire, plus forte est la possibilité que les statistiques recueillies donnent un portrait biaisé de la réalité. Comme on ne sait pas ce que pensent ces personnes, on ne peut être certain que les résultats de l'enquête sont exacts. Même si l'on ne peut éliminer le phénomène des non-répondants lors d'une enquête, on doit tenter de réduire leur nombre au minimum en élaborant des outils de mesure adéquats.

Les erreurs d'échantillonnage peuvent aussi être nombreuses et entraîner des résultats qui ne sont pas représentatifs de la population globale étudiée. Ces erreurs peuvent survenir parce que la méthode d'échantillonnage utilisée est inadéquate ou parce que la taille de l'échantillon est insuffisant.

La troisième source principale d'erreur dans une recherche descriptive est l'inexactitude des réponses obtenues. Elle peut être due à la simple ignorance du répondant qui donnera une réponse à tout hasard par crainte d'avouer son ignorance ou qui préférera répondre en fonction du consensus général apparent sur un sujet particulier. Elle peut aussi être liée au phénomène de l'oubli si la collecte de données s'effectue trop longtemps après que se sont produits les faits analysés. Ou encore elle peut découler des attitudes des individus ; le répondant peut biaiser volontairement ses réponses en fonction de certains facteurs personnels : sentiment d'invasion dans sa vie privée, fatigue, manque de temps, ou tendance naturelle à donner des réponses socialement acceptables comme le fait de surévaluer le nombre de fois qu'il s'est rendu dans une librairie s'il perçoit qu'il s'agit d'une activité socialement valorisée, tout simplement pour faire bonne figure auprès de l'interviewer ; il voudra peut-être aussi se montrer courtois en approuvant une affirmation de l'interviewer même s'il pense le contraire.

Finalement, la quatrième source d'erreur découle de l'interviewer lui-même. En effet, par son attitude, ses gestes ou la façon dont il pose les questions, l'interviewer peut influencer inconsciemment le répondant. Une bonne formation de l'équipe d'interviewers permet de réduire au minimum cette source potentielle de biais.

9.3.3 La recherche causale

La troisième méthode utilisée est la méthode causale. Elle consiste à analyser les effets d'une variable sur une autre. Par exemple, étudier l'effet de la distribution de billets gratuits sur la consommation future des spectacles d'une compagnie de théâtre relève de la recherche causale.

Ce type de recherche est relativement rigide et spécialisé, et n'analyse qu'une partie de la réalité. La recherche part du principe que les connaissances concernant un problème sont déjà très étendues, que plusieurs variables d'influence ont déjà été définies et qu'elles sont relativement bien connues. La recherche causale vise à cerner les relations de cause à effet qu'il peut y avoir entre certaines variables. Elle se fonde sur une ou plusieurs hypothèses que le chercheur tente de vérifier.

9.4 Les étapes d'une recherche descriptive

Toute recherche vise essentiellement à répondre à des objectifs, eux-mêmes déterminés après avoir défini un problème de recherche ; l'atteinte des objectifs se fera au moindre coût possible et avec une marge d'erreur aussi petite que possible, de même qu'en respectant une contrainte de temps. Il peut arriver aussi que, au lieu de procéder à une étude complète de tous les aspects d'un problème, le gestionnaire veuille procéder par une séquence de projets dont chacun vise à atteindre une partie des objectifs.

Le tableau 9.6 présente une séquence de 14 étapes constituant la base de toute recherche.

Nous pouvons diviser cette séquence de 14 étapes en deux parties. Les 4 premières étapes sont communes à toute recherche ; c'est en répondant aux questions qu'elles posent que l'on choisira la méthode la plus appropriée pour résoudre le problème et que l'on choisira aussi le mode de collecte de données qui s'impose. Les 10 autres étapes, quoique traitées ici dans le cadre d'une recherche descriptive, s'appliquent aussi aux recherches exploratoire et causale ; selon le cas, le contenu de certaines étapes peut être différent ou même ne pas s'appliquer.

Étape 1 : définition du problème

Avant de se lancer dans quelque collecte de données primaires que ce soit, le gestionnaire doit s'assurer qu'il a bien défini le problème qu'il compte étudier. Plus il est en mesure de définir précisément son problème de recherche, plus il lui sera ensuite facile d'effectuer des choix éclairés au cours des étapes suivantes. Du fait de ses moyens financiers habituellement

Tableau 9.6
Les 14 étapes d'une recherche

Étape 1 — Définition du problème
Étape 2 — Définition des objectifs de l'étude
Étape 3 — Détermination des ressources humaines et du budget requis
Étape 4 — Établissement d'un échéancier
Étape 5 — Choix des méthodes et des outils appropriés
Étape 6 — Détermination de l'échantillon
Étape 7 — Conception du questionnaire
Étape 8 — Test du questionnaire
Étape 9 — Codification des réponses
Étape 10 — Collecte des données
Étape 11 — Contrôle des interviewers
Étape 12 — Compilation des données
Étape 13 — Analyse des résultats
Étape 14 — Rédaction du rapport

limités, une entreprise culturelle ne peut se permettre d'effectuer souvent des études de marché ; il y a donc un certain danger que la direction veuille profiter de l'occasion pour trouver réponse à toutes les questions qu'elle se pose sur son marché ; or, à vouloir trop exiger d'une enquête, on risque d'élaborer des questionnaires trop longs auxquels le répondant refusera de prêter attention. Une bonne définition du problème à étudier permet aussi de savoir jusqu'à quel point les données internes de l'entreprise ou les données externes secondaires ne permettent pas déjà de résoudre ce problème en partie, ou même en totalité ; de toute façon, il est toujours préférable, avant de procéder à une collecte de données primaires, de s'assurer que l'information n'existe pas déjà.

Voici quelques exemples de situations susceptibles de déclencher un processus de recherche : le nombre d'abonnés a chuté par rapport à l'année précédente ; la direction de l'entreprise s'interroge sur la réaction des consommateurs à une modification de prix du produit ; l'entreprise veut s'implanter sur un marché qu'elle ne connaît pas, etc.

Étape 2 : définition des objectifs de l'étude

À partir du problème à résoudre, l'analyste peut définir les objectifs de la recherche. On pourra ainsi vouloir cerner les raisons qui ont amené certains abonnés à ne pas renouveler leur abonnement ; connaître ou vérifier la proportion des consommateurs susceptibles de réagir négativement à une variation de prix; définir les habitudes de consommation des habitants d'une région donnée; etc.

Étape 3: détermination des ressources humaines et du budget requis

Le gestionnaire doit déterminer quelles ressources financières et humaines il peut et veut consacrer à la recherche. Ce choix aura une influence certaine sur la réalisation de l'étude et sur son degré de complexité. Ce choix déterminera aussi de quelle façon la recherche sera menée : par le gestionnaire lui-même ou plutôt par une firme spécialisée? Le budget qu'il faudra consacrer à la collecte de données primaires sera nettement supérieur à celui nécessaire pour réaliser une recherche de données secondaires.

L'analyse du budget requis pour mener une étude de marché est aussi l'occasion de s'interroger sur la valeur de l'information que l'on cherche en fonction du coût nécessaire à sa collecte. Il est souvent difficile de connaître à l'avance la valeur des informations fournies par une étude de marché ; il faut cependant que le gestionnaire tente de répondre à cette question s'il veut éviter de gaspiller inutilement des ressources précieuses (en argent et en temps). Selon Desormeaux[8], le gestionnaire doit se poser huit questions avant de commander une recherche de données primaires :

1) Le gestionnaire a-t-il vraiment besoin d'informations additionnelles?
2) Le projet correspond-il vraiment aux besoins d'information de la firme?
3) Y a-t-il assez d'incertitude et d'imprécision?
4) Les résultats influenceront-ils la décision?
5) Avons-nous le temps?
6) Quels sont la probabilité et le coût d'une erreur?
7) Le niveau visé de certitude et de précision est-il adéquat?
8) Les données secondaires ont-elles été suffisamment utilisées?

Étape 4 : établissement d'un échéancier

La planification d'une recherche doit nécessairement inclure l'élément temps. On doit déterminer à quel moment l'information recherchée doit être disponible. Une échéance serrée peut signifier, lors d'une recherche descriptive, le recours à l'entrevue téléphonique, et donc limiter la quantité de données disponibles.

Étape 5 : choix des méthodes et des outils appropriés

Après avoir déterminé les objectifs, le gestionnaire doit choisir la méthode – exploratoire, descriptive ou causale – susceptible de lui fournir l'information désirée, et ce, aux moindres coûts en temps et en argent. Le gestionnaire devra par la suite sélectionner le mode de collecte qu'il utilisera ; dans le cas d'une recherche descriptive, ces modes sont la poste, le téléphone ou l'entrevue de personne à personne. Cette sélection sera évidemment tributaire du budget, du temps et des ressources financières dont dispose le responsable de la recherche. Notons qu'il existe d'autres modes de collecte (observation, techniques projectives, etc.) ; nous nous limitons aux trois modes précités parce qu'ils représentent ceux qui sont le plus couramment utilisés par les maisons de sondage.

Étape 6 : détermination de l'échantillon

Après avoir choisi la méthode et l'outil à utiliser, le responsable d'une recherche descriptive détermine les paramètres de l'échantillon. Cet échantillon doit regrouper des répondants représentatifs de la population étudiée, donc choisis en nombre suffisant et de façon aléatoire, pour être statistiquement significatif. Dans certains cas, lorsque la population est relativement réduite et hétérogène, le responsable de la recherche peut étudier l'ensemble de cette population.

Peu importe la taille de la population étudiée, l'échantillon doit contenir un minimum de 30 répondants. En effet, d'après les lois de la statistique, un échantillon est considéré comme statistiquement significatif dans la mesure où il compte au moins 30 répondants choisis de façon aléatoire ; c'est le degré de précision et de fiabilité des résultats qui augmente à mesure qu'on accroît la taille de l'échantillon. La même règle s'applique lorsque l'on désire tirer des conclusions à partir d'un sous-groupe d'individus membres de l'échantillon ; le chercheur doit alors s'assurer d'obtenir au moins 30 répondants dans chacune des cellules constituées. Il convient de préciser qu'il est quand même possible d'analyser de façon rigoureuse les résultats d'une enquête, ou de sous-groupes d'un échantillon, qui compte moins de 30 répondants ; il faut alors utiliser les méthodes de l'analyse non paramétrique ; ces méthodes ne permettent toutefois pas de généraliser des résultats à l'ensemble d'une population. Le lecteur intéressé par ces méthodes pourra consulter le volume de Siegel intitulé *Non Parametric Statistics*[9].

Ce n'est donc pas la taille de la population étudiée qui détermine le nombre de répondants nécessaire pour constituer un échantillon représentatif, mais la taille de l'échantillon détermine le degré de précision. Plus la population est homogène, plus la taille de l'échantillon peut être petite. Plus la taille de l'échantillon est grande, moins les risques d'erreur sont élevés. Donc, que l'on veuille recueillir l'opinion des gens dans une ville de 5000 habitants ou dans une ville de 5 millions d'habitants, la même taille d'échantillon donnera une précision identique ; c'est là une loi de la statistique.

Précisons que la taille de l'échantillon se calcule à partir du nombre de personnes qui ont effectivement répondu au questionnaire et non suivant le nombre de personnes à qui celui-ci a été expédié. Si l'on désire avoir un échantillon de 400 répondants et si l'on sait que le taux de réponses est habituellement de 40 % pour le type d'enquête que l'on veut réaliser, il faudra alors expédier 1000 questionnaires. Il faut se rappeler que plus la taille de l'échantillon est grande, plus les coûts de réalisation de l'étude sont élevés et plus le traitement des données sera long. Le taux de réponse est également tributaire de la longueur du questionnaire, de l'intérêt du sujet pour les répondants, de la crédibilité de l'entreprise et de la motivation engendrée par la facture du questionnaire. Pour augmenter le taux de réponse, les enquêteurs utilisent diverses stratégies : insertion d'une pièce de un dollar dans l'envoi, insertion d'une enveloppe-réponse préaffranchie, etc.

La taille de l'échantillon détermine le degré de confiance que le gestionnaire peut accorder à l'information recueillie (*voir tableau 9.7*). Par exemple, en sélectionnant 269 personnes, le responsable de la recherche a 90 % de probabilité de ne pas se tromper (niveau de confiance désiré) de plus de 5 % autour des estimations (marge maximale d'erreur tolérée). Si son échantillon augmente à 382 personnes, le niveau de confiance du gestionnaire grimpe alors à 95 % pour une marge d'erreur maximale de 5 %. Par exemple, une enquête qui montre que 30 % des répondants de l'échantillon préfèrent un certain type de spectacle signifie qu'il y a 95 % de probabilité que, dans le marché étudié, la vraie proportion se situe entre 25 % et 35 %.

Trois méthodes sont généralement utilisées pour constituer un échantillon : la méthode simple, la méthode d'échantillonnage systématique et la méthode par quotas.

La méthode simple consiste à sélectionner au hasard, dans la population étudiée, les personnes qui seront interrogées. Chaque individu a ainsi la même probabilité d'être choisi. Si l'on désire, par exemple, expédier un questionnaire à un échantillon de résidents d'une ville, il faut pouvoir disposer de toutes les adresses, et tirer les noms des personnes avec lesquelles on entrera en contact. Par contre, la stratégie qui consisterait à aller au coin des rues Peel et Sainte-Catherine pour interroger les passants n'est pas une méthode d'échantillonnage statistiquement significative, puisque chaque individu formant la population étudiée n'a pas la même probabilité de se trouver à cet endroit à un moment précis.

Il n'est pas toujours possible de procéder à un échantillonnage par la méthode simple ; on peut alors avoir recours à la méthode de l'échantillonnage systématique. Cette méthode consiste à tirer, de la liste de la population étudiée, une personne par tranche de x noms ; on prendra, par exemple, la liste des abonnés et on sélectionnera une personne par tranche de 5 ou 10 noms jusqu'à ce que l'échantillon soit entièrement constitué. Cette méthode

Tableau 9.7
La taille de l'échantillon selon le seuil de confiance désiré

Marge maximale d'erreur tolérée	Niveau de confiance désiré	80%	90%	95%
	1%	4100	6715	9594
Plus	3%	455	746	1066
ou	5%	164	269	382
moins	10%	41	67	96
	15%	18	30	43
	20%	10	17	24

s'applique particulièrement bien lorsque la population totale représente un nombre fini et connu.

Finalement, la méthode par quotas vise à représenter la population totale étudiée en retenant certaines de ses caractéristiques propres qui doivent se retrouver, dans les mêmes proportions, au sein de l'échantillon. Ces caractéristiques peuvent être l'âge, le sexe, le revenu, la scolarité ou toute autre variable d'intérêt. Si, lors d'un sondage téléphonique, on veut s'assurer d'atteindre 51% de répondants de sexe féminin, l'interviewer aura alors la consigne de ne plus interroger de femmes à partir du moment où cette proportion sera atteinte.

Étape 7 : conception du questionnaire

La conception d'un questionnaire structuré est une opération délicate : elle joue un rôle important en ce qui concerne non seulement la qualité de l'information que l'on obtiendra, mais aussi le taux de réponse.

La formulation des questions doit être effectuée de manière à ne pas biaiser les réponses ; le vocabulaire doit être compréhensible pour le répondant, et les questions doivent être concises.

On dresse d'abord la liste des informations à recueillir en fonction de l'objectif de la recherche ; puis on traduit cette liste d'informations en une série de questions que l'on place dans un ordre logique, en débutant, si possible, par celle qui présente le plus d'intérêt pour le répondant ; les questions délicates sont gardées pour la fin de même que les questions portant sur des informations que le répondant peut considérer comme confidentielles (âge, revenus, etc.).

Les questions peuvent être fermées ou ouvertes. Pour la question fermée, le répondant dispose d'un choix de réponses et désigne celle qui correspond à son choix. La question ouverte est celle à laquelle le sujet répond librement. On utilise habituellement des questions fermées dans une étude descriptive; cette façon de procéder facilite l'analyse des résultats dans le cas de questionnaires qui comportent un grand nombre de questions ou qui mettent en cause un nombre important de répondants.

Pour obtenir le taux de réponse le plus élevé possible, le rédacteur du questionnaire s'assurera que celui-ci est court, bien présenté et conçu logiquement quant à la séquence des questions, et il préférera les questions fermées aux questions ouvertes. Un paragraphe d'introduction soulignant l'importance que l'entreprise accorde aux réponses fournies pourra mieux disposer le répondant et l'inciter à remplir le questionnaire.

Étape 8 : test du questionnaire

Le responsable de la recherche doit obligatoirement effectuer un prétest du questionnaire avant de passer à la phase de la collecte de données. Cela lui permettra de déceler les ambiguïtés qui pourraient se trouver dans le questionnaire et d'apporter les modifications nécessaires avant de procéder à un envoi massif. Ce prétest peut être réalisé auprès d'un petit nombre de répondants – habituellement une dizaine suffit – dont les caractéristiques se rapprochent le plus possible de celles de la population étudiée.

On peut accroître encore l'efficacité d'un questionnaire en procédant à un test en situation réelle. On tire un échantillon à partir d'un certain nombre de personnes (par exemple : une centaine) que l'on fait répondre au questionnaire; l'analyse des réponses, après compilation, permet habituellement d'apporter des modifications pertinentes et importantes au questionnaire. Le test en situation réelle s'impose d'autant plus que la quantité d'informations demandées est grande ou que la précision des réponses à obtenir s'avère essentielle.

Il s'agit d'une étape importante et cruciale qui permet d'améliorer sensiblement le questionnaire et d'éviter des erreurs coûteuses.

Étape 9 : codification des réponses

À partir du moment où le chercheur est prêt à procéder à la collecte des données, donc au moment où il obtient une version définitive du questionnaire, il procède à la codification des réponses. Cette codification préalable facilite le travail ultérieur de traitement des données.

Étape 10 : collecte des données

Le questionnaire ayant été préparé et codé en fonction de l'outil de collecte utilisé (poste, téléphone ou entrevue de personne à personne), l'analyste est prêt à procéder à la collecte des données. On expédie les questionnaires, ou alors on recrute les interviewers, on les forme et on procède aux appels téléphoniques ou au démarchage auprès des répondants.

Étape 11 : contrôle des interviewers

Même si le personnel qui doit effectuer les entrevues a été bien formé et qu'il s'agit de professionnels, l'entreprise procédera à une opération de contrôle pour s'assurer que les personnes qui devaient être atteintes l'ont bien été, ou que l'interviewer suit bien les consignes qui lui ont été données. Il est d'usage de contrôler environ 10 % des contacts établis par le personnel ; on s'assure que le répondant a bien été atteint et on peut même vérifier si les questions lui ont été posées correctement.

Étape 12 : compilation des données

La compilation des données est une étape mécanique qui peut s'effectuer de façon manuelle ou informatique. Dans le cas d'un traitement au moyen de l'ordinateur, l'analyste peut avoir recours à divers logiciels spécialisés qui facilitent ensuite l'analyse des résultats. La compilation des données doit s'effectuer avec soin, les erreurs de transcription pouvant conduire à des interprétations erronées.

Étape 13 : analyse des résultats

Il faut toujours être prudent lorsqu'on analyse les résultats d'un sondage. L'adage voulant que « l'on peut faire dire ce que l'on veut aux chiffres » est malheureusement vrai. L'analyse doit donc être effectuée de façon rigoureuse, et il ne faut pas tenter de trouver dans les réponses ce que l'on souhaiterait entendre.

C'est à cette étape que l'étude de marché prend tout son sens. Il faut transformer des données disparates en informations pertinentes. Pour ce faire, on doit chercher à comprendre la signification des réponses obtenues, établir des liens entre des ensembles de réponses et interpréter les données recueillies ; l'utilisation de graphiques et de schémas facilite la réalisation de cette tâche.

Étape 14 : rédaction du rapport

Les résultats d'une enquête sont habituellement présentés sous la forme d'un rapport écrit, et il existe de bons manuels traitant de la rédaction d'un rapport de recherche.

Un rapport bien fait est facile à consulter; on doit donc prendre grand soin de sa rédaction. Par ailleurs, de tels rapports, rappelons-le, peuvent être utiles ultérieurement à des membres de l'entreprise qui voudraient refaire la même étude afin d'actualiser les résultats. En ce sens, il est toujours bon de mentionner en détail la méthodologie employée lors de la recherche et d'ajouter en annexe au rapport un exemplaire du questionnaire.

Résumé

Le système d'information marketing compte trois types de données: les données internes, les données externes secondaires et les données externes primaires.

Les données internes sont généralement fournies par le système comptable de l'entreprise; cependant, d'autres intervenants peuvent être mis à contribution, par exemple le personnel de l'entreprise ou même les clients.

Les deux principales sources de données externes secondaires sont les données publiées par les pouvoirs publics et celles publiées par l'entreprise privée. Les principales sources de données publiques sont Statistique Canada et le Bureau de la statistique du Québec; d'autres ministères et agences publient aussi des documents susceptibles d'intéresser le gestionnaire. Les données privées sont accessibles soit par le biais des banques de données ou directement auprès des entreprises qui publient des études et rapports. Les données publiques et les données privées ont leurs forces et leurs faiblesses respectives; en fait, les forces des unes correspondent en général aux faiblesses des autres. Les principales forces des données publiques sont les précautions méthodologiques utilisées, la standardisation des données, la possibilité de séries temporelles et l'accessibilité; les forces des données privées sont constituées par leur degré d'agrégation et leur degré d'actualité.

On appelle « données externes primaires » les informations recueillies par sondage ou par étude de marché; il peut s'agir d'une recherche exploratoire, d'une recherche descriptive ou d'une recherche causale. Dans le premier cas, on cherche à déterminer les variables rattachées à une problématique sans nécessairement se fonder sur une hypothèse préalable; dans le deuxième cas, on part généralement d'une hypothèse qu'on vérifie en vue de l'infirmer ou de la confirmer; dans le dernier cas, on veut vérifier la relation de cause à effet d'une variable sur une autre.

Plusieurs techniques sont utilisées par la recherche exploratoire: les entrevues de groupe, les entrevues individuelles, les études de cas, l'observation et les techniques de prévision et de projection. L'entrevue de groupe est souvent utilisée pour tester une formule de nouveau produit.

Dans les cas plus particuliers de recherche descriptive ou causale, le plan de recherche comporte en général 14 étapes : la définition du problème, la définition des objectifs poursuivis par l'étude, la détermination des ressources et du budget requis, l'établissement de l'échéancier, le choix des méthodes et des outils à utiliser, la détermination de la taille et de la méthode d'échantillonnage, la rédaction du questionnaire, sa codification, le prétest du questionnaire, la collecte des données, le contrôle des interviewers, la compilation des données, l'analyse des résultats et la rédaction du rapport.

Questions

1. Quels sont les trois types de données qu'utilise le système d'information marketing ?
2. Qu'entend-on par « données internes » et quelles en sont les principales sources ?
3. Pourquoi est-il plus prudent de consulter les différentes sources de données externes secondaires avant de se lancer dans une étude de marché ?
4. Quelles sont les forces et les faiblesses des données publiques par rapport aux données privées ? Pourquoi dit-on que les forces des unes sont les faiblesses des autres ?
5. Quelles sont les principales sources de données publiques ? Quelles sont les principales sources de données privées ?
6. Qu'est-ce qu'une recherche : a) exploratoire ? b) descriptive ? c) causale ?
7. Pouvez-vous donner des exemples de recherches que l'on peut entreprendre à l'aide de chacun des trois types de recherche ?
8. Pourquoi est-il important de bien définir le problème de recherche avant d'entreprendre une étude de marché ?
9. Qu'est-ce qu'un échantillon aléatoire ?
10. La taille de l'échantillon doit-elle varier en fonction de la taille de la population étudiée ? Pourquoi ?
11. Qu'est-ce que la méthode d'échantillonnage par quotas ?
12. Quelles sont les règles fondamentales à suivre pour rédiger un questionnaire ?
13. Pourquoi les firmes de recherche contrôlent-elles un certain pourcentage des entrevues effectuées par leur personnel ?

Notes et références

1. CONSEIL DES ARTS DU CANADA, *Arts Research Bibliography*, Ottawa, Research and Evaluation Department, 1988, 80 p.
2. F. COLBERT, *Le tourisme, la culture et le multiculturalisme : bibliographie annotée*, Ottawa, ministère des Communications du Canada, 1988, 23 p.
3. CANADIAN ASSOCIATION OF ARTS ADMINISTRATION EDUCATORS, *Final Report of the Study of Management Development Needs of Publicity Funded Not-for-Profit Arts and Heritage Organizations in Canada*, Toronto, 1987, 39 p.
4. F. SAURIOL, N. ZAKAIB et F. COLBERT, *Annotated Bibliography of Published Research in Arts Management in Canada*, Canadian Association of Arts Administration Educators, 1986, 191 p.
5. F. COLBERT et N. TURGEON, *La commandite dans le domaine des arts et de la culture : bibliographie*, Montréal, Chaire de gestion des arts, École des Hautes Études Commerciales, 1992, 152 p.
6. B. LÉGARÉ, *Le marketing en milieu muséal : une bibliographie analytique et sélective*, Montréal, Chaire de gestion des arts, École des Hautes Études Commerciales, 1991, 179 p.
7. F. COLBERT, C. PELLETIER et D. PERRIN, *Le marketing des arts d'interprétation : bibliographie*, Montréal, Chaire de gestion des arts, École des Hautes Études Commerciales, 1993, 115 p.
8. R. DESORMEAUX, cité dans M. FILION, F. COLBERT et al., *Gestion du marketing*, Boucherville, Gaëtan Morin Éditeur, 1990, 631 p.
9. S. SIEGEL, *Non Parametric Statistics*, McGraw-Hill, Series in Psychology, 1956, 312 p.

Plan

Objectifs	265
Introduction	265
10.1 La contribution du marketing à la mission de l'entreprise	266
10.2 La planification marketing	268
10.2.1 Le processus de planification marketing	268
10.2.2 Le plan marketing	268
10.2.3 La structure d'organisation	273
10.3 Les stratégies	273
10.3.1 Considérations générales	273
10.3.2 Les stratégies d'entreprise	275
10.3.3 Les stratégies marketing	280
10.4 Le contrôle	282
10.4.1 Le contrôle : un cycle	283
10.4.2 Les outils et les objets de contrôle	283
10.4.3 L'audit marketing	284
Résumé	287
Questions	288
Notes et références	288

10

La planification et le contrôle marketing

Objectifs

- Définir la contribution du marketing à la mission de l'entreprise.
- Définir le processus de marketing stratégique.
- Discuter de certaines approches stratégiques.
- Étudier le contenu du plan marketing.
- Examiner l'importance de l'activité de contrôle marketing au sein de l'entreprise.

Introduction

Tout au long de cet ouvrage, nous avons examiné les différents éléments du modèle marketing; ceux-ci s'intègrent dans un processus qui conduit, finalement, à la réalisation des objectifs de l'entreprise; nous appelons ce processus « le cycle de planification et de contrôle ».

La planification et le contrôle sont en interrelation serrée et se complètent mutuellement. Pour exercer un contrôle, il faut d'abord qu'il y ait eu une planification permettant la détermination d'objectifs mesurables. C'est à partir de ces objectifs que le gestionnaire peut évaluer le rendement de ses activités en confrontant les résultats obtenus avec les prévisions et les attentes établies au départ. La planification consiste donc à définir le point d'arrivée à atteindre, tandis que le contrôle indique dans quelle mesure on y est parvenu ; l'opération « contrôle » aide aussi le gestionnaire dans sa planification future en lui indiquant la nature des efforts requis pour obtenir les résultats escomptés.

Nous examinerons maintenant, dans ce chapitre, les diverses composantes du cycle de planification et de contrôle en marketing. Nous définirons d'abord la contribution du marketing à l'effort global de l'entreprise. En second lieu, nous étudierons le processus de planification marketing, qui s'articule autour d'un plan marketing et d'une structure d'organisation des activités. Le plan marketing doit en effet se construire à la lumière des stratégies globales de l'entreprise, les stratégies marketing définies devant contribuer au succès de ces stratégies d'entreprise ; c'est ce que nous verrons en troisième lieu. Enfin, nous terminerons ce chapitre en présentant les principaux éléments qui constituent la fonction contrôle des activités marketing.

10.1 La contribution du marketing à la mission de l'entreprise

Afin de réaliser sa mission, l'entreprise répartit les tâches et les pouvoirs entre diverses fonctions, ou unités organisationnelles, dont chacune représente une contribution particulière à la mission globale de l'entreprise. Ainsi, la fonction marketing a une mission, une raison d'être qui lui est propre, contribuant aux objectifs de croissance, de développement, de rentabilité et de fonctionnement de l'entreprise par un apport spécifique. La responsabilité qui est confiée à cette unité est différente de celle que l'on attribue à la fonction financement ou à la fonction production, même si toutes ces fonctions partagent les mêmes objectifs globaux. De plus, le principe de la synergie que nous avons appliqué à la composition commerciale s'applique aussi aux différentes fonctions de l'entreprise : l'effet combiné des efforts fournis par les différentes unités d'une organisation doit produire un effet plus grand que la somme des efforts pris individuellement.

Il est indispensable de lier la fonction marketing à la mission de l'entreprise, et ce, avant même d'aborder les notions de planification et de contrôle marketing. De la mission de l'entreprise découle en effet une série d'objectifs globaux et spécifiques à partir desquels on choisit des stratégies d'ensemble et des stratégies spécifiques. Dans toute planification en gestion, on doit donc considérer une hiérarchie d'objectifs correspondant à une hiérarchie de stratégies (*voir figure 10.1*).

Le marketing doit définir ses objectifs en fonction des objectifs globaux de l'entreprise ; l'objectif marketing se traduira ensuite par une série d'objectifs

La planification et le contrôle marketing 267

Figure 10.1
La hiérarchie des objectifs et des stratégies d'une entreprise

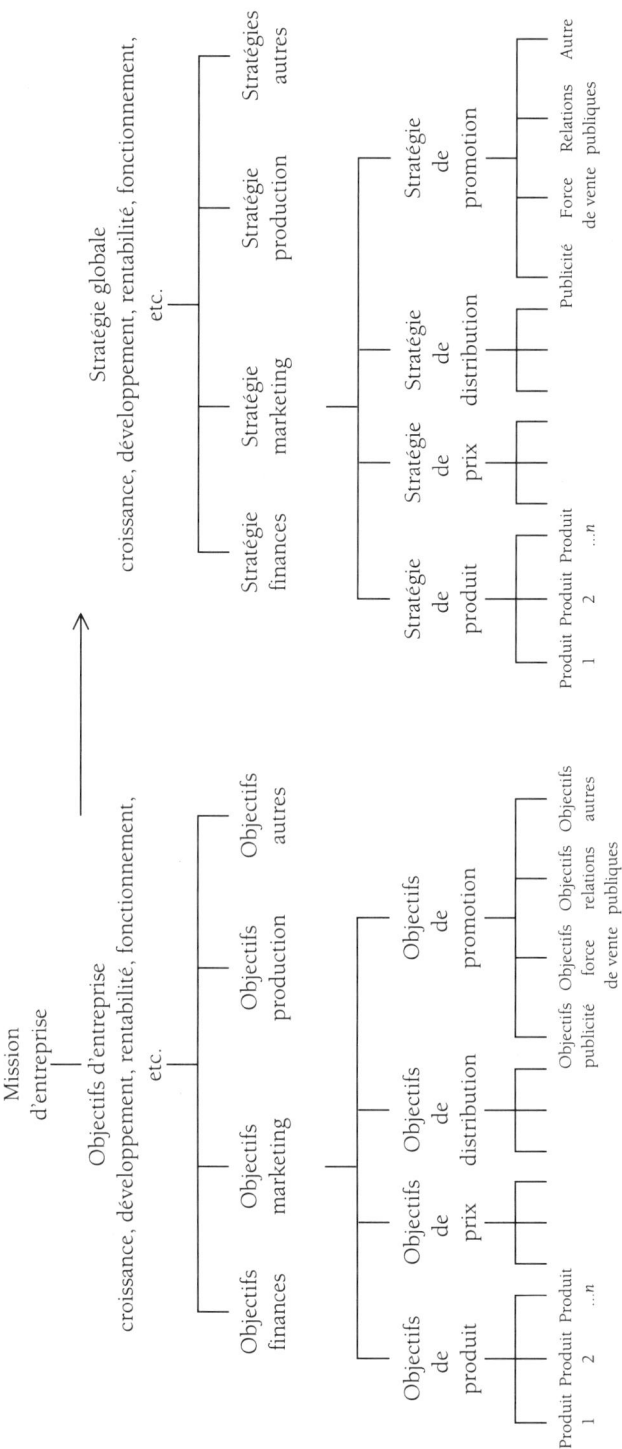

reliés à chacune des variables de la composition commerciale, chacune des variables pouvant donner lieu à une cascade d'objectifs spécifiques suivant les éléments en cause. De la même façon, à partir de ses objectifs propres, l'entreprise déterminera des stratégies que viendront appuyer les stratégies marketing, elles-mêmes soutenues par les stratégies des variables de la composition commerciale. Évidemment, la planification globale de l'entreprise comprendra les plans de chacune de ses unités ; la planification marketing doit donc être considérée dans la continuité du plan d'ensemble de l'entreprise.

10.2 La planification marketing

10.2.1 Le processus de planification marketing

Le processus de planification marketing (*voir figure 10.2*) implique que le gestionnaire réponde à une série de questions liées aux composantes du modèle marketing, de manière que le plan de marketing repose sur une base solide :

1) Où sommes-nous et où allons-nous ? (Analyse de la situation.)
2) Où voulons-nous aller ? (Détermination des objectifs stratégiques.)
3) Quels efforts désirons-nous y mettre ? (Affectation des ressources.)
4) Comment voulons-nous y aller ? (Composition commerciale.)
5) Comment procéder ? (Mise en œuvre.)

La démarche proposée par cette suite d'interrogations implique un examen du passé, du présent et de l'avenir. Les gestes que pose aujourd'hui une entreprise sont grandement tributaires de ceux qu'elle a posés dans le passé ; de même, les actions qu'elle réalisera dans l'avenir dépendent en partie de celles qu'elle accomplit aujourd'hui. Cette démarche amène donc le gestionnaire à réfléchir sur le plan à élaborer dans un contexte de continuité et peut tout aussi bien être effectuée dans une perspective à court, à moyen ou à long terme ; en fait, une planification à long terme implique habituellement une séquence de plans à court terme.

10.2.2 Le plan marketing

Le processus de planification marketing se traduit par l'énoncé d'un plan marketing. Celui-ci peut être très vaste et concerner l'entreprise dans son ensemble – il devient alors une transposition intégrale de la vision stratégique de l'entreprise – ou encore se restreindre à un secteur particulier et se concentrer, par exemple sur un marché, une gamme ou un produit précis. Le plan marketing (*voir tableau 10.1*) est un canevas d'analyse applicable à l'une ou l'autre de ces situations.

Figure 10.2
Le processus de planification marketing

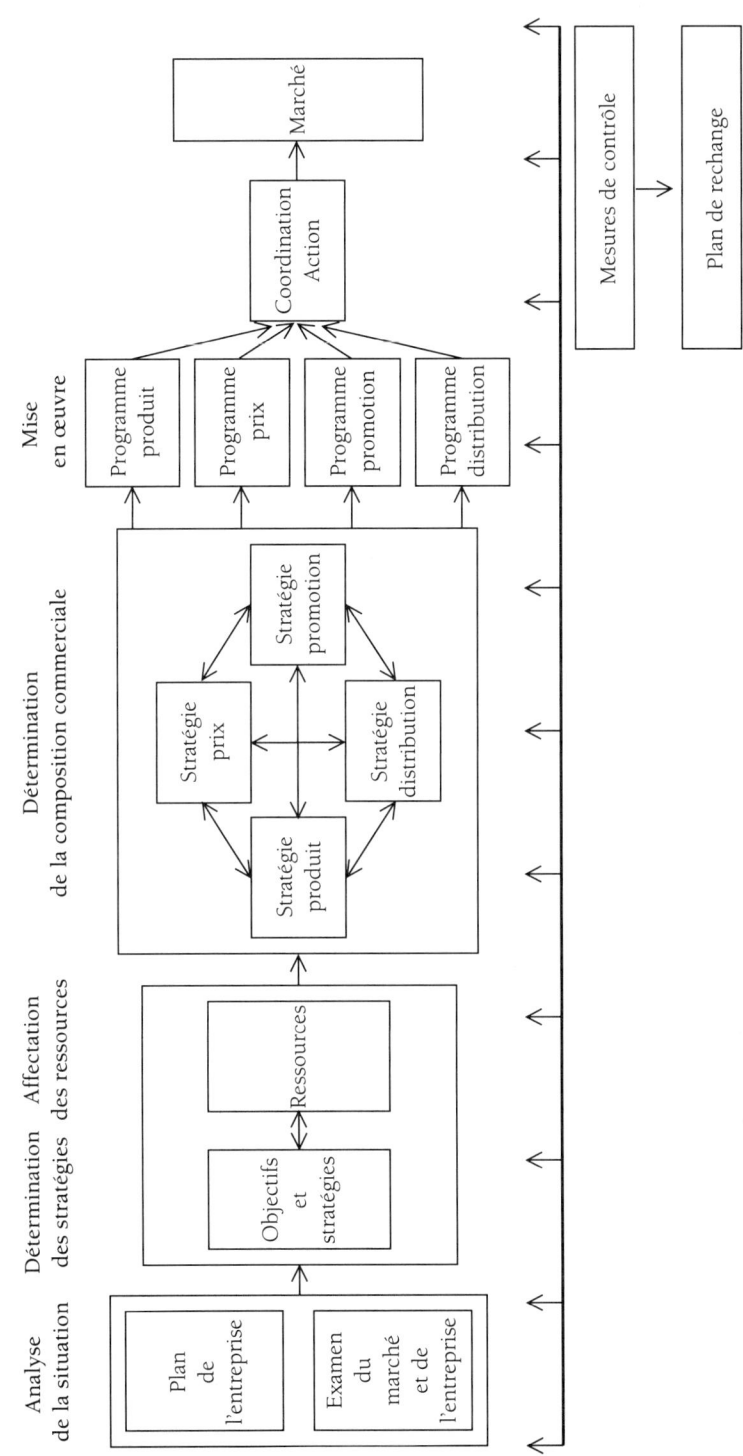

Tableau 10.1
Le plan marketing

> A. Analyse de la situation (Où sommes-nous et où allons-nous ?)
>   Marchés
>   Consommateurs, demande, segments
>   Concurrence et environnement
>   Entreprise
>   Mission et objectifs
>   Forces et faiblesses
>   Avantage distinctif
>
> B. Détermination des objectifs et des stratégies (Où voulons-nous aller ?)
>   Objectifs marketing
>   Ventes, part de marché, contribution aux profits
>   Stratégies marketing
>   Segments ciblés, positionnement désiré
>
> C. Affectation des ressources (Quel effort désirons-nous y mettre ?)
>   Budget
>   Ressources humaines
>
> D. Détermination de la composition commerciale (Comment voulons-nous y aller ?)
>   Objectifs et stratégies
>
> E. Mise en œuvre (Comment procéder ?)
>   Énoncé des activités (programme) pour chacune des variables de la composition commerciale
>   Définition des responsabilités de chaque membre de l'unité marketing
>   Coordination des opérations
>   Calendrier des activités
>   Plan de rechange
>   Description des moyens de contrôle

L'analyse de la situation

La première partie d'un plan marketing exige que le gestionnaire effectue d'abord une analyse de la situation. Il s'agit d'un constat qui doit répondre à deux questions : Où sommes-nous actuellement ? Où allons-nous si nous poursuivons nos activités sans apporter de modifications à nos objectifs et à nos stratégies ?

Les marchés

Les différents marchés auxquels s'adressent les entreprises culturelles évoluent dans le temps sous les pressions exercées par les variables incontrôlables et les actions des concurrents. Il faut donc se demander si le profil des consommateurs a changé, si les segments de marché se sont modifiés, de quelle façon a évolué la demande et si les caractéristiques des intermédiaires du réseau de distribution sont toujours les mêmes ; le même type de raisonnement s'applique aux deux autres marchés, soit les commanditaires et les différents ordres de gouvernement.

La concurrence et l'environnement

Comme la concurrence et les variables de l'environnement agissent sur l'entreprise et ses marchés, il convient de procéder à un examen des tendances de l'environnement (politique, économique, culturel et technologique) et à un examen des changements survenus dans les stratégies des concurrents.

L'entreprise

Dans un plan marketing, il est essentiel d'avoir une vision d'ensemble de l'entreprise, puisque l'unité marketing doit contribuer à l'atteinte des objectifs de la firme. Pour ce faire, il faut examiner la cohérence entre les objectifs marketing, la mission et les objectifs de l'entreprise. Il faut aussi s'interroger sur les forces et les faiblesses de celle-ci, la réussite étant conditionnée par ces forces et ces faiblesses. Enfin, il est impératif de revoir aussi la situation en fonction de l'avantage concurrentiel : Possédons-nous toujours un avantage concurrentiel ? Doit-on le redéfinir ? De quelle manière ?

Cet examen général de l'entreprise permet donc de tracer un portrait de celle-ci dans son environnement externe aussi bien qu'interne et de faire le point sur sa situation ; il doit aussi être l'occasion de s'interroger sur la direction que prend l'entreprise dans l'éventualité où aucune mesure corrective n'est appliquée : nos stratégies marketing actuelles, compte tenu de l'évolution de l'environnement et de la concurrence, nous mènent-elles là où l'entreprise veut aller ?

La détermination des objectifs et des stratégies

La détermination des objectifs répond à la question suivante : Où voulons-nous aller ?

L'unité marketing révise ses objectifs, les change au besoin, et fixe les niveaux des ventes, de la part de marché ou de la contribution aux profits qu'elle veut atteindre. Les objectifs étant connus, le gestionnaire peut alors choisir la stratégie marketing qui permettra d'atteindre ces objectifs. La stratégie d'ensemble comprendra notamment la détermination des segments à atteindre et le positionnement désiré.

L'affectation des ressources

L'atteinte des objectifs marketing nécessite des efforts financiers et la mobilisation de ressources humaines; or ces ressources financières et humaines sont habituellement limitées. La réponse à la question «Quel effort voulons-nous y mettre?» conditionne donc les moyens à utiliser pour atteindre les objectifs fixés et a une incidence directe sur la viabilité des stratégies envisagées. Cela montre, en fait, que la fixation des objectifs et des stratégies n'est pas une opération en vase clos, mais exige un examen simultané non seulement des objectifs, des stratégies et des variables de la composition commerciale, mais aussi des ressources disponibles; suivant les ressources dont dispose l'entreprise, on peut être amené à modifier non seulement les stratégies envisagées, mais aussi les objectifs fixés.

La détermination de la composition commerciale

Ayant déterminé la direction à prendre, l'unité marketing peut maintenant répondre à la question «Comment voulons-nous y aller?». Il s'agit alors de prendre des décisions pour chacune des variables de la composition commerciale.

Si, en marketing traditionnel, on s'interroge sur les caractéristiques à donner au produit, en marketing culturel, il s'agit d'identifier ces caractéristiques puisqu'elles sont prédéterminées. Dans les deux cas, on fixe le prix des produits, on décide des fenêtres de distribution à utiliser et on détermine le dosage des quatre composantes de la variable promotion.

La mise en œuvre

Dans la dernière partie d'un plan marketing, le gestionnaire définit les éléments opérationnels devant conduire à l'atteinte des objectifs fixés.

Il s'agit de présenter un énoncé détaillé des activités pour chacune des variables de la composition commerciale, de définir les responsabilités respectives de chacun des membres de l'unité marketing en même temps que d'assurer la coordination des activités, et, enfin, d'établir un calendrier des activités où toutes les échéances sont clairement déterminées.

Un plan marketing comprend aussi un plan de rechange, soit un énoncé des solutions possibles pour parer aux imprévus; pour ce faire, le gestionnaire doit effectuer un exercice d'anticipation et prévoir différents scénarios susceptibles de provoquer un non-respect des échéanciers ou des objectifs. La réaction des concurrents constitue manifestement un élément clef de cet exercice d'anticipation.

Enfin, la réponse à la question « Comment procéder ? » doit aussi prévoir une description des moyens de contrôle mis en place pour mesurer le cheminement vers les objectifs à atteindre.

Le plan marketing est donc un outil de travail essentiel qui permet au gestionnaire de planifier, de coordonner, d'implanter et de contrôler ses activités de marketing.

10.2.3 La structure d'organisation

L'adoption d'un plan marketing implique que la structure organisationnelle permette d'atteindre les objectifs visés. Cette structure d'organisation peut prendre plusieurs formes selon la taille de l'entreprise, sa gamme de produits et la diversité de ses marchés.

Dans les entreprises de petite taille, l'équipe qui prend en charge l'organisation des activités marketing peut être très réduite ; dans certains cas, c'est le promoteur lui-même qui assume cette responsabilité, alors que dans d'autres cas cette fonction est occupée par un responsable seul ou appuyé par un petit nombre de collaborateurs. Certains diffuseurs de spectacles dont l'activité de la saison se résume à la présentation de quelques productions sur une période de huit à dix mois cumuleront toutes les tâches de gestion ; certaines entreprises de production appartenant au secteur des arts d'interprétation, de l'édition, du film ou du disque emploieront une personne chargée des relations publiques ou de la vente au réseau de distribution.

Les entreprises de plus grande taille, qui mettent en marché un nombre relativement grand de produits et qui s'adressent à plusieurs marchés très différents, doivent recourir à une structure d'organisation plus complexe où les grandes fonctions de l'entreprise sont confiées à des cadres supérieurs (ex. : direction du marketing) qui coordonnent les activités d'un ensemble de responsables de services spécialisés ; on trouve à la figure 10.3 un exemple de structure d'organisation que peuvent utiliser certaines entreprises de grande taille ; il en existe plusieurs autres[1].

10.3 Les stratégies

10.3.1 Considérations générales

Nous avons déjà souligné qu'il existe une hiérarchie de stratégies dans une entreprise, allant de la stratégie globale à la stratégie marketing, aux straté-

Figure 10.3
Exemple d'une structure d'organisation complexe

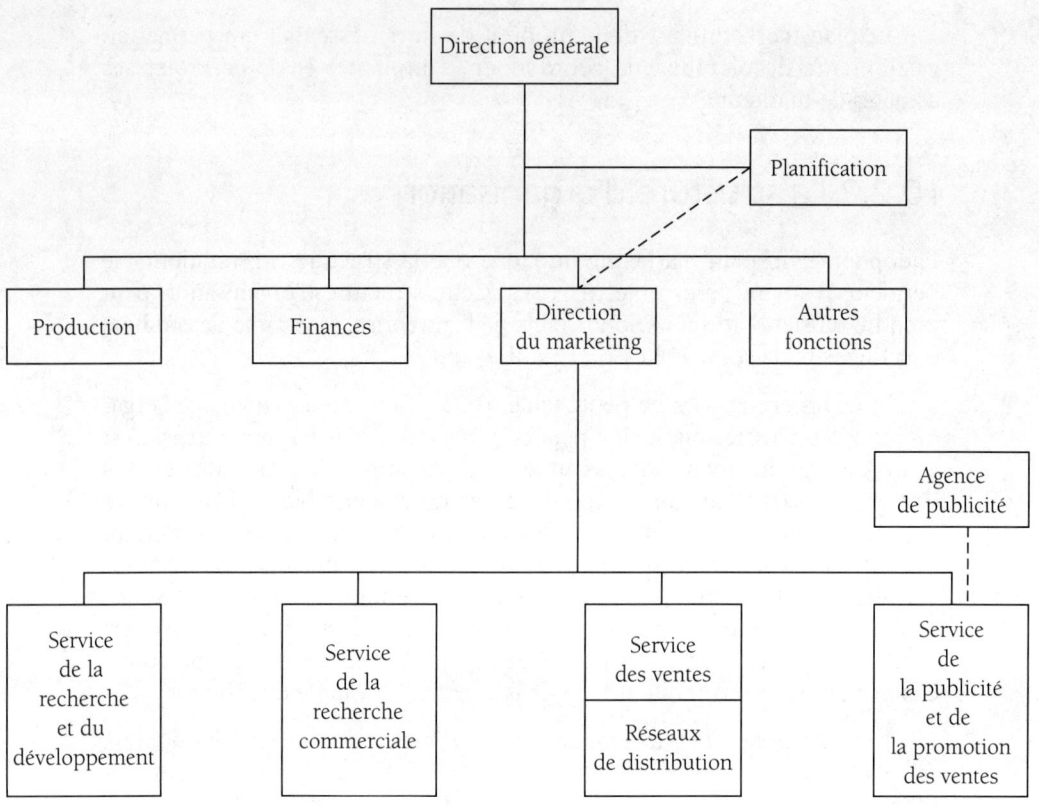

gies des variables de la composition commerciale et ainsi de suite. Il arrive de plus que la stratégie globale de l'entreprise et la stratégie marketing se confondent; souvent, la stratégie de l'entreprise est définie en fonction d'une variable de la composition commerciale. Nous présentons à la section suivante deux types de stratégies d'entreprise ayant un fort lien avec la stratégie marketing: les stratégies concurrentielles et les stratégies de développement.

Il convient de mentionner, de plus, que la stratégie se distingue de la tactique dans le sens où elle procède d'une vision d'ensemble des moyens à utiliser pour atteindre un objectif final (exemple: gagner une certaine part de marché), alors que la tactique est un ajustement ponctuel d'un élément de la stratégie à un moment donné dans le temps (exemple: inviter les critiques lors de la troisième représentation plutôt que le soir de la première). Sans modifier sa stratégie initiale, le gestionnaire peut donc avoir recours à plusieurs actions tactiques pour atteindre les résultats escomptés de la stratégie.

10.3.2 Les stratégies d'entreprise

L'entreprise doit mettre au point une approche qui tienne compte du rapport de forces existant entre elle et les autres entreprises appartenant au même secteur d'activité. Ce rapport de forces est tributaire de la taille de l'entreprise et de celles de ses rivales, ainsi que du degré d'importance de l'avantage concurrentiel qu'elle possède ; on se rappellera que l'avantage concurrentiel peut être relié à des caractéristiques de l'entreprise (avantage sur les coûts) ou à des caractéristiques uniques du produit telles qu'elles sont perçues par l'acheteur. Ce rapport de forces conditionne la stratégie concurrentielle de l'entreprise ainsi que sa stratégie de développement.

Les stratégies concurrentielles

On distingue habituellement quatre types de stratégies concurrentielles : les stratégies du leader, du challenger, du suiveur et du spécialiste[2].

Les stratégies du leader

L'entreprise leader est celle qui occupe la position dominante dans un marché et qui est reconnue comme telle par ses concurrents. Le leader est souvent un pôle de référence que les entreprises rivales s'efforcent d'attaquer, d'imiter ou d'éviter. L'entreprise leader est donc celle qui donne le ton au marché et vers qui le regard des entreprises concurrentes est constamment tourné. En fait, le leader d'un marché a d'autant le choix de ses stratégies que sa position concurrentielle est forte et qu'elle domine le marché (taille de l'entreprise, part de marché, avantage sur les coûts, etc.).

Il convient de souligner que, dans le domaine des arts, le leader n'est pas nécessairement une entreprise de grande taille, tout simplement parce que les entreprises y sont habituellement de taille modeste, aucune ne pouvant bénéficier de la force que donne l'effet de taille. En fait, le leadership d'une entreprise appartenant au domaine culturel se définit plutôt en fonction du produit lui-même, c'est-à-dire d'après la capacité qu'a le produit offert soit d'attirer une grande quantité de public, soit d'obtenir la reconnaissance des pairs appelés à juger de la démarche artistique. Il demeure que l'entreprise leader dans le domaine des arts jouit quand même du choix de ses stratégies.

Les stratégies du challenger

Les stratégies du challenger sont celles élaborées par une entreprise considérée comme la principale rivale du leader et qui, bien sûr, cherche à occuper la position dominante. Le challenger utilise donc essentiellement des stratégies offensives dont le but avoué est de prendre la tête du marché. Il peut, d'une part, tenter d'affronter directement le leader en utilisant les mêmes moyens que ce dernier sans chercher à tirer avantage de ses points faibles. Il peut, par exemple, mener une campagne publicitaire soutenue et combative, élaborer un produit amélioré ou offrir des prix très concurrentiels. Le challenger doit souvent déployer beaucoup plus d'efforts que le leader pour parvenir à ses fins.

D'autre part, il peut également tenter d'accéder à la première place en profitant des points faibles de l'entreprise dominante. Il peut, par exemple, essayer de s'infiltrer davantage dans un réseau peu développé, offrir le même produit à un prix plus avantageux, proposer un meilleur service ou pénétrer une région ou un segment qui n'est que partiellement couvert par le leader. Évidemment, avant de se lancer dans ce type d'aventure, on doit essayer de prévoir et d'évaluer les réactions potentielles du leader.

Les stratégies du suiveur

Le suiveur est le concurrent qui possède une part de marché relativement petite et qui adapte ses actions en fonction des autres concurrents. Plutôt que d'essayer de prendre la première place, le suiveur élabore des stratégies qui lui permettent surtout de conserver sa part de marché sans nécessairement aspirer à l'accroître de façon considérable. Ces stratégies sont principalement utilisées dans les marchés oligopolistiques où se trouvent peu d'entreprises et où aucune d'entre elles n'a d'intérêt à bouleverser « l'ordre établi ».

Ce type de stratégie n'est toutefois pas synonyme de laxisme ou de laisser-faire. L'entreprise tient compte des actions de ses concurrents et s'ajuste en conséquence. Il s'agit donc de stratégies actives basées sur la réalité du marché et tributaires des actions de chacune des entreprises qui y sont en activité.

Les stratégies du spécialiste

Le spécialiste est celui qui se concentre sur un segment du marché relativement pointu. Ses stratégies ont donc pour but de chercher un créneau qui distingue l'entreprise de ses concurrents et de s'y concentrer alors exclusivement.

Cette spécialisation peut découler de l'originalité du produit de l'entreprise, de l'utilisation d'une technique unique, d'une capacité de production efficace rendant possible un prix de revient relativement bas ou de tout autre avantage distinctif. Il s'agit aussi d'une stratégie souvent appropriée pour une entreprise de petite taille qui doit concurrencer des géants bien établis.

Les stratégies de développement

La plupart des entreprises souhaitent une croissance de leurs ventes ou de leur profit, de leur part de marché ou de la taille de leur organisation, ce qui constitue des objectifs de développement. Pour les atteindre, le gestionnaire peut utiliser différentes stratégies basées sur le couple marché-produit.

Ansoff[3] propose à cet effet quatre types de stratégies : la pénétration de marché, le développement de marché, l'élaboration de produits et la diversification (*voir tableau 10.2*).

Avec la pénétration de marché, l'entreprise cherche à augmenter les ventes de ses produits actuels sur ses marchés actuels en utilisant différents moyens. Elle peut, par exemple, mettre sur pied un réseau de distribution plus dynamique, lancer une nouvelle campagne de promotion ou établir des niveaux de prix avantageux. Il est important de noter ici que l'entreprise demeure dans le même créneau de marché et qu'elle conserve intégralement son produit.

Avec le développement de marché, l'entreprise cherche à augmenter ses ventes en introduisant ses produits actuels dans de nouveaux marchés. Ainsi, tout en maintenant ses efforts de vente auprès des segments de marché qu'elle touche déjà, l'entreprise élargit sa clientèle en proposant le même produit à de nouveaux groupes. C'est l'exemple de la compagnie de tournée qui veut persuader les diffuseurs d'autres régions d'acheter son spectacle, ou du promoteur qui désire développer le marché international pour son artiste.

Avec la stratégie d'élaboration de produits, l'entreprise cherche à augmenter ses ventes en proposant à ses marchés actuels de nouveaux produits qu'elle crée de toutes pièces ou qu'elle élabore en modifiant les produits déjà existants. La vente de produits dérivés procède exactement de cette stratégie.

Finalement, par la stratégie de diversification, l'entreprise cherche à augmenter ses ventes en mettant au point de nouveaux produits qu'elle destine à de nouveaux marchés. Cette stratégie est relativement plus risquée que les trois précédentes, puisqu'elle implique pour l'entreprise l'affrontement de deux nouveaux paramètres complètement inconnus : le produit et le marché. C'est la stratégie employée par les grands conglomérats qui possèdent des

Tableau 10.2
Le modèle d'Ansoff

Produit / Marché	Actuel	Nouveau
Actuel	Pénétration de marché	Développement de marché
Nouveau	Élaboration de produits	Diversification

entreprises dans plusieurs secteurs culturels (production de films, édition, fabrication de matériel de loisir électronique, etc.).

Le tableau 10.3 présente quelques exemples d'actions possibles pour chacune des stratégies que nous venons d'étudier[4].

La grille d'Ansoff permet de classifier les différents scénarios possibles selon le degré de risque associé à un choix stratégique. De fait, le risque commercial s'accroît avec le degré de nouveauté du produit ou du marché. La stratégie de diversification est donc la plus risquée, puisque l'entreprise élabore de nouveaux produits pour des marchés avec lesquels elle n'est pas familiarisée ; la stratégie de pénétration est la moins risquée, puisque l'entreprise demeure en terrain connu ; les deux autres stratégies représentent des situations intermédiaires.

Cet outil d'analyse peut s'appliquer à divers contextes de marché. Par exemple, les intervenants d'une région donnée peuvent utiliser la grille pour comparer les différents choix stratégiques qui s'offrent à eux dans leurs efforts pour développer la clientèle touristique[5]. Le tableau 10.4 illustre la situation hypothétique d'une région qui désire mener une offensive coordonnée pour accroître l'attractivité de la région auprès de la clientèle touristique ; on y présente les choix possibles en fonction du risque de l'opération.

La stratégie comportant le moins de risques consiste à chercher à allonger la durée du séjour touristique et à en accroître la dépense par une promotion coordonnée des activités existantes dans la région (quadrant 1). On peut réaliser cet objectif par une modification des trois autres composantes de la composition commerciale (prix, distribution, promotion), en organisant, par exemple, une campagne de promotion vantant l'ensemble des différents produits culturels auprès de la clientèle actuelle, ou encore en offrant des réductions à ceux qui combinent plusieurs activités.

Une deuxième stratégie (quadrant 2) qui permet d'allonger la durée du séjour et d'accroître la dépense est d'offrir une nouvelle activité (nouveau produit) à la clientèle actuelle. Par exemple, une région qui attire déjà des sportifs pour la chasse et la pêche pourrait envisager l'ouverture d'un centre d'interprétation de la nature qui atteindrait cette même clientèle particulière.

On peut aussi tenter d'attirer la clientèle des personnes qui ne sont pas atteintes par la stratégie actuelle, par exemple en menant une campagne de promotion à l'étranger ou en offrant des forfaits à des catégories particulières de consommateurs (personnes âgées, couples avec jeunes enfants, etc.) qu'on ne trouverait pas dans la clientèle actuelle (quadrant 3).

On peut enfin élaborer une offre nouvelle, susceptible d'intéresser un autre segment de marché, par exemple en implantant un théâtre d'été ou en organisant un festival (quadrant 4).

Tableau 10.3
Exemple d'actions possibles pour les quatre types de stratégies proposés par Ansoff

1. **Pénétration sur le marché** (augmenter l'utilisation de produits actuels sur les marchés actuels)
   - Augmenter le taux d'utilisation actuel de la clientèle
     - Augmenter l'unité d'achat
     - Augmenter le rythme d'obsolescence du produit
     - Faire de la publicité pour d'autres utilisations
     - Accorder des primes pécuniaires en cas d'utilisation augmentée
   - Attirer la clientèle des concurrents
     - Mieux définir la différenciation entre les marques
     - Augmenter l'effort promotionnel
   - Attirer les non-utilisateurs actuels
     - Encourager l'essai par la remise d'échantillons, des encouragements pécuniaires, et ainsi de suite
     - Modifier les tarifs en plus ou en moins
     - Faire de la publicité pour de nouvelles utilisations

2. **Développement de marché** (vendre les produits actuels sur de nouveaux marchés)
   - Ouvrir de nouveaux marchés géographiques
     - Expansion régionale
     - Expansion nationale
     - Expansion internationale
   - Attirer d'autres secteurs de marché
     - Mettre au point des versions du produit attrayantes pour d'autres secteurs
     - Pénétrer dans d'autres canaux de distribution
     - Faire de la publicité dans d'autres médias

3. **Élaboration de produits** (mettre au point de nouveaux produits pour les marchés actuels)
   - Mettre au point de nouvelles caractéristiques de produits
     - Adapter (à d'autres idées, à d'autres perfectionnements)
     - Modifier (couleur, mouvement, son, odeur, forme, silhouette)
     - Magnifier (plus fort, plus long, plus épais, valeur supérieure)
     - Miniaturiser (plus petit, plus court, plus léger)
     - Substituer (autres ingrédients, autres procédés, autre puissanc
     - Modifier l'arrangement (autre dessin, autre disposition, autre séquence, autre composant)
     - Retourner (inverser)
     - Combiner (mélange, alliage, assortiment, ensemble ; combiner unités, objets, attraits, idées)
   - Mettre au point des variations de qualité
   - Mettre au point de nouveaux modèles et de nouvelles tailles (prolifération de produits)

4. **Diversification** (élaborer de nouveaux produits pour de nouveaux marchés)
   Tout nouveau produit élaboré par l'entreprise et qui est destiné à un nouveau marché

Source : Adaptation de P. KOTLER et B. DUBOIS, *Marketing Management, Analyse, planification et contrôle*, 2ᵉ édition, Paris, Publi-Union, 1973, p. 287.

Tableau 10.4
Utilisation de la grille d'Ansoff pour accroître la clientèle touristique d'une région

Produit \ Marché	Actuel	Nouveau
Actuel	1 Pénétration Promotion intensive	2 Développement de marché Promotion à l'étranger ou forfaits
Nouveau	3 Élaboration de produits Ouverture d'un centre d'interprétation de la nature	4 Diversification Implantation d'un théâtre d'été ou organisation d'un festival

10.3.3 Les stratégies marketing

Les choix stratégiques

Nous avons déjà défini dans les chapitres précédents les principales stratégies reliées aux opérations marketing d'une entreprise (*voir tableau 10.5*).

Ces différentes stratégies se combinent pour offrir à l'entreprise un éventail de choix stratégiques. Ainsi, pour un positionnement donné, une firme pourrait choisir un prix d'écrémage, une distribution sélective et une stratégie de pression, alors qu'une autre pourrait préférer un prix de pénétration, une distribution intensive et une stratégie d'attraction.

L'analyse de la position stratégique sur un marché

Le choix d'un ensemble de stratégies marketing se fait en évaluant la position stratégique des produits offerts par l'entreprise. Cette position stratégique peut être définie en utilisant le modèle BCG développé par le Boston Consulting Group[6]. Ce modèle prend en considération la position de l'entreprise, ou de l'un de ses produits, selon le cas, en fonction de sa part de marché relative (par rapport au leader du marché) et du taux de croissance du marché. Ainsi, détenir une part de marché de 20 % alors que le leader en détient 60 % (ratio de 1:3) n'a pas la même signification que de détenir la même part de marché (20 %) que le principal concurrent (ratio de 1:1). Dans un cas, il existe un leader capable d'imposer une direction, alors que, dans l'autre, des firmes d'égales tailles se disputent les faveurs du consommateur. De la même façon, ces parts de marché ont une signification

Tableau 10.5
Les stratégies marketing

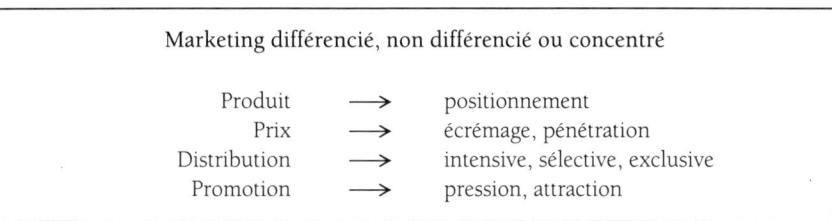

stratégique différente dans un marché en forte croissance, où la firme peut accroître ses ventes en attirant les nouveaux clients, et dans un marché en faible croissance ou en stagnation, caractérisé par une bataille quant aux parts de marché.

Cette façon d'analyser un marché produit une matrice (matrice BCG) à quatre quadrants définissant les quatre situations où peut se trouver l'entreprise: part de marché relative importante dans un marché en forte croissance, part de marché relative faible dans un marché en forte croissance, part de marché relative importante dans un marché en faible croissance et part de marché relative faible dans un marché en faible croissance (*voir tableau 10.6*).

Les produits vedettes

Les produits vedettes sont ceux pour lesquels la firme détient une part de marché relative importante dans un marché en croissance. Ces produits exigent des liquidités importantes pour financer leur croissance et sont profitables à l'entreprise lorsque la demande sur le marché diminue.

Les enfants problèmes

Parmi les produits classés dans la catégorie « enfants problèmes », l'entreprise doit retirer du marché ceux dont elle ne prévoit pas pouvoir améliorer la position concurrentielle quant à la part de marché relative; ce sont en effet des produits qui drainent des capitaux, sans potentiel de récupération, uniquement pour maintenir leur position. Pour les autres, l'entreprise devra consacrer les ressources financières nécessaires pour améliorer leur position par rapport aux concurrents.

Les vaches à lait

Dans une situation où le marché est en faible croissance, l'entreprise est en position de récolter des bénéfices abondants des produits pour lesquels elle détient une part de marché importante. Ces bénéfices servent à fournir

Tableau 10.6
Le modèle BCG

Part de marché relative

		Forte	Faible
Croissance du marché	Forte	Vedettes	Enfants problèmes
	Faible	Vaches à lait	Poids morts

les liquidités nécessaires au financement des produits « vedettes » et à l'amélioration de la position concurrentielle des « enfants problèmes ».

Les poids morts

L'entreprise ne peut se permettre d'utiliser ses capitaux pour tenter d'accroître sa part de marché dans un marché à faible potentiel de croissance. Elle a le choix de retirer du marché les produits constituant des « poids morts » ou de réduire ses coûts de marketing au minimum, sachant que cette dernière décision provoquera le retrait éventuel de ces produits.

Pour une entreprise, l'analyse de ses produits au moyen de la matrice BCG favorise la prise de décisions stratégiques: appuyer ses « produits vedettes », investir de façon sélective pour ses « enfants problèmes », rentabiliser au maximum ses « vaches à lait », abandonner ses « poids morts ». Elle permet aussi de jauger ses besoins financiers, le potentiel de rentabilité de ses produits et l'équilibre de son portefeuille de produits. C'est un type d'analyse qui s'applique particulièrement bien aux entreprises de grande taille, dans un contexte où l'objectif poursuivi est la rentabilité (dans les industries culturelles, par exemple). Par ailleurs, le schéma conceptuel que représente une telle façon d'analyser le marché peut aussi servir aux petites entreprises du domaine des arts dans la mesure où il permet une compréhension de la dynamique des marchés et peut servir à en prévoir les changements.

10.4 Le contrôle

Le contrôle consiste à examiner partiellement ou entièrement les résultats d'une action marketing afin de juger de son rendement et d'apporter les correctifs nécessaires en cas d'écart entre les prévisions et la réalité. Ainsi, pour le plan marketing de la figure 10.2, le gestionnaire peut effectuer le contrôle d'un ou plusieurs éléments, ou encore de l'ensemble des éléments ; dans ce dernier cas, il s'agit d'un audit marketing.

10.4.1 Le contrôle : un cycle

Le contrôle, ou l'évaluation, des activités marketing réalisées par l'entreprise doit se faire de façon continue et au moyen d'outils spécifiques. Il fait ainsi partie d'un cycle qui inclut la planification et les mesures correctives nécessaires. Pour qu'il puisse y avoir contrôle, il doit y avoir eu planification, et la planification implique les mesures de contrôle.

Les objectifs de l'unité marketing et ceux de chacune des variables de la composition commerciale se traduisent par une série de moyens d'action (ou de programmes). À ces objectifs et à ces moyens d'action doivent correspondre des normes (ou des critères) qui permettent des mesures de rendement, c'est-à-dire la détermination des écarts entre les prévisions et la réalité ; l'analyse des causes des écarts constatés doit mener à l'adoption de mesures correctives influant sur les objectifs ou les moyens d'action, ou les deux (*voir figure 10.4*).

10.4.2 Les outils et les objets de contrôle

Les outils de contrôle à utiliser varient selon l'objet à analyser et selon le type d'éclairage qu'on veut apporter ; l'atteinte des objectifs de l'unité marketing ou des objectifs de chaque variable de la composition commerciale, l'efficacité des moyens mis en place ou le respect des budgets établis, etc., sont des objets de contrôle qui requièrent éventuellement des outils spécifiques.

Les objectifs de l'unité marketing se traduisent généralement par des niveaux de ventes, de part de marché ou de profits à atteindre ; les outils de contrôle sont donc liés à ces paramètres. On voudra ainsi vérifier si le niveau des ventes a été atteint (en comparant les données fournies par les relevés de ventes à l'objectif fixé dans le plan marketing), si la part de marché est telle que prévue (en établissant le rapport entre le niveau des ventes et la demande en fonction de l'objectif), ou si la rentabilité correspond à celle escomptée (en examinant les résultats fournis aux états financiers par rapport à l'objectif du plan).

De la même façon, on voudra vérifier l'atteinte des objectifs et l'efficacité des moyens utilisés pour chacun des éléments de la composition commerciale, soit le produit, le prix, la distribution et la promotion. On vérifiera le niveau des ventes par produit à divers moments dans le temps, la rentabilité

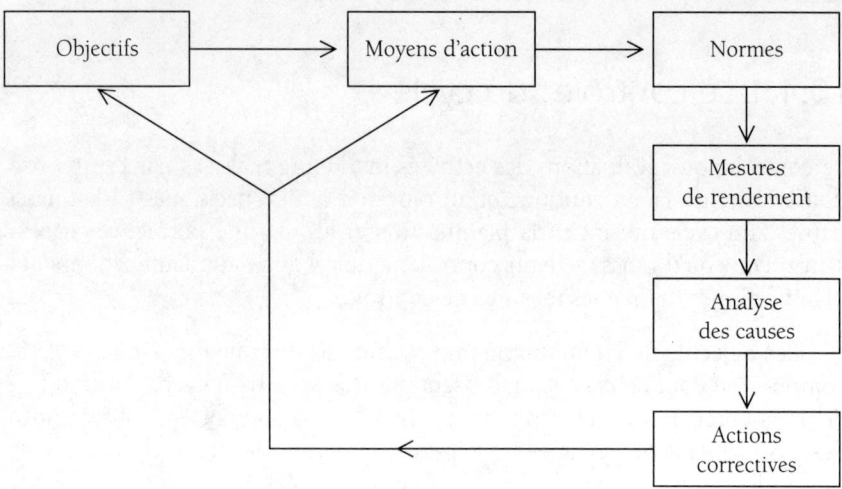

Figure 10.4
Le cycle du contrôle

par produit ou par territoire ; on comparera le niveau de prix de ses produits à ceux de la concurrence ; on évaluera l'efficacité des moyens de promotion.

Les données internes et les données externes secondaires du système d'information de l'entreprise constituent des éléments essentiels à la réalisation de cet exercice. Les moyens de contrôle peuvent aussi impliquer l'utilisation de données primaires ; on pourra vérifier si les produits de l'entreprise ont atteint le positionnement voulu, si la notoriété engendrée par la campagne promotionnelle correspond aux objectifs préétablis ou, encore, on pourra mesurer le degré de satisfaction des membres du réseau de distribution.

Par ailleurs, le gestionnaire doit mettre au point des critères de contrôle opérationnels afin de pouvoir comparer les résultats à des moments différents en s'assurant qu'il utilise les mêmes critères de comparaison. Des critères non uniformes sont inutiles puisqu'ils ne permettent pas une comparaison réelle des résultats obtenus.

10.4.3 L'audit marketing

L'audit marketing est un examen critique approfondi, systématique et périodique des grandes orientations marketing d'une entreprise dans son environnement et des moyens qu'elle met en œuvre pour les réaliser ; cette vérification doit permettre à l'entreprise de résoudre les problèmes courants, de renforcer ses compétences par rapport aux concurrents, soit d'améliorer l'efficacité et la rentabilité de ses activités marketing[7].

L'audit marketing porte sur les objectifs de l'entreprise, ses politiques, son organisation, ses procédures et son personnel. Il doit être effectué sur une base régulière et non pas seulement en cas de crise ; il doit porter sur l'ensemble des activités marketing de l'entreprise et non pas uniquement sur celles qui connaissent des difficultés ; il doit être exécuté par un service indépendant du service marketing afin d'avoir toute l'objectivité nécessaire à la réalisation de cette tâche tout en étant crédible pour la direction générale de l'entreprise.

Tableau 10.7
Aide-mémoire pour la réalisation d'un audit marketing

A. Analyse de la situation
  – Marché et environnement
    • Quels sont les marchés atteints par l'entreprise ?
    • Qui sont ses clients ?
    • Comment les segments de marché ont-ils été définis ?
    • Quel est le niveau de la demande actuelle et potentielle ?
    • Qui sont les concurrents de l'entreprise ? Quelle est leur taille ? Quelles sont leurs stratégies ?
    • Quels sont les éléments de l'environnement de l'entreprise susceptibles d'avoir une incidence sur les activités de celle-ci ? Quelle a été leur évolution et quelle sera-t-elle à l'avenir ?
  – Entreprise
    • Quelle est la mission de l'entreprise ?
    • Quels sont ses objectifs propres ?
    • Quelles sont ses stratégies globales ?
    • Quelles sont ses forces et ses faiblesses ?
    • L'entreprise possède-t-elle un avantage distinctif ? Lequel ?
    • A-t-elle un plan à long terme ? À court terme ?

B. Analyse du plan marketing
  – Objectifs et stratégies
    • Quels sont les objectifs marketing ?
    • Quels sont les résultats obtenus par rapport à ces objectifs ?
    • Quelles sont les stratégies marketing de l'entreprise ? Quels sont ses segments cibles ? Quel positionnement désire-t-elle ?
    • Ces stratégies concordent-elles avec la stratégie globale de l'entreprise ?
    • Quels sont les moyens de contrôle établis par l'entreprise pour évaluer l'atteinte des objectifs marketing et l'efficacité de ses stratégies ?
  – Composition commerciale
    • Quels sont les objectifs définis pour les variables de la composition commerciale ?
    • Quelle est la stratégie de produit ?
    • Quel est le positionnement visé pour chaque produit ?
    • Le mix de produits est-il cohérent ?

Tableau 10.7 (suite)
Aide-mémoire pour la réalisation d'un audit marketing

- Le niveau de service est-il adéquat ?
- Comment le produit contribue-t-il à l'atteinte des objectifs marketing ?
- Quelle est la stratégie de prix ?
- Quels sont les facteurs pris en considération dans la fixation des prix ?
- Comment se situe le niveau des prix par rapport à celui de la concurrence ?
- Comment la stratégie de prix contribue-t-elle aux objectifs marketing ?
- Quelle est la stratégie de distribution ?
- Les réseaux utilisés sont-ils adéquats ? efficaces ?
- Les relations avec les membres du circuit sont-elles harmonieuses ?
- Comment la stratégie de distribution contribue-t-elle aux objectifs marketing ?
- Quelle est la stratégie de promotion ?
- Quel est le rôle dévolu à chacun des éléments de la composition promotionnelle ?
- L'efficacité de chacun des éléments de la composition promotionnelle a-t-elle été mesurée ? Comment ? Avec quel résultat ?
- Comment la stratégie promotionnelle contribue-t-elle aux objectifs marketing ?
- Les stratégies de chacune des variables de la composition commerciale concordent-elles avec la stratégie marketing d'ensemble ?

C. Analyse du programme marketing
- A-t-on préparé un énoncé des activités (programmes) pour chacune des variables de la composition commerciale ?
- Quelle était la responsabilité de chacun des membres de l'unité marketing dans la réussite du plan marketing ? Les tâches avaient-elles été réparties clairement ?
- Avait-on préparé un calendrier des opérations ? A-t-il été utilisé ?
- Comment s'est effectuée la coordination des actions ?
- Le plan marketing prévoyait-il un plan de rechange ? Était-il réaliste ?

D. Prévisions
- Comment l'environnement et la concurrence évolueront-ils ?
- Quels en seront les effets sur l'organisation ?
- L'entreprise est-elle prête à résister aux changements prévus dans l'environnement ?
- Quelles occasions d'affaires intéressantes se présentent à l'entreprise ?
- Quels seront les facteurs de succès pour l'entreprise ? Comment acquérir les nouvelles compétences requises ?

E. Suggestions
- Quelles modifications l'entreprise doit-elle effectuer dans ses objectifs et ses stratégies ?
- Comment l'entreprise peut-elle produire ces changements ?
- Quels en seront les coûts ?
- Quelles sont les informations supplémentaires nécessaires à la prise de décision ?

Le tableau 10.7 renferme un aide-mémoire pour la réalisation d'une telle tâche. On y trouve toutes les questions qu'il est opportun de se poser au moment de l'exécution d'un audit marketing.

Résumé

La planification et le contrôle marketing constituent deux parties d'un même processus et se complètent mutuellement ; pour être en mesure d'exercer un contrôle, il faut d'abord qu'il y ait eu une planification permettant la définition d'objectifs opérationnels clairs et l'élaboration de politiques précises et bien définies. C'est à partir de ces objectifs et de ces politiques que le gestionnaire peut évaluer le rendement de ses activités marketing.

La planification marketing repose sur deux éléments : l'élaboration d'une stratégie marketing et la mise au point d'un plan marketing. Elle repose sur les réponses apportées à une série de questions : Où sommes-nous ? Où allons-nous ? Où voulons-nous aller ? Que pouvons-nous faire ou quels sont les moyens à notre disposition ? Comment procéder ?

Avant de choisir une stratégie marketing, le gestionnaire peut vouloir définir sa position stratégique dans le marché. Le modèle connu sous le nom de « modèle BCG » peut être utile ; il permet de positionner les produits de l'entreprise en fonction de la part de marché relative de chaque concurrent et en fonction de la croissance du marché. En outre, l'entreprise dispose de deux types de stratégies : les stratégies concurrentielles et les stratégies de développement.

Les stratégies concurrentielles consistent à élaborer une approche qui tienne compte du rapport de forces existant entre les entreprises présentes dans un même secteur d'activité. Ces stratégies basées sur la position respective de chacun sont appelées stratégies du leader, du challenger, du suiveur et du spécialiste.

Les stratégies de développement, classifiées dans la « grille d'Ansoff », définissent des paramètres à partir du produit et du marché, en fonction de leur nouveauté ; l'entreprise peut décider de se concentrer sur son marché actuel avec son produit existant, de lancer son produit existant sur un nouveau marché, de lancer un nouveau produit sur son marché actuel ou, encore, de proposer un nouveau produit à un nouveau marché.

Le plan marketing comporte cinq composantes principales : l'analyse de la situation ; la définition de la stratégie marketing, qui comprend la détermination des objectifs marketing, des marchés cibles, du positionnement marketing et des diverses stratégies à utiliser ; l'affectation des ressources, qui inclut l'établissement du budget; la détermination de la composition commerciale; enfin, la mise en œuvre, qui implique la construction d'un plan de rechange et la description de moyens de contrôle.

Le contrôle consiste à suivre et à évaluer le degré d'atteinte des objectifs à partir de normes qualitatives et quantitatives. Il doit être vu comme un cycle. Outre les résultats pour ce qui est des ventes et de la part de marché, le gestionnaire voudra contrôler les résultats obtenus pour chacune des variables de la composition commerciale. Il peut aussi vouloir procéder à un contrôle systématique et complet de toutes ses opérations marketing, et réalise alors un audit marketing.

Questions

1. Qu'est-ce que l'on entend par le cycle de planification et de contrôle?
2. En quoi le processus de planification stratégique utilisé dans le domaine culturel diffère-t-il du processus suivi dans l'entreprise traditionnelle?
3. Quelle est la place de l'avantage distinctif dans une stratégie marketing?
4. Pourquoi la stratégie de diversification est-elle plus risquée que la stratégie de pénétration, selon la grille d'Ansoff?
5. Pouvez-vous expliquer les quatre stratégies concurrentielles?
6. En quoi consistent les principaux éléments d'un plan marketing?
7. Pouvez-vous donner des exemples d'éléments que le gestionnaire peut vouloir contrôler pour chacune des variables de la composition commerciale?
8. Qu'est-ce qu'un audit marketing?

Notes et références

1. F. COLBERT, dans M. FILION, F. COLBERT et al., *Gestion du marketing*, Boucherville, Gaëtan Morin Éditeur, 1990, 631 p.
2. J.-J. LAMBIN, *Le marketing stratégique*, 2ᵉ édition, Paris, McGraw Hill, 1989, 455 p.
3. I. ANSOFF, « Strategies for Diversification », *Harvard Business Review*, septembre-octobre 1957.
4. P. KOTLER et B. DUBOIS, *Marketing Management, Analyse, planification et contrôle*, 2ᵉ édition, Paris, Publi-Union, 1973, 1041 p.

5. F. COLBERT et J.-M. BOISVERT, « Le consommateur culturel comme segment de marché de l'offre touristique », *Téoros*, revue québécoise de recherche en tourisme, Montréal, vol. 7, n° 1, mars 1988, p. 17-20.
6. J.-J. LAMBIN, *Le marketing stratégique*, 2ᵉ édition, Paris, McGraw Hill, 1989, 455 p.
7. M. MARIA, dans M. FILION, F. COLBERT *et al.*, *Gestion du marketing*, Boucherville, Gaëtan Morin Éditeur, 1990, 631 p.

Conclusion

Le modèle marketing présenté dans ce livre fournit aux gestionnaires d'entreprises culturelles un cadre de réflexion et un schéma d'analyse. Il permet de mettre en relation différents aspects de la réflexion liée à toute démarche de mise en marché. Le lecteur aura aussi compris que le marketing ne relève pas d'une science exacte. D'ailleurs, on considère habituellement cette discipline à la fois comme un art et une science. Une science parce que les problèmes peuvent y être analysés de façon rigoureuse en utilisant des modèles reconnus; un art parce que le gestionnaire qui doit appliquer les concepts et les stratégies de marketing se retrouve rarement en situation claire, il doit prendre des décisions sans avoir toute l'information requise, dans un contexte en perpétuel changement, et il doit donc aussi se fier à son intuition.

Par ailleurs, nos connaissances sur les consommateurs de produits culturels sont encore très limitées. Les modèles élaborés pour expliquer les comportements dans d'autres situations d'achat peuvent être utiles dans la mesure où ils permettent de comprendre des phénomènes liés à toute situation d'achat, y compris les situations se rapportant aux produits culturels. La recherche sur les comportements spécifiques des consommateurs culturels doit se poursuivre, car la compréhension du comportement de la clientèle peut aider le gestionnaire à mieux appuyer la mission artistique de l'entreprise. On pourrait aussi ajouter que c'est toute la recherche concernant le marketing culturel qui doit progresser. De même que le marketing traditionnel s'est développé en puisant aux autres sciences et en élaborant ses propres modèles, de même le marketing culturel doit emprunter au marketing traditionnel les concepts jugés pertinents, mais en même temps acquérir des connaissances spécifiques.

La personne qui envisage une carrière en marketing au service d'une entreprise culturelle doit posséder les qualités de tout bon gestionnaire marketing, c'est-à-dire l'intuition, l'imagination, la capacité d'analyse et de synthèse, la capacité de composer avec l'incertitude et l'empathie; elle doit aussi être capable de comprendre et d'expliquer les dimensions du produit culturel, mais, surtout, elle doit avoir le goût du risque et la faculté d'accomplir des miracles avec les moyens limités dont elle dispose. Enfin, tout comme l'artiste doit posséder un talent certain pour réussir, le gestionnaire marketing doit lui aussi posséder un talent certain pour accéder au succès; les outils s'acquièrent, mais pas le talent.

La figure qui clôt cette conclusion présente le modèle marketing des arts et de la culture, incluant les principaux concepts abordés dans cet ouvrage.

Le lecteur doit considérer ce modèle comme un point de départ pour sa démarche personnelle en tant qu'intervenant en marketing dans un contexte culturel.

Conclusion 293

Le modèle marketing des arts et de la culture

Entreprise

Firme	Produit
Mission	Ensemble de bénéfices
Objectifs	
Ressources	Dimension
• humaines	• référentielle
• techniques	• technique
• financières	• circonstancielle
Image	Complexité
Avantage distinctif	Cycle de vie
Plan marketing	Élaboration de nouveaux produits
Organisation	• recherche et développement
Stratégies	• risque
• d'entreprise (concurrentielle / de développement)	Ligne et gamme
• marketing	
Contrôle	
• cycle	
• audit marketing	

Système d'information marketing

- Données internes
- Données externes secondaires
  - publiques
  - privées
- Données externes primaires
  - recherche exploratoire – recherche descriptive – recherche causale
  - 14 étapes

Composition commerciale résiduelle

Prix	Promotion
$ – effort fourni – coûts associés	Outils
	• publicité
	• vente personnelle
	• relations publiques
	• promotion des ventes
Écrémage – pénétration	Rôle respectif des outils
	Plan de communication
	Pression – attraction

Distribution	
Circuits – distribution physique – localisation	
Distribution intensive – distribution sélective – distribution exclusive	

Marchés

Consommateurs	Distribution
Demande	Intermédiaires de distribution
Comportements	
Segmentation – positionnement	
Différenciation – non-différenciation – concentration	

État	Commanditaires
Fédéral	Dons
Provincial	Commandites
Municipal	Processus de prise de décision

Macro-environnement
- économique
- politico-légal
- démographique
- culturel

Concurrence
Industrie du loisir
Fragmentation
Mondialisation

Temps

Spécificité de l'entreprise

Bibliographie sélective

La bibliographie qui suit offre au lecteur un éventail diversifié de travaux publiés dans le domaine du marketing des arts et de la culture. On y trouvera des titres parus dans divers pays. La présente bibliographie est divisée en cinq sections : les volumes, les articles et cahiers de recherche, les actes de colloques et conférences, les études et enquêtes et, finalement, une dernière section qui recense un certain nombre de bibliographies déjà parues. Cette dernière section sera utile au lecteur qui désire consulter d'autres publications touchant au marketing des arts et de la culture.

Volumes

BASKERVILLE, D., *Music Business Handbook & Career Guide*, 4ᵉ édition, Los Angeles, The Sherwood Company, 1985, 537 p.

BOULET, Y., *La commandite d'événement : un nouvel outil marketing*, Montréal, Agence d'Arc, 1989, 175 p.

CHALENDAR, J. de et G. de BREBISSON, *Mécénat en Europe*, Paris, La Documentation française, 1987, 368 p.

CHARRON, J.-M., *L'état des médias*, Montréal, Boréal, Paris, La Découverte/Médias pouvoirs/CFPJ, 1991, 461 p.

CUMMINGS, M.C. et J.M.D. SCHUSTER, *Who's to Pay for the Arts? : The International Search for Models of Arts Support*, New York, ACA Books, 1989, 125 p.

DIGGLES, K., *Guide to Arts Marketing : The Principles and Practice of Marketing as They Apply to the Arts*, London, Rhinegold Publishing Limited, 1986, 243 p.

DUPUIS, X. et F. ROUET, *Industries culturelles*, vol. III, Paris, La Documentation française, 1987, 349 p.

DURAND, J.-P., *Le marketing des activités et des entreprises culturelles*, Paris, Les éditions Juris Service, 1991, 300 p.

FÉRAL, J., *La culture contre l'art : essai d'économie politique du théâtre*, Sillery, Presses de l'Université du Québec, 1990, 341 p.

FINK, M., *Inside the Music Business : Music in Contemporary Life*, New York, Schirmer Books, 1989, 401 p.

FISHER, V. et R. BROUILLET, *Les commandites : la pub de demain*, Montréal, Éditions Saint-Martin, 1990, 138 p.

FORD, N.M. et B.J. QUERAM, *Pricing Strategies for the Performing Arts*, Madison, Wisconsin, Association of College, University and Community Arts Administrators Inc., 1984, 20 p.

GHALINGER-BEANE, R., *The Canadian Artist' Survival Manual*, Kapuskasing, Ontario, Penumbra Press, 1988, 119 p.

GLOBERMAN, S. et A. VINING, *Foreign Ownership and Canada's Feature Film Distribution Sector: An Economic Analysis*, Vancouver, The Fraser Institute, 1987, 104 p.

GREEN, J., *The Small Theatre Handbook: A Guide to Management and Production*, Boston, Massachusetts, The Harvard Common Press, 1981, 163 p.

HEHNER, B., *Making It: The Business of Film and Television Production in Canada*, Toronto, The Academy of Canadian Cinema and Television, 1989, 328 p.

HENDON, W.S., *Analysing an Art Museum*, New York, Praeger Publishers, 1979, 221 p.

HENDON, W.S., J.L. SHANCHAN et A.J. MACDONALD, *Economic Policy for the Arts*, Cambridge, Massachusetts, ABT Books, 1980, 390 p.

ICOM, *Public View: The ICOM Handbook of Museum Public Relations*, London, 1986, 189 p.

JEFFERSON, B.T., *Profitable Crafts Marketing*, Portland, Oregon, Timber Press, 1985, 233 p.

JEFFRI, J., *Arts Money: Raising It, Saving It and Earning It*, New York, Neal-Shuman, 1983, 240 p.

JOHNSON-MCALLISTER, W. et F.K. SMITH, *Art Gallery Handbook*, Toronto, Ontario Association of Art, 1991, 167 p.

KLEIN, J. et J. WALTER, *The Sponsored Film*, New York, Hasting House, 1976, 210 p.

LANGLEY, S., *Theatre Management in America: Principle and Practice*, New York, Drama Book Specialists/Publishers, 1974, 405 p.

LEROY, D., *Économie des arts du spectacle vivant*, Paris, Economica, 1980, 330 p.

LEVASSEUR, R., *Loisir et culture au Québec*, Montréal, Boréal Express, 1982, 190 p.

LORD, J.G., *Philanthropy and Marketing: New strategies for Fund Raising*, Cleveland, Third Sector Press, 1981, 50 p.

MCINTYRE, C., *Carnet de route: guide de tournée à l'étranger*, Ottawa, Affaires extérieures, Service de la promotion artistique, Gouvernement du Canada, 1985, 110 p.

MELILLO, J.V., *Market the Arts*, New York, Foundation for the Extension and Development of the American Professional Theatre, 1983, 287 p.

MOKWA, M.P., W.M. DAWSON et E.A. PRIEVE, *Marketing the Arts*, New York, Praeger Publishers, 1980, 286 p.

MONACO, B. et J. RIORDAN, *The Platinum Rainbow: How to Succeed in the Music Business Without Selling Your Soul*, Chicago, Contemporary Books, 1988, 175 p.

MORISON, G.B. et J.G. DALGLERSH, *Waiting in the Wings: A Larger Audience for the Arts and How to Develop It*, New York, American Council for the Arts, 1987, 164 p.

MORISON, G.B. et K. FLICHR, *In Search of an Audience*, New York, Pitman Publishing Corp., 1968, 229 p.

NEWMAN, D., *Subscribe Now! Building Arts Audiences Through Dynamic Subscription Promotion*, New York, Theatre Communication Group, 1977, 276 p.

PAPOLOS, J., *The Performing Artist Handbook*, Cincinnati, Ohio, Writer's Digest Book, 1988, 219 p.

PICK, J., *Arts Administration*, London, England, E. & F. N. Spon Ltd., 1980, 194 p.

PILON, R., *L'état des médias: groupes et stratégies*, sous la direction de J.-M. CHARRON, Paris, Éditions Boréal, 1991, 461 p.

REISS, A.H., *The Arts Management Reader*, 3ᵉ édition, New York, Marcel Dekker Inc., 1979, 686 p.

RIORDAN, J., *Making It in the New Music Business*, Cincinnati, Ohio, Writer's Digest Book, 1988, 377 p.

STOLPER, C.L. et K.B. HOPKINS, *Successful Fundraising for Arts and Cultural Organizations*, Phoenix, Oryx Press, 1989, 193 p.

THROSBY, G.D. et G.A. WITHERS, *The Economics of the Performing Arts*, New York, St. Martin's Press, 1979, 348 p.

TOOL, R.C., *The Entertainment Machine: American Showbusiness in the Twentieth Century*, Toronto, Oxford University Press, 1982, 284 p.

TREMBLAY, G., *Les industries de la culture et de la communication au Québec et au Canada*, Sillery, Presses de l'Université du Québec, 1990, 429 p.

WOLF, T., *Presenting Performances: A Handbook for Sponsors*, 5e édition, New York, American Council for the Arts, 1993, 164 p.

Articles et cahiers de recherche

AMES, P., *Des services éducatifs efficaces pour tous*, Montréal, Chaire de gestion des arts, École des Hautes Études Commerciales en collaboration avec le Musée de la civilisation, 1992, 12 p.

AMES, P., *Effective Education for Everyone: Accommodating Assorted Abilities, Providing for Particular Preferences, and Telling the Targeted*, Montréal, Chaire de gestion des arts, École des Hautes Études Commerciales en collaboration avec le Musée de la civilisation, 1992, 10 p.

ANDREASEN, A.R. et R.W. BELK, « Predictors of Attendance at the Performing Arts », *Journal of Consumer Research*, vol. 7, n° 2, septembre 1980, p. 112-120.

BAUMOL, W.J., « Performing Arts: The Permanent Crisis », *Business Horizons*, automne 1967, p. 47-50.

BEAULAC, M., F. COLBERT et C.P. DUHAIME, *Le marketing en milieu muséal: une recherche exploratoire*, Montréal, Chaire de gestion des arts, École des Hautes Études Commerciales, 1991, 91 p.

BENGHOZI, P.-J., *Musées et activités*, Montréal, Chaire de gestion des arts, École des Hautes Études Commerciales, 1992, 20 p.

BILES, G.E. et V.B. MORRIS, « Charitable Giving to the Arts: Quo Vadis? », *Journal of Arts Management and Law*, printemps 1982, p. 57-62.

BOIVIN, N. et R. LEBRASSEUR, *Board Performance in the Community Arts Councils of Ontario*, Montréal, Chaire de gestion des arts, École des Hautes Études Commerciales, 1991, 47 p.

CHAMBERLAIN, O., « Pricing the Performing Arts », *Journal of Arts Management and Law*, vol. 16, n° 3, automne 1986, p. 49-60.

COLBERT, F., *La recherche et l'enseignement en gestion des arts à l'aube des années 1990*, Montréal, Chaire de gestion des arts, École des Hautes Études Commerciales, décembre 1989, 33 p.

COLBERT, F., « Le loisir, le théâtre et le théâtre d'été », *Jeu, cahiers de théâtre*, n° 42, 1987, p. 37-40.

COLBERT, F., « Le prochain défi de la commercialisation des produits culturels », *Questions de culture*, n° 7, IQRC, 1984, p. 127-138.

COLBERT, F., « Les arts : un marché pour les commandites », *Gestion, revue internationale de gestion*, vol. 14, n° 2, mai 1989, p. 58-65.

COLBERT, F., « Musées et marché en évolution », *Musées*, Actes du colloque « Musées et communications, le musée et ses publics ou l'acceptation de la différence », vol. 10, n°s 2, 3 et 4, 1987, p. 37-40.

COLBERT, F. et J.-M. BOISVERT, « Le consommateur culturel comme segment de marché de l'offre touristique », *Téoros*, vol. 7, n° 1, mars 1988, p. 17-20.

COLBERT, F., C.P. DUHAIME et M. LANCTÔT, *Le processus d'achat de la clientèle des galeries d'art contemporain*, Montréal, Chaire de gestion des arts, École des Hautes Études Commerciales, 1990, 29 p.

CURRIM, I.S., C.B. WEINBERG et D.R. WITTINK, « Design of Subscription Programs for a Performing Arts Series », *Journal of Consumer Research*, vol. 8, n° 1, juin 1981, p. 67-75.

CURRY, D.J., « Marketing Research and Management Decision », *Journal of Arts Management and Law*, vol. 12, n° 1, printemps 1982, p. 42-58.

DUHAIME, C.P., A. JOY et C.R. ROSS, *A Picture Speaks a Thousand Words : The Consumption of Contemporary Art*, Montréal, Chaire de gestion des arts, École des Hautes Études Commerciales, 1989, 44 p.

DUNN, S., « Predictive Dialing : The Next Step for the Performing Arts », *Fund Raising Management*, vol. 23, n° 1, mars 1992, p. 39-43.

FELTON, M.V., « Major Influences on the Demand for Opera Tickets », *Journal of Cultural Economics*, vol. 13, n° 1, juin 1989, p. 53-64.

FRONVILLE, C.L., « Marketing for Museums : For-Profit Techniques in the Non-Profit World », *Curator*, vol. 28, n° 3, septembre 1989, p. 169-182.

GAINER, B., « The Business of High Culture : Marketing the Performing Arts in Canada », *Service Industries Journal*, vol. 9, n° 4, octobre 1989, p. 143-161.

GALLANIS, B., « Entertainment Marketing : The New Business of Show Business », *Advertising Age*, n° 54, décembre 1983, p. m9-m11, m20-m24.

GARDNER, M.P. et D.J. SHUMAN, « Sponsorship : An Important Component of the Promotion Mix », *Journal of Advertising*, vol. 16, n° 1, 1987, p. 11-17.

GODBOUT, A., N. TURGEON et F. COLBERT, *Pratique de la commandite commerciale au Québec : une étude empirique*, Montréal, Chaire de gestion des arts, École des Hautes Études Commerciales, 1991, 31 p.

GROSS, A.C., M.B. TRAYLOR et P.J. SCHUMAN, « Corporate Sponsorship of Arts and Sports Events in North America », *European Research (Netherlands)*, vol. 15, novembre 1987, p. S9-S13.

HARDY, L.W., « Theatre Objectives and Marketing Planning », *European Journal of Marketing*, vol. 15, n° 4, 1981, p. 3-16.

HIRSCHMAN, E.C., « Aesthetics, Ideologies and the Limits of the Marketing Concept », *Journal of Marketing*, vol. 47, été 1983, p. 40-55.

HIRSCHMAN, E.C. et B.M. HOLBROOK, « Hedonic Consumption : Emerging Concepts, Methods and Propositions », *Journal of Marketing*, vol. 46, n° 3, été 1982, p. 92-101.

LAPLANTE, B. et P. LAVOIE, « La critique et son public : enquêtes », *Jeu, cahiers de théâtre*, vol. 48.3, 1988, p. 94-110.

Le publicitaire, « Dossier commandite », vol. 12, n° 9, septembre 1988, p. 12-13.

LEGUM, L.T. et W.R. GEORGE, « Analysis of Marketing Management Practices of Dance Companies », *Journal of the Academy of Marketing Science*, vol. 9, n° 1, hiver 1981, p. 15-26.

MARTIN, F., *Une méthode d'évaluation économique des musées*, Montréal, Chaire de gestion des arts, École des Hautes Études Commerciales en collaboration avec la Société des musées québécois, le Musée de la civilisation et l'Université du Québec à Montréal, 1993, 91 p.

MEENAGHAN, J.A., « Commercial Sponsorship », *European Journal of Marketing*, vol. 17, n° 7, 1983, p. 5-73.

PAPADOPOULOS, N., L.A. HESLOP et J.J. MARSHALL, « Domestic and International Marketing of Canadian Cultural Products : Some Questions and Some Directions for Research », *ASAC Conference*, Whistler, C.-B., 1990, p. 232-240.

PRINCE, D.R., « Factors Influencing Museum Visits : An Empirical Evaluation of Audience Selection », *Museum Management and Curatorship*, vol. 9, n° 2, 1990, p. 149-168.

RIGAUD, J., *Culture et médias*, Montréal, Chaire de gestion des arts, École des Hautes Études Commerciales, 1991, 14 p.

ROBBINS, J.E. et S.S. ROBBINS, « Museum Marketing : Identification of High, Moderate and Low Attendee Segments », *Journal of the Academy of Marketing Science*, vol. 9, n° 1, hiver 1981, p. 66-76.

SEMENICK, R.J. et C.E. YOUNG, « Market Segmentation in Arts Organization », *1979 Educators Conference Proceedings*, Chicago, American Marketing Association, 1979, p. 474-478.

SEXTON, D.E. et K. BRITNEY, « A Behavioral Segmentation of the Arts Market », *Advances in Consumer Research, Volume VII : Proceedings of the 10th Annual Conference*, San Francisco, Association for Consumer Research, 1979, p. 119-120.

STEINBERG, M., G. MIAOULIS et D. LLOYD, « Benefit Segmentation Strategies for the Performing Arts », *1982 American Marketing Association Educators Conference*, Chicago, AMA, 1982, p. 289-294.

TURGEON, N. et F. COLBERT, « The Decision Process Involved in Corporate Sponsorship for the Arts », *Journal of Cultural Economics*, vol. 16, n° 1, juin 1992, p. 41-53.

Actes de colloques et conférences

COLBERT, F. et C. MITCHELL, *Première conférence internationale sur la gestion des arts/First International Conference on Arts Management*, Montréal, Chaire de gestion des arts, École des Hautes Études Commerciales, 1991, 702 p.

GUIOT, J.-M. et J.G. GREEN, *From Orchestras to Apartheid*, Toronto, Captus University Publications, York University, 1989, 175 p.

L'économie du spectacle vivant et l'audiovisuel, Nice, Paris, ministère de la Culture et des Communications et La Documentation française, 1984, 320 p.

La levée de fonds: panacée ou utopie?, Montréal, Chaire de gestion des arts, École des Hautes Études Commerciales, 1986, 76 p.

Le prix des billets de spectacle, Montréal, Chaire de gestion des arts, École des Hautes Études Commerciales, juin 1985, 205 p.

Les industries culturelles: hypothèses de développement, Québec, Actes de la Conférence sectorielle sur les industries culturelles, Gouvernement du Québec, 1978, 100 p.

VIOLETTE, C. et R. TAGGU, *Issues in Supporting the Arts*, Ithaca, N.Y., Cornell University, 1982, 105 p.

Études et enquêtes

ACCUCA, *The Professional Performing Arts: Attendance Patterns, Preferences and Motives*, vol. 1 et 2, Madison, Wisconsin, 1984, 134 p. et 157 p.

AMERICAN COUNCIL FOR THE ARTS, *Americans and the Arts*, New York, 1980, 232 p.

BOOK, S. et S.H. GLOBERMAN, *The Audience for the Performing Arts*, Toronto, Ontario Arts Council, 1974, 239 p.

BROKENSHA, P. et A. TONKS, *Culture and Community: Economics and Expectations of the Arts in South Australia*, Wentworth Falls, Australia, Social Science Press, 1986, 162 p.

BUSSON, A. et Y. EVRARD, *Portraits économiques de la culture*, Paris, La Documentation française, 1987, 195 p.

COLBERT, F., *Le marché de la danse professionnelle au Québec*, Québec, ministère des Affaires culturelles du Québec, 1984, 106 p.

COLBERT, F., *Le marché québécois du théâtre*, Québec, Collection Culture savante, n° 1, Institut québécois de recherche sur la culture, 1982, 109 p.

COLBERT, F., *Le théâtre pour enfants: marché en turbulence*, Montréal, École des Hautes Études Commerciales, 1983, 221 p.

COLBERT, F., *Le tourisme, la culture et le multiculturalisme: état de la question*, Ottawa, ministère des Communications du Canada, 1988.

COLBERT, F., *Un marché en turbulence: huit ans plus tard*, Montréal, Groupe de recherche et de formation en gestion des arts, École des Hautes Études Commerciales, 1990, 104 p.

COLBERT, F. et J.-M. BOISVERT, *Étude sur les dimensions économiques des activités à caractère culturel: le cas de l'Orchestre symphonique de Montréal, du Musée des beaux-arts de Montréal et du Festival international de jazz de Montréal*, CIDEM et ministère des Affaires culturelles du Québec, 1985, 94 p.

CONSEIL DES ARTS DU CANADA, *A Survey of Arts Audience Studies: A Canadian Perspective 1967-1984*, Ottawa, Recherche et Évaluation, 1986, 106 p.

COOPER, J., *A Study of the Effects of Pre-Performance Materials on the Child's Ability to Respond to Theatrical Performance*, University of Georgia, 1983, 209 p.

COUTURE, F., N. GAUTHIER et Y. ROBILLARD, *Le marché de l'art et l'artiste au Québec*, Québec, ministère des Affaires culturelles du Québec, 1986, 92 p.

DIMAGGIO, P., M. USEEM et P. BROWN, *Audience Studies of the Performing Arts and Museums: A Critical Review*, Washington, D.C., National Endowment for the Arts, 1978, 102 p.

DONNAT, O. et D. COGNEAU, *Les pratiques culturelles des Français 1973-1989*, Paris, ministère de la Culture et des Communications et La Documentation française, 1990, 286 p.

Évaluation du programme d'aide au développement de l'industrie de l'édition, étude économique – tome 1, Ottawa, Division de l'évaluation des programmes, Gouvernement du Canada, 1992, 96 p.

FITZHUGH, L.D., *Introducing the Audience: A Review and Analysis of Audience Studies for the Performing Arts in America*, Washington, The American University, 1983, 101 p.

GIRARD, A. et G. GENTEL, *Des chiffres pour la culture*, Paris, ministère de la Culture et des Communications, 1980, 376 p.

Les pratiques culturelles des Français en 1989, Paris, ministère de la Culture et des Communications et La Documentation française, 243 p.

MCCAUGHEY, C., *A Survey of Arts Audience Studies: A Canadian Perspective 1967-1984*, Ottawa, Research and Evaluation, Canada Council, 1984, 76 p.

MYERSCOUGH, J., *Facts about the Arts 2: 1986 Edition*, London, England, Policy Studies Institute, 1986, 336 p.

NATIONAL ENDOWMENTS FOR THE ARTS, *Audience Studies of the Performing Arts and Museum: A Critical Review*, New York, 1978, 105 p.

NATIONAL RESEARCH CENTER OF THE ARTS, *Americans and the Arts: A Survey of Public Opinion*, New York, Associated Councils of the Arts, 1975, 162 p.

Profil des Canadiens consommateurs d'art 1990-1991 : constats, Les consultants Cultur'inc. et Decima Research, 1992, 516 p.

PRONOVOST, G., *Les comportements des Québécois en matière d'activités culturelles de loisir 1989*, Québec, Les Publications du Québec, 1990, 94 p.

SAMSON/BÉLAIR, *Portrait économique du cinéma et de la production télévisuelle indépendante au Québec, première partie, portrait*, Montréal, Institut québécois du cinéma, 1989, 111 p.

SCHUSTER, J.M., *Supporting the Arts: An International Comparative Study*, Cambridge, Department of Urban Studies and Planning, Massachusetts Institute of Technology, 1985, 107 p.

THE FORD FOUNDATION, *The Finances of the Performing Arts*, vol. 2, New York, 1974, 117 p.

YOUNG, V.L.F., *Segmenting the Audience for the Performing Arts: An Empirical Study*, St. John, The University of New Brunswick, 1988, 102 p.

Bibliographies

CONSEIL DES ARTS DU CANADA, *Arts Research Bibliography*, vol. 3, Ottawa, Research and Evaluation, 1992, 80 p.

COLBERT, F., *Le tourisme, la culture et le multiculturalisme : bibliographie commentée*, Ottawa, ministère des Communications du Canada, 1988, 23 p.

COLBERT, F. et B. LÉGARÉ, *La population active du secteur culturel : bibliographie analytique et sélective*, Montréal, Chaire de gestion des arts, École des Hautes Études Commerciales, 1993, 95 p.

COLBERT, F., C. PELLETIER et D. PERRIN, *Le marketing des arts d'interprétation : bibliographie*, Montréal, Chaire de gestion des arts, École des Hautes Études Commerciales, 1993, 115 p.

COLBERT, F. et N. TURGEON, *La commandite dans le domaine des arts et de la culture : bibliographie*, Montréal, Chaire de gestion des arts, École des Hautes Études Commerciales, 1992, 152 p.

DUCHARME, R.M., *Bibliography of Media Management and Economics*, 2e édition, University of Minnesota, 1988, 131 p.

LÉGARÉ, B., *Le marketing en milieu muséal : une bibliographie analytique et sélective*, Montréal, Chaire de gestion des arts, École des Hautes Études Commerciales, 1991, 179 p.

NAKAMOTO, K. et K. LEVIN, *Marketing the Arts : A Selected and Annotated Bibliography*, Madison, Association of College, University an Community Arts Administrators, 1978, 18 p.

PRIEVE, A. et D. SCHMIDT, *Administration in the Arts : An Annotated Bibliography of Selected References*, Madison, Center for Arts Administration, Graduate School of Business, University of Wisconsin, 1977, 127 p.

PRONK, T., *Arts and Economics : A Bibliography*, Amsterdam, Boekman Foundation, 1982, 111 p.

SAURIOL, F., N. ZAKAIB et F. COLBERT, *Annotated Bibliography of Published Research in Arts Administration in Canada*, Montréal, Canadian Association of Arts Administration Educators, 1986, 191 p.

UNIVERSITY OF MASSACHUSETTS, *Arts Management Bibliography : From Fundamentals of Arts Management*, Amherst, Art Extension Service, 1988, 18 p.

Index

A
a posteriori, segmentation, 141
a priori, segmentation, 140
abonnement, 127
achat
  fortuit, 110
  produits d'__
    courant, 34
    réfléchi, 34
    spécialisé, 34
  réfléchi, 34
  spécialisé, 34
    bien d'__, 195
acheteur(s), 219
  dichotomie __ – non-__, 126
affiche, 207, 218
agent de changement, 213
agrégation, approche par, 141
AIDA, modèle, 214
analyse de la situation, 270
AOI, profils, 134
approche
  mixte, 20
  par agrégation, 141
  par désagrégation du marché, 140
artiste(s), 4, 16
arts
  marketing des __ et de la culture, 19
    modèle __, 292
  secteur des __, 7
attention sélective, 215
attitude, 103
attraction, stratégie d', 192
audit marketing, 284
avantage
  concurrentiel, 81, 271
  distinctif, 21

B
banques de données, 245
base(s)
  de segmentation, 126
  triade de __, 93
Baumol, Loi de, 171
BCG, modèle, 280
bénéfices recherchés, 102, 135, 143
besoins, 20, 121
bien d'achat spécialisé, 195
budget de promotion, 223
Bureau de la statistique du Québec, 244

C
Canada, Statistique, 241, 243
caractéristiques des consommateurs culturels, 61
carte perceptuelle, 143
challenger, 275
changement
  agent de __, 213
  outil de __, 206
circuit(s) de distribution, 182
  types de __, 186
classification des produits, 34-35
clientèle, service à la, 194
codification, 258
commanditaire(s), 224
  marché des __, 67-69
commandite, 67, 224
  dossier de __, 228
commandité, 224
communication
  objectifs de __, 222
  plan de __, 220, 222
  processus de __, 212
complexité du message, 216
composantes du produit, trois, 35
composition
  commerciale, 18, 23
  promotionnelle, 210
compréhension sélective, 215
concurrence, 21, 75, 198
  mondialisation de la __, 76
conditionnement classique, 105
confiance, degré de, 256
conflits, 190
consommateur(s), 20
  caractéristiques des __ culturels, 61
consommation
  collective, 180

individuelle, 180
marché de la __, 60
mode de __, 181
contrôle, 283
courbe de la demande, 40
critique, 213
influence de la __, 108
croissance, phase de, 46
culture
marketing des arts et de la __, 19
modèle __, 292
cycle de vie du produit, 40

D

décideur, 219
déclencheur, 219
déclin, phase de, 48
défense, facteurs de, 214
définition
du marketing, 9
du produit, 38
degré
d'implication, 95-96
de confiance, 256
de fidélité, 126
demande, 21, 198
à l'entreprise, 69
courbe de la __, 40
du marché, 69
en dollars, 69
en volume, 69
potentielle, 71
réelle, 71
dépenses associées, 152
désagrégation du marché, approche par, 140
descripteur(s), 129
géographiques, 130
psychographiques, 133
sociodémographiques, 131
développement
de marché, 277
recherche et __, 50-53
dichotomie acheteurs – non-acheteurs, 126
différenciation de/du produit, 123, 145
diffusion des innovations, processus de, 43
dimension
circonstancielle, 37
référentielle, 36
technique, 36, 181

distribution, 24
circuit(s) de __, 182
types de __, 186
exclusive, 192
intensive, 191
marché de la __, 65
physique, 193
sélective, 191
diversification, 277
dollars
constants, 69
courants, 69
demande en __, 69
don, 67
données
banque de __, 245
externes
primaires, 22, 247
secondaires, 22, 239
internes, 22, 238
privées, 241
dossier de commandite, 228

E

échantillon, 255
taille de l'__, 255
échantillonnage
erreurs d'__, 251
méthode de l'__ systématique, 256
économies d'échelle, 162
écrémage, stratégie d', 168
effet de synergie, 23
effort, 152
élaboration de produits, 277
élasticité
-prix, 163
-produit, 166
enfants problèmes, 281
enquête
par la poste, 249
téléphonique, 250
entreprise(s), 18
culturelles, 6
demande à l'__, 69
leader, 275
mission de l'__, 6, 266-268
objectifs de l'__, 271
spécificité de l'__, 26
entrevue de personne à personne, 250

environnement, 21
  culturel, 82
  démographique, 81
  économique, 82
  macro-__, 21
    variables du __, 81
  politico-légal, 82
  technologique, 82
équilibre concurrentiel, 157
erreur(s)
  d'échantillonnage, 251
  sources d'__, 251
étape(s)
  d'une recherche descriptive, 252-260
  de la maturité, 72
État, marché de l', 66-67
étude de marché, 247
expérience, 99
exposition sélective, 215

F
facteurs de défense, 214
fidélité, degré de, 126
firmes uni-produit, 38-39
fonction(s)
  commerciales, 185
  de soutien, 185
  des intermédiaires, 183
  logistiques, 184
fragmentation de l'industrie, 78
frais
  fixes, 159
  variables, 1594

G
gamme
  de produits, 38
  stratégie
    de bas de __, 46
    de haut de __, 45
gestion marketing, processus de, 26
grappe des industries culturelles, 78

H
habitude(s), 99, 110

I
image, 157, 206
implication, degré d', 95-96

industrie(s)
  culturelles, 8, 76, 165
    grappes des __, 78
  fragmentation de l'__, 78
influence de la critique, 108
influenceur, 219
information
  système d'__, 18
  traitement de l'__, 113-114
innovations, processus de diffusion des, 43
intermédiaires, fonction des, 183
introduction, phase d', 45

L
lait, vaches à, 281-282
leader, entreprise, 275
ligne de produits, 38
localisation commerciale, 195-199
logistique(s), 193
  fonctions __, 184
Loi de Baumol, 171
loisirs, marché des, 73

M
macro-environnement, 21
  variables du __, 81
marché, 18, 20
  approche par désagrégation du __, 140
  de l'État, 66-67
  de la consommation, 60
  de la distribution, 65
  demande du __, 69
  des commanditaires, 67-69
  des loisirs, 73
  développement de __, 277
  du temps libre, 75
  étude de __, 247
  optique du __, 6
  part de __, 71, 155, 197, 283
  pénétration de __, 277
  potentiel, 72
  processus de marketing centré sur le __, 17
  réel, 72
  segmentation de __, 123
marketing
  à positionnements multiples, 125
  audit __, 284
  concentré, 125, 142
  définition du __, 9

de l'offre, 17
des arts et de la culture, 19
différencié, 125
mix, 12
modèle __, 291
   des arts et de la culture, 292
non différencié, 124
objectif(s) __, 222, 266, 371
plan __, 268
processus
   de gestion __, 26
   de __ centré sur le marché, 17
   de __ centré sur le produit, 17
   de planification __, 268
télé__, 208
traditionnel, 19
maturité
   étape de la __, 72
   phase de __, 47
message, 211
   complexité du __, 216
méthode
   de l'échantillonnage systématique, 256
   par quotas, 257
   simple, 256
mission de l'entreprise, 6, 266-268
mix, marketing, 12
mode de consommation, 181
modèle
   AIDA, 214
   BCG, 280
   conjonctif, 107
   linéaire compensatoire, 107
   marketing, 291
      des arts et de la culture, 292
mondialisation de la concurrence, 76
mortalité des produits, taux de, 53
morts, poids, 282
motivation, 95
multinationales, 76

N
niveau(x)
   de saturation, 72
   de ventes, 283
normes, 283

O
objectif(s), 155
   de communication, 222
   de l'entreprise, 271

marketing, 222, 266, 271
   promotionnels, 206
offre, marketing de l', 17
optimisation du profit, 19
optique
   du marché, 6
   du produit, 6
outil de changement, 206

P
part de marché, 71, 155, 197, 283
pénétration
   de marché, 277
   stratégie de __, 169
      massive, 46
      sélective, 46
personnalité, 101
   traits de __, 134
personne à personne, entrevue de, 250
phase
   d'introduction, 45
   de croissance, 46
   de déclin, 48
   de maturité, 47
plan
   de communication, 220, 222
   marketing, 268
planification marketing, processus de, 268
poids morts, 282
position stratégique, 280
positionnement(s), 142
   de produit, 123
   marketing à __ multiples, 125
poste, enquête par la, 249
préférence, variations de, 129
pression, stratégie de, 192
prestige, prix de, 171
prétest, 258
prix, 24, 152
   de prestige, 171
   élasticité-__, 163
   réduction de __, 169
problèmes, enfants, 281
processus
   affectifs, 109
   cognitifs, 105-108
   décisionnel, 94
   de communication, 212
   de diffusion des innovations, 43

de gestion marketing, 26
de marketing centré sur
　le marché, 17
　le produit, 17
de planification marketing, 268
subordonné, 108
production d'un prototype, 7
produit(s), 23, 34
　classification des __, 34-35
　complexe(s), 37, 63, 218
　cycle de vie du __, 40
　d'achat
　　courant, 34
　　réfléchi, 34
　　spécialisé, 34
　définition du __, 38
　dérivés, 39, 210
　différenciation de/du __, 123, 145
　élaboration de __, 277
　élasticité-__, 166
　firmes uni-__, 38-39
　gamme de __, 38
　ligne de __, 38
　optique du __, 6
　positionnement de __, 123
　processus de marketing centré sur le __, 17
　simple, 63
　substituts, 80
　taux de mortalité des __, 53
　trois composantes du __, 35
　vedettes, 281
profils AOI, 134
profit(s), 188, 283
　optimisation du __, 19
progress, work in, 52
promotion, 24
　budget de __, 223
　des ventes, 210
　variable __, 206
prototype, 6
　production d'un __, 7
　reproduction du __, 7
publicité, 207
　subliminale, 215

Q
quantification des segments, 138
Québec, Bureau de la statistique du, 244
questionnaire structuré, 257
quotas, méthode par, 257

R
recherche
　causale, 252
　descriptive, 248
　　étapes d'une __, 252-260
　et développement, 50-53
　exploratoire, 248
réduction de prix, 169
relations publiques, 209
rentabilité
　des segments, 139
　seuil de __, 160
reproduction du prototype, 7
rétention sélective, 215
risque, 51, 53, 152, 182, 278
　économique, 98
　fonctionnel, 97
　psychologique, 98
　social, 99

S
satisfaction, taux de, 128
saturation, niveau de, 72
secteur
　des arts, 7
　privé, 68
segmentation
　a posteriori, 141
　a priori, 140
　bases de __, 126
　de marché, 123
　techniques de __, 140
segments, 21
　quantification des __, 138
　rentabilité des __, 139
　stabilité des __, 139-140
service à la clientèle, 194
seuil de rentabilité, 160
situation
　analyse de la __, 270
　variables de __, 111
sources d'erreur, 251
soutien, fonctions de, 185
spécialiste, 276
spécificité de l'entreprise, 26
stabilité des segments, 139-140
statistique
　Bureau de la __ du Québec, 244
　Canada, 241, 243

stratégie(s), 274
  concurrentielles, 275
  d'attraction, 192
  d'écrémage, 168
  de bas de gamme, 46
  de haut de gamme, 45
  de pénétration, 169
    massive, 46
    sélective, 46
  de pression, 192
structure organisationnelle, 273
styles de vie, 134
substituts, produits, 80
suiveur, 276
synergie, effet de, 23
système d'information, 18

T

tactique, 274
taille de l'échantillon, 255
taux
  de mortalité des produits, 53
  de satisfaction, 128
technique(s)
  de segmentation, 140
  dimension __, 36, 182
télémarketing, 208
temps, 25
  marché du __ libre, 75
traitement de l'information, 113-114
traits de personnalité, 134
triade de base, 93

trois composantes du produit, 35
types de circuits de distribution, 186

U

utilisateur, 219

V

vaches à lait, 281-282
variable(s)
  contrôlables, 23
  de situation, 111
  du macro-environnement, 81
  incontrôlables, 21
  promotion, 206
  semi-contrôlable, 21
variations de préférence, 129
vedettes, produits, 281
vendeur, 208
vente(s)
  niveaux de __, 283
  personnelle, 208
  promotion des __, 210
vie
  cycle de __ du produit, 40
  styles de __, 134
volume, demande en, 69

W

work in progress, 52

Z

zone commerciale, 196

imprimerie gagné ltée

IMPRIMÉ AU CANADA